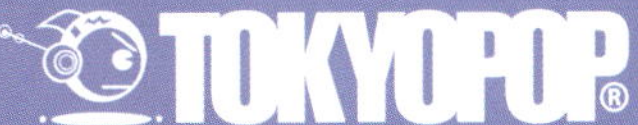

TOKYOPOP GmbH
Hamburg

TOKYOPOP GmbH
Hamburg

TOKYOPOP
1. Auflage, 2020
Deutsche Ausgabe/German Edition

Aus dem Japanischen von Julia Gstöttner

First published in Japan in 2019 by Ichijinsha Inc., Tokyo.
Publication rights for this German edition arranged
through Kodansha Ltd., Tokyo.
Cover illustration: ED
Book design: Uchikoga Tomoyuki

Redaktion: Benjamin Spinrath
Lettering: Vibrant Publishing Studio
Herstellung: Mathias Neumeyer
Druck und buchbinderische Verarbeitung:
PARIO PRINT SP. Z O.O.
Printed in Poland

ISBN 978-3-8420-5822-4

www.tokyopop.de

Nachwort

Vielen Dank fürs Lesen! Hier ist ED.
Unser Oneshot hat endlich das Tageslicht erblickt ...!

Ich möchte zuerst einmal zwei Sachen loswerden:
Erstens möchte ich mich bei allen Lesern für ihre Unterstützung bedanken. Ich danke euch aus tiefstem Herzen. Dass dieser Manga gezeichnet und gedruckt werden konnte, hat mich bei der Arbeit wirklich motiviert. Vielen, vielen Dank an euch!!

Zweitens möchte ich auch allen Kollegen meinen Dank aussprechen, die mich bis zum Abschluss dieses Projekts unterstützt haben. Sie haben mir jedes Mal unter die Arme gegriffen, wenn es schleppend voranging. Vielen herzlichen Dank!

Ein weiterer Oneshot wäre sicher eine schöne Sache, denke ich. Auf dass wir uns irgendwann wiedersehen ...!

ED

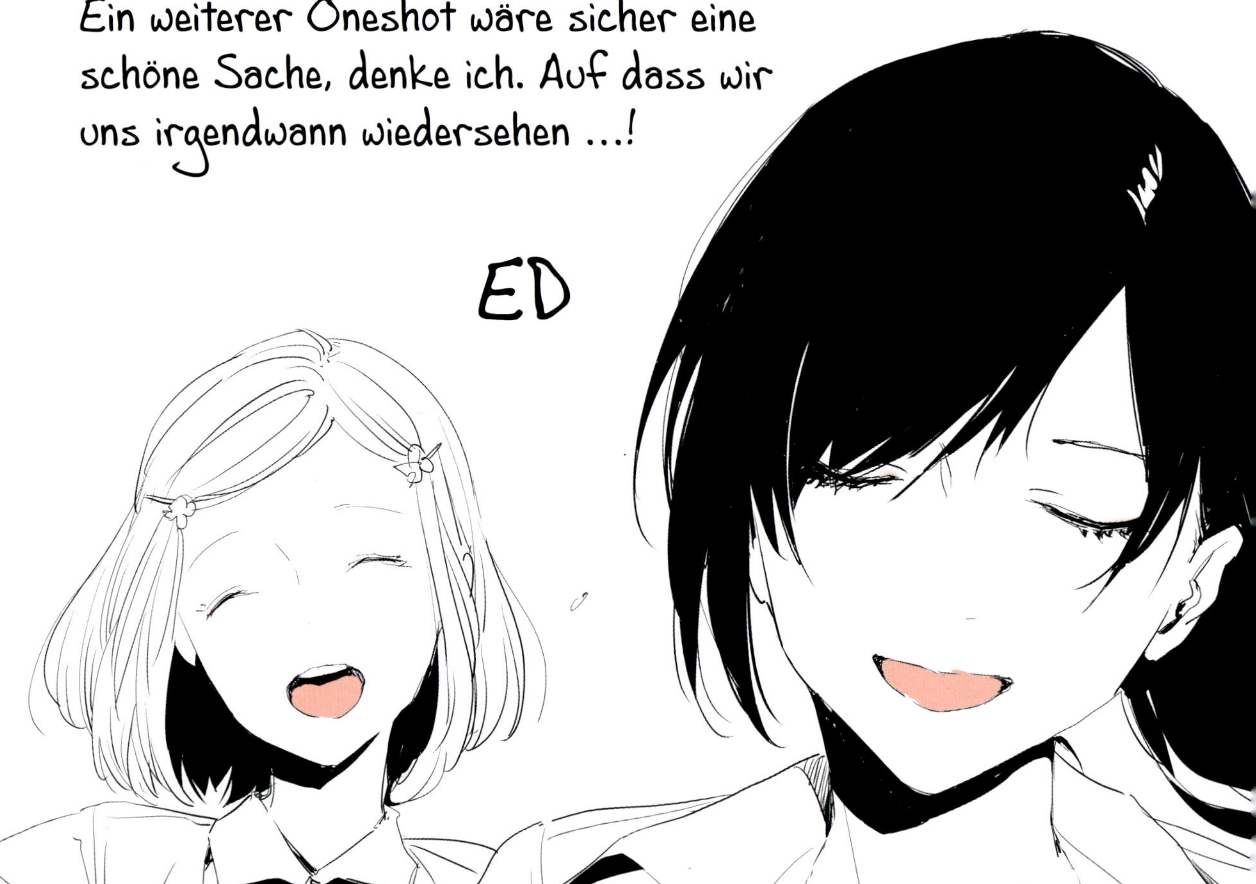

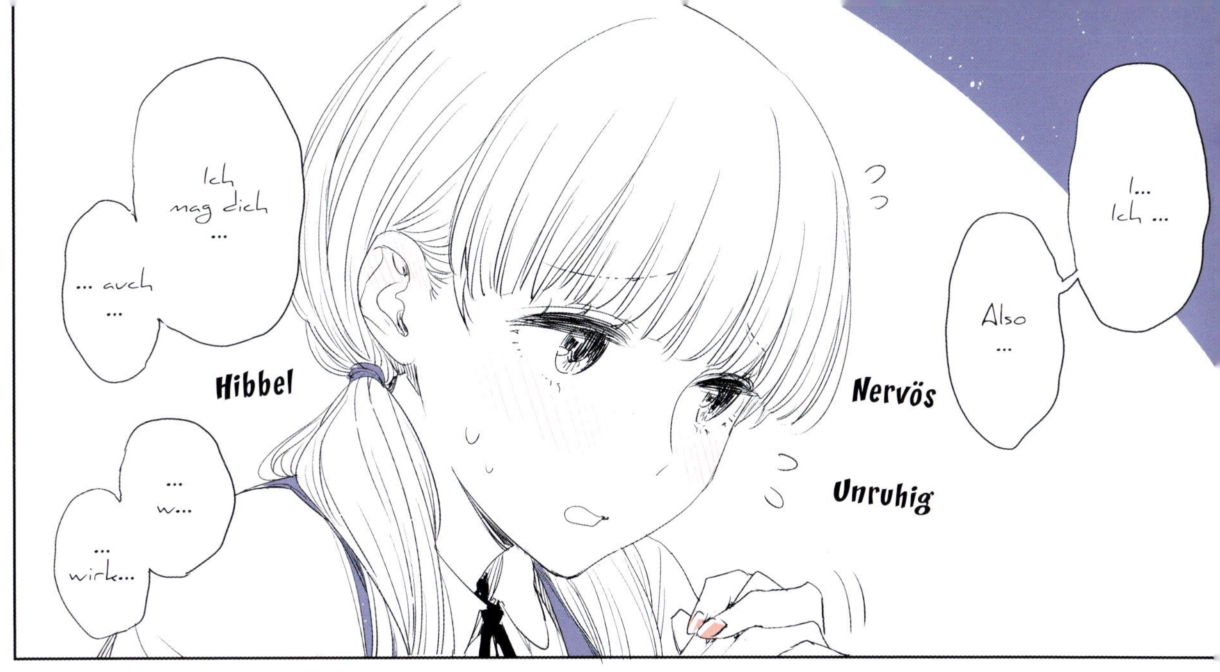
I... Ich ...
Also ...
Nervös
Unruhig
Ich mag dich ...
... auch ...
Hibbel
... w... ... wirk...

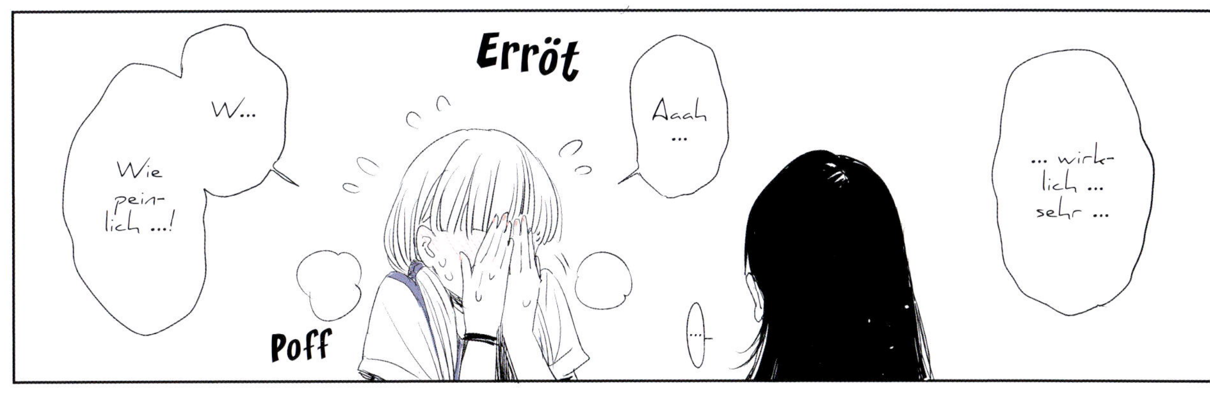
... wirk-lich ... sehr ...
...!
Aaah ...
Erröt
W... Wie pein-lich ...!
Poff

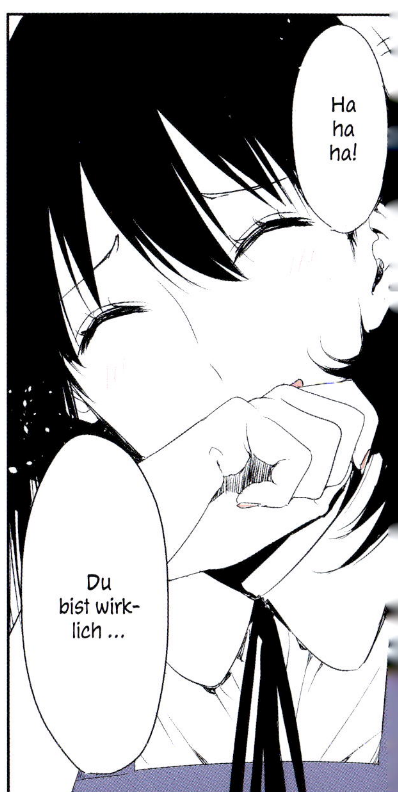
Ha ha ha!
Du bist wirk-lich ...

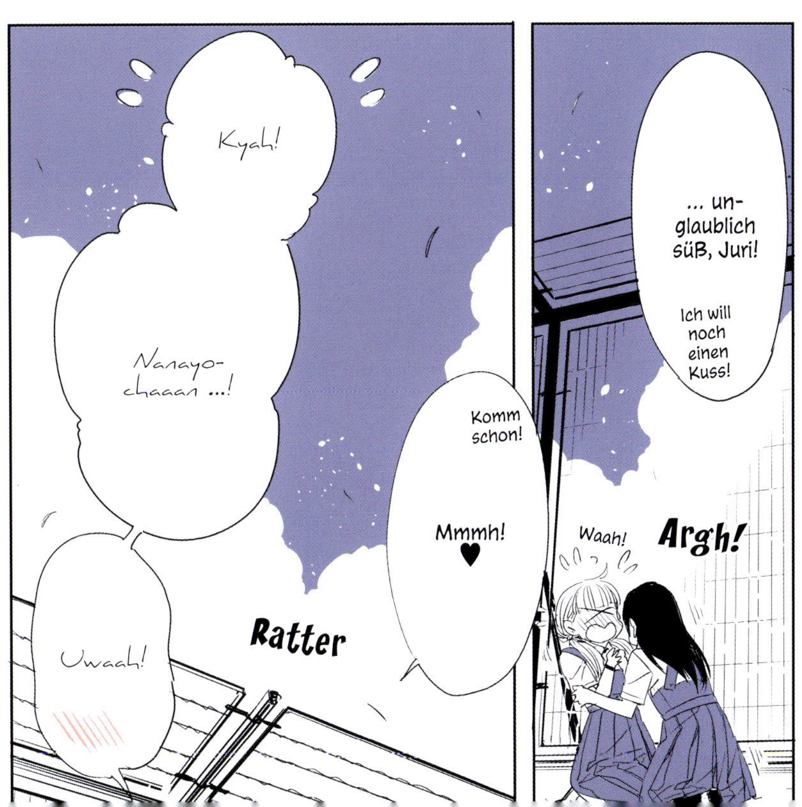
... un-glaublich süß, Juri!
Ich will noch einen Kuss!
Argh!
Waah!
Komm schon!
Mmmh! ♥
Kyah!
Nanayo-chaaan ...!
Ratter
Uwaah!

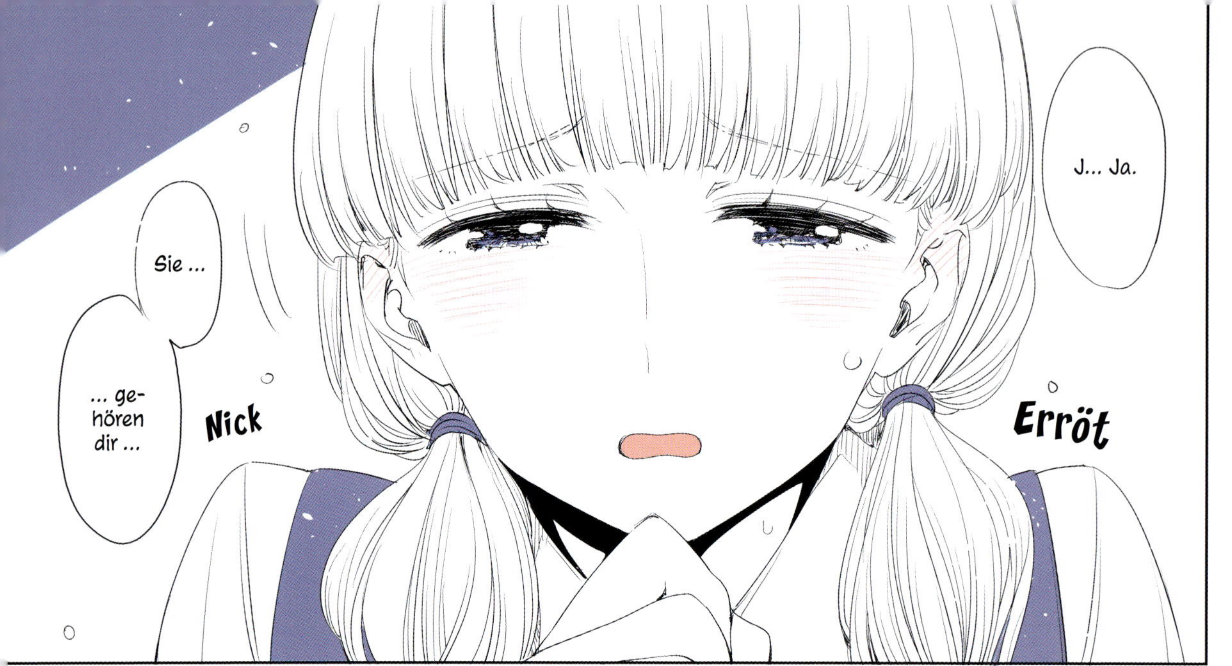
J... Ja.
Erröt
Nick
Sie ...
... gehören dir ...

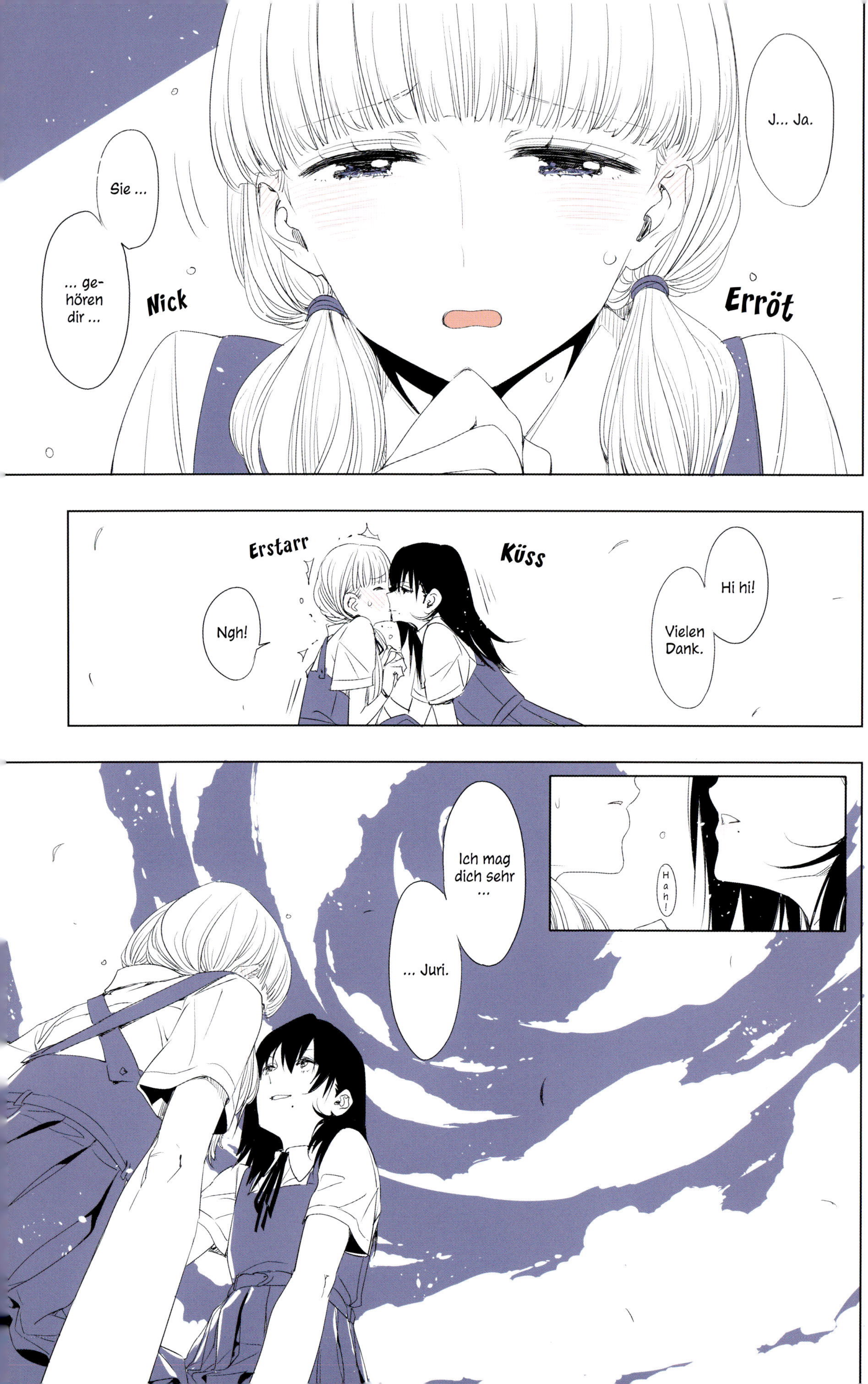

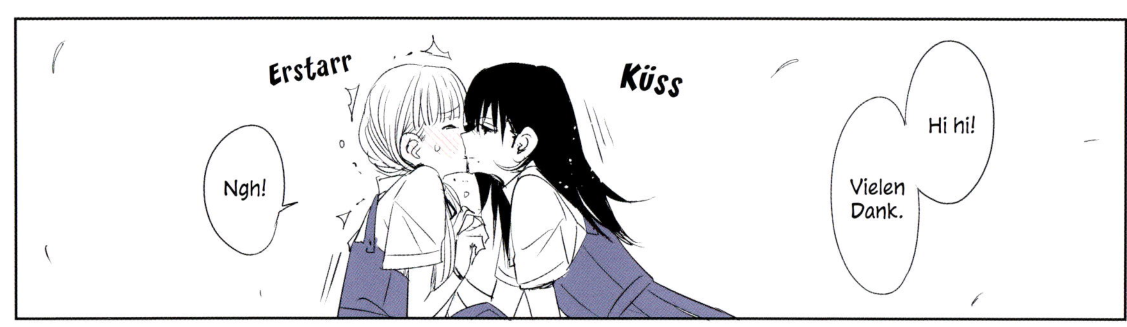
Hi hi!
Vielen Dank.
Küss
Erstarr
Ngh!
Hah!
Ich mag dich sehr ...
... Juri.

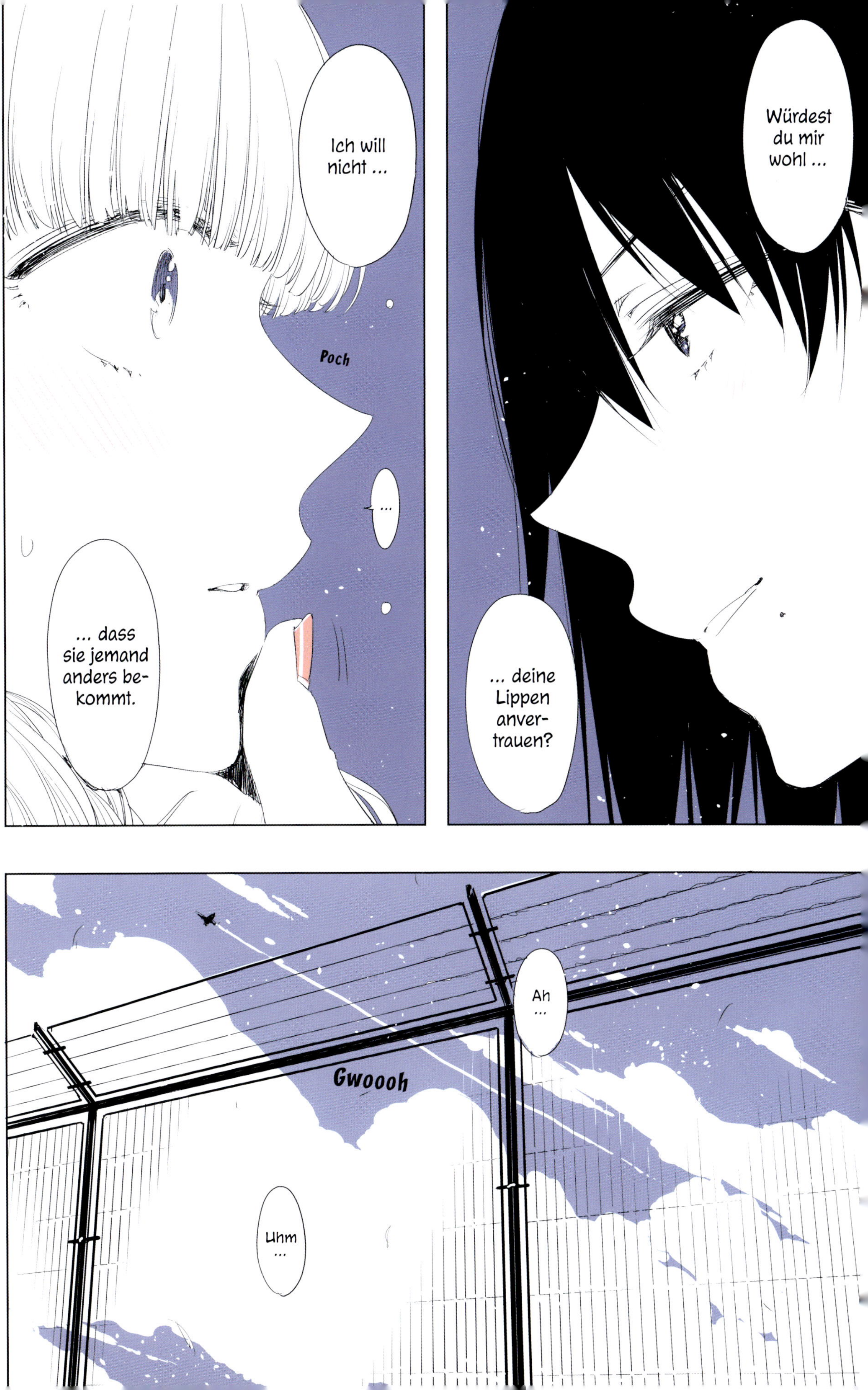

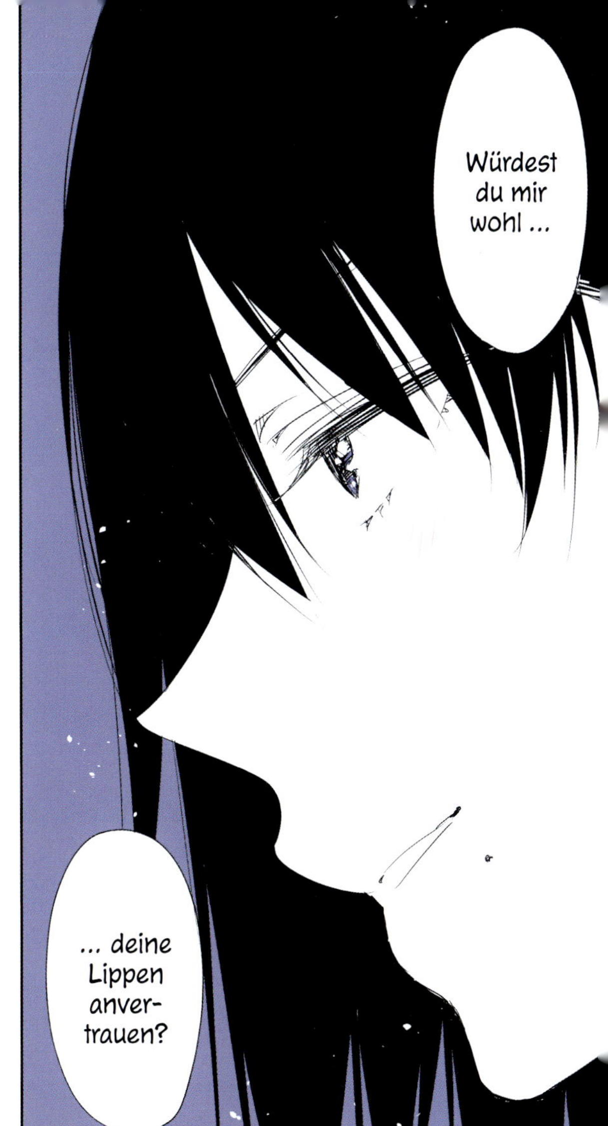

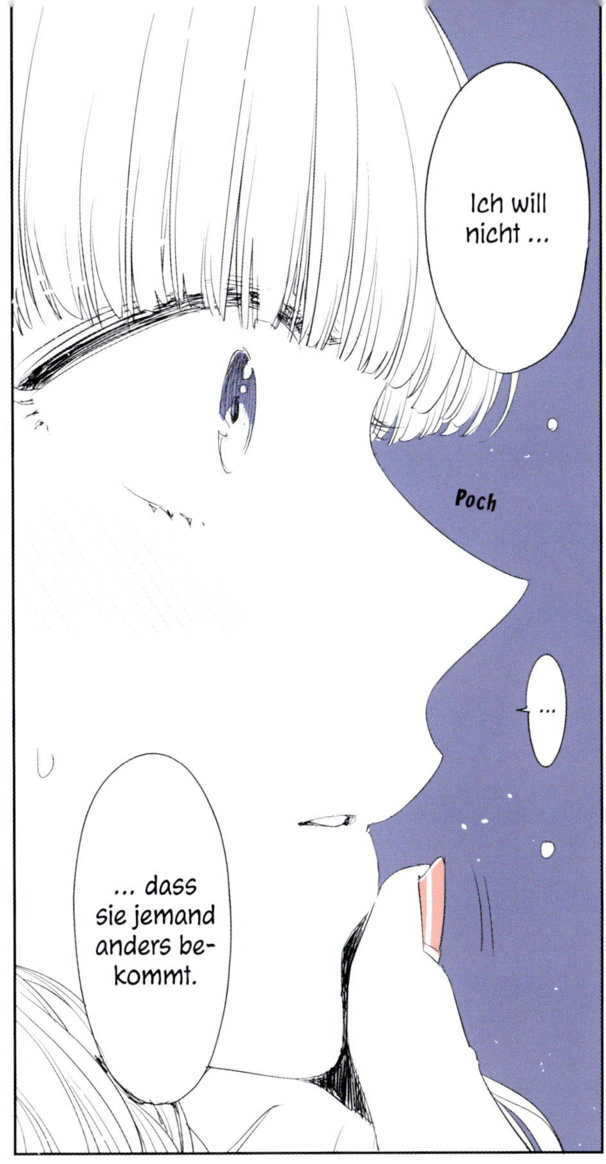

Ah ...

Gwoooh

Uhm ...

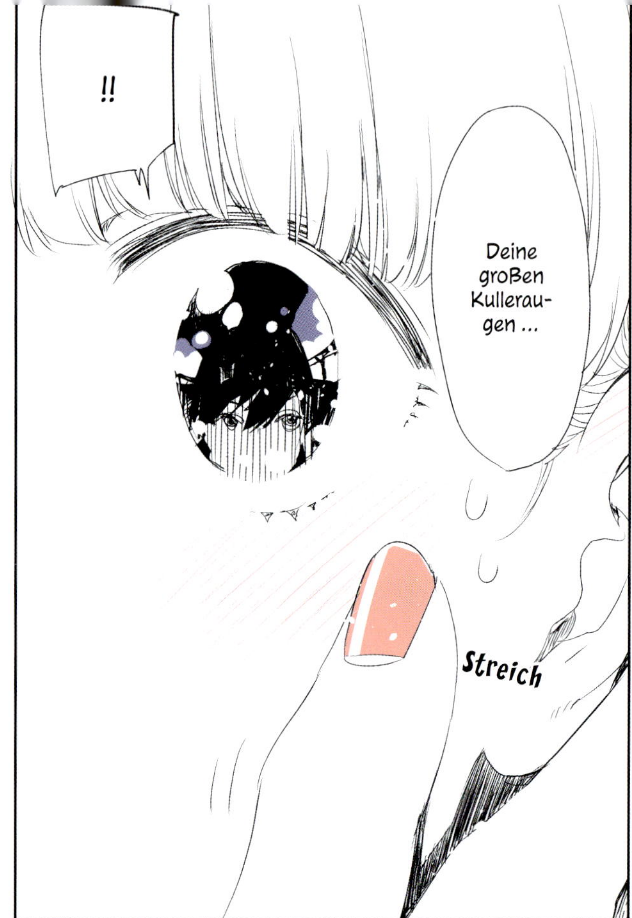
Deine großen Kullerau-gen ...
Streich
!!

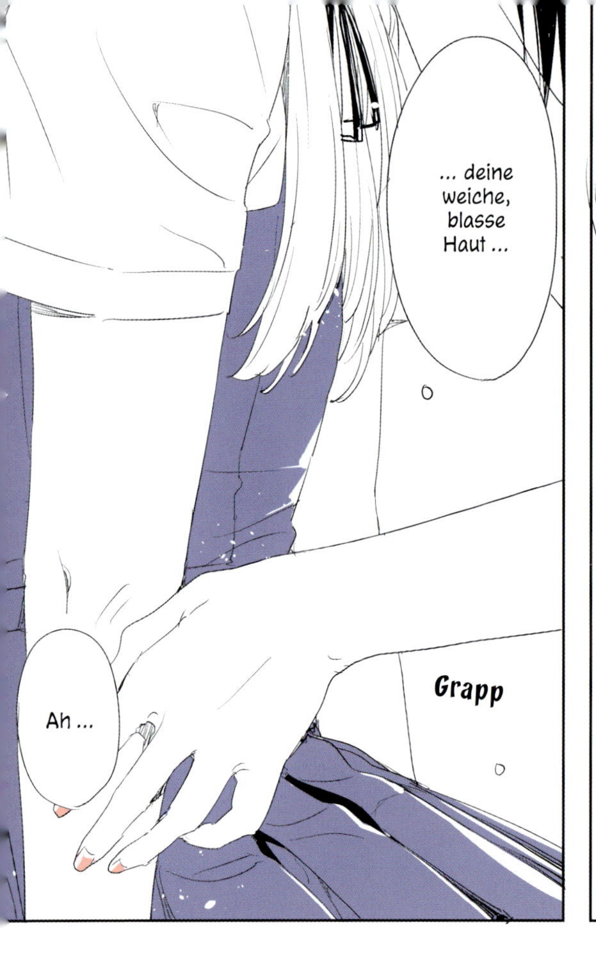
... deine weiche, blasse Haut ...
Grapp
Ah ...

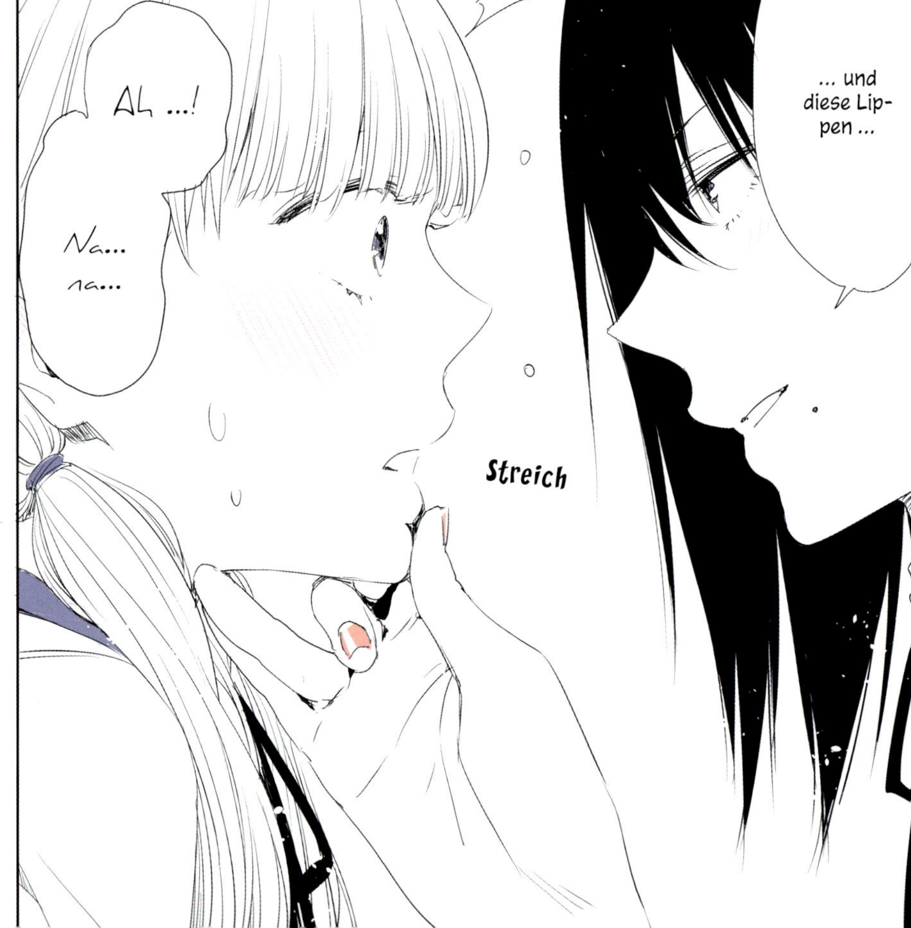
... und diese Lip-pen ...
Streich
Ah ...!
Na... na...

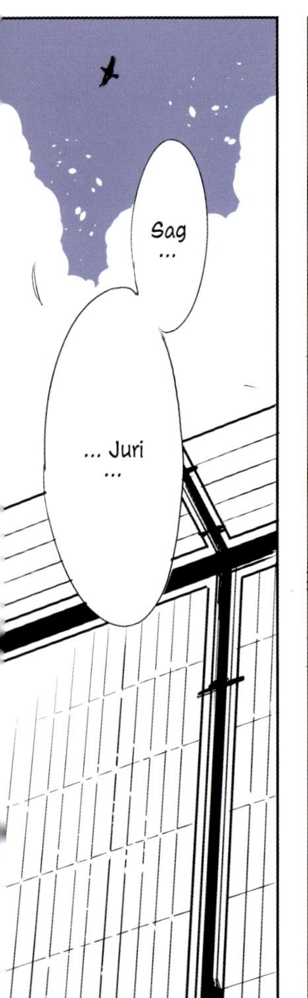
Sag ...
... Juri ...

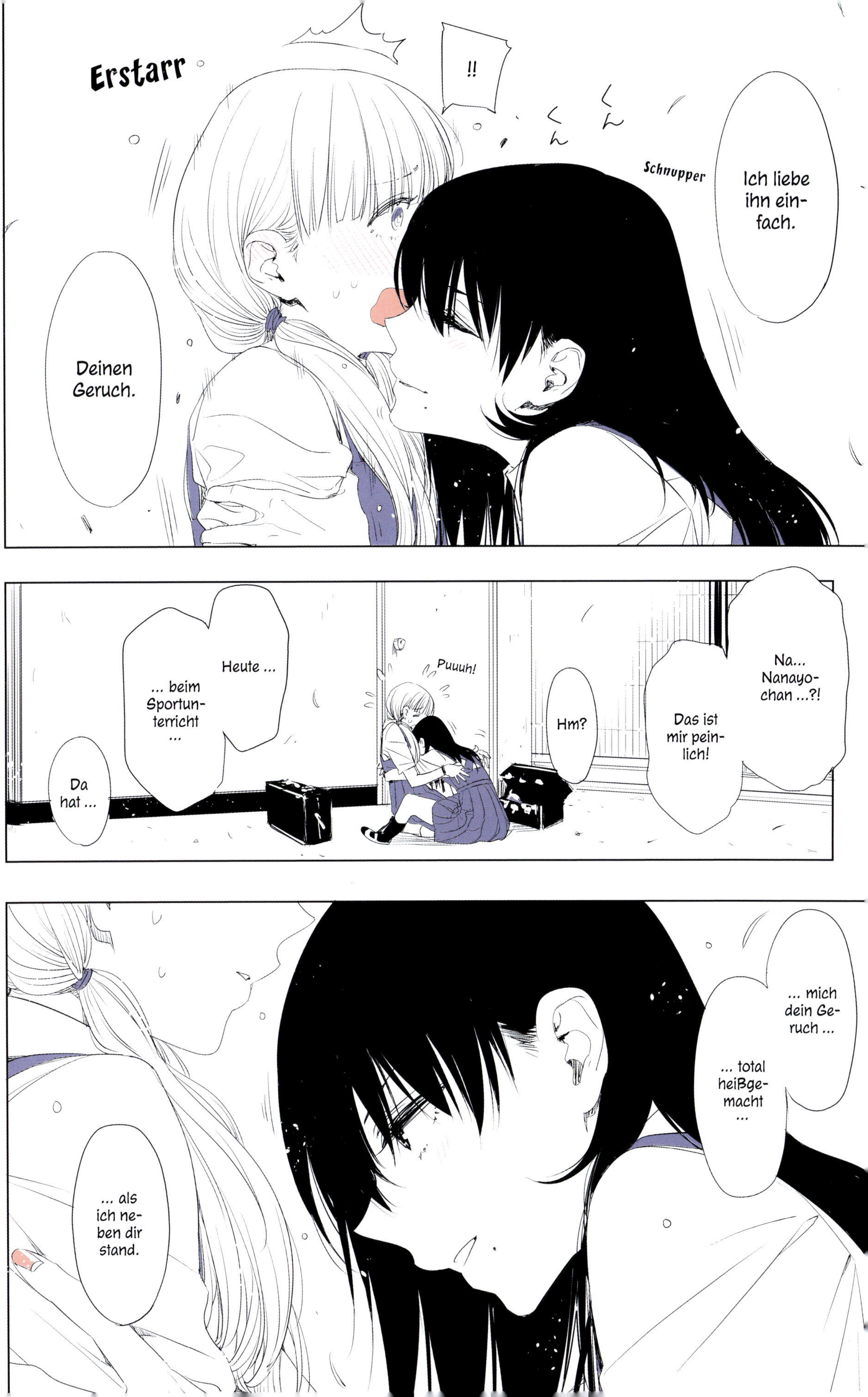

Ich liebe ihn ein-fach.

Schnupper

くん くん

!!

Erstarr

Deinen Geruch.

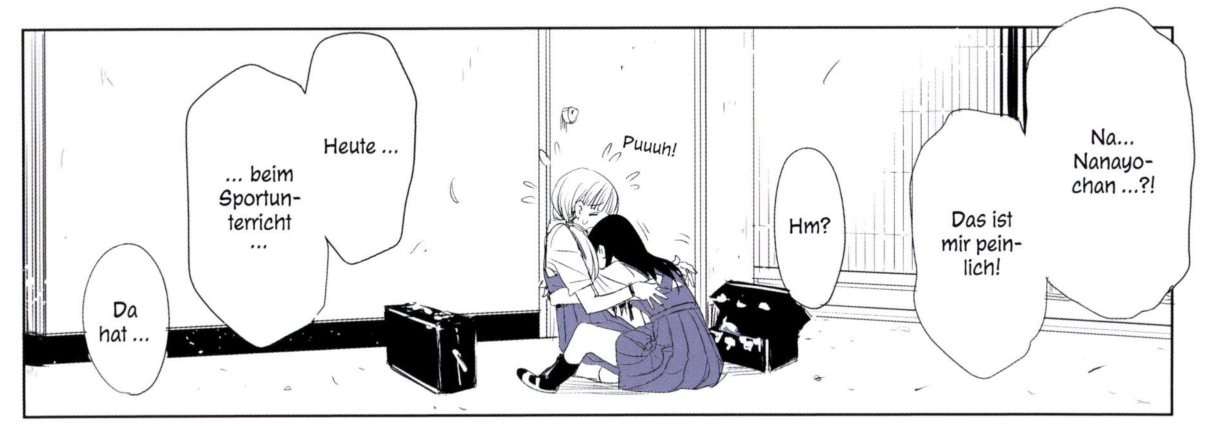

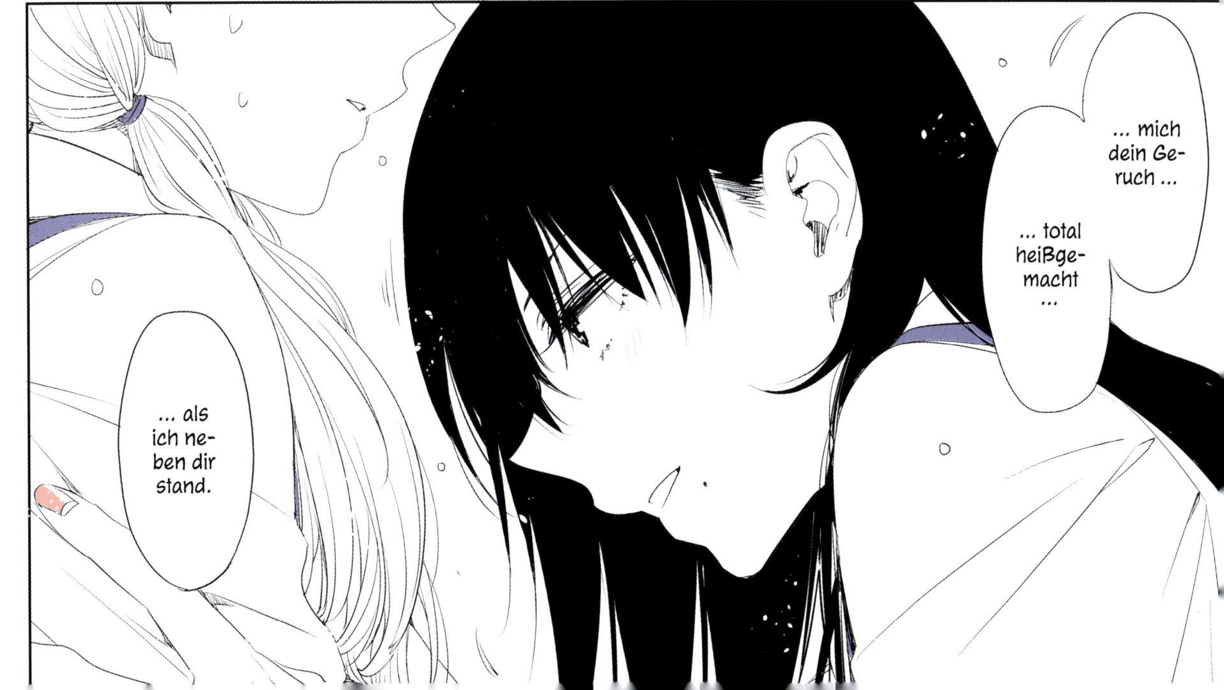

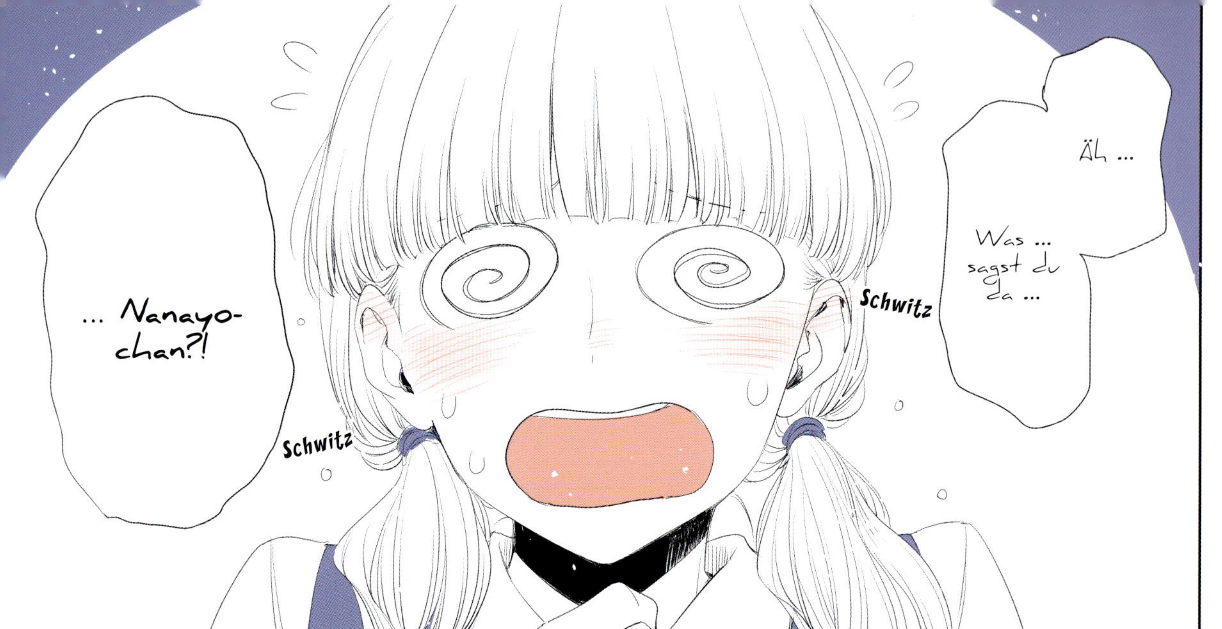
Äh ...
Was ... sagst du da ...
Schwitz
... Nanayo-chan?!
Schwitz

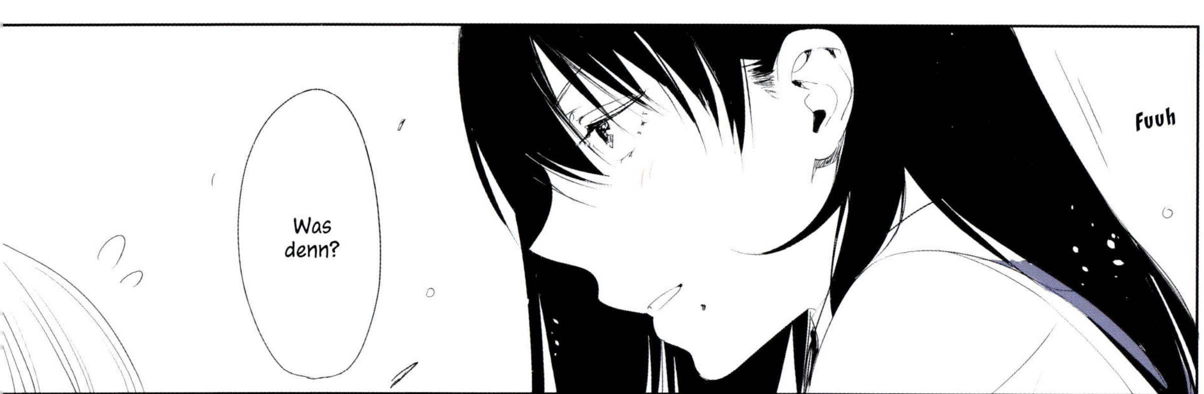
Fuuh
Was denn?

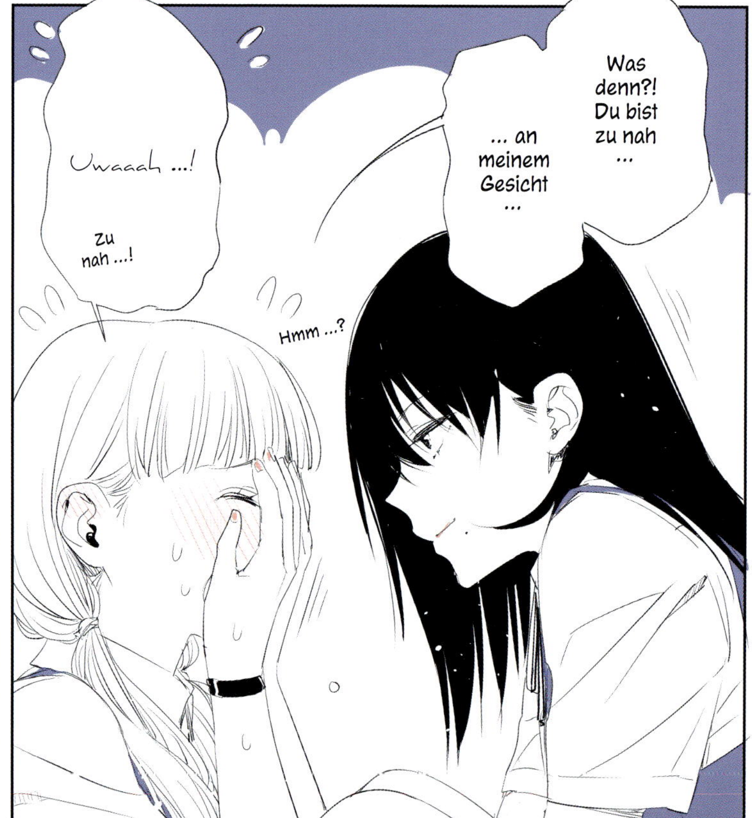
Was denn?! Du bist zu nah ...
... an meinem Gesicht ...
Uwaaah ...!
zu nah ...!
Hmm ...?

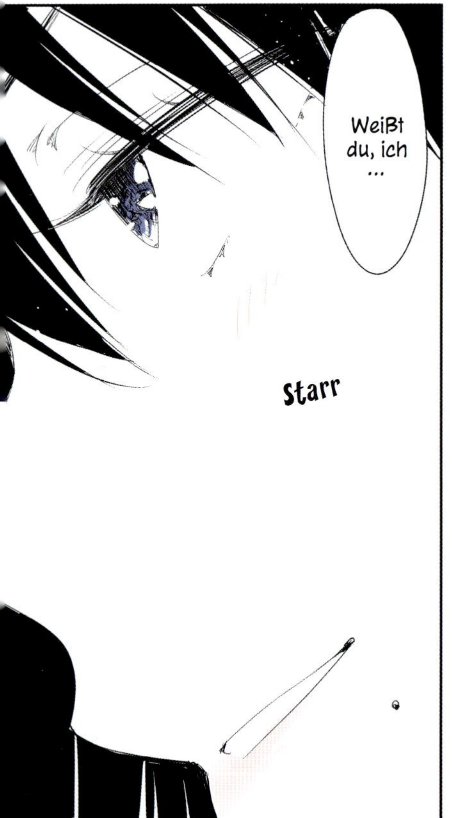
Weißt du, ich ...
Starr

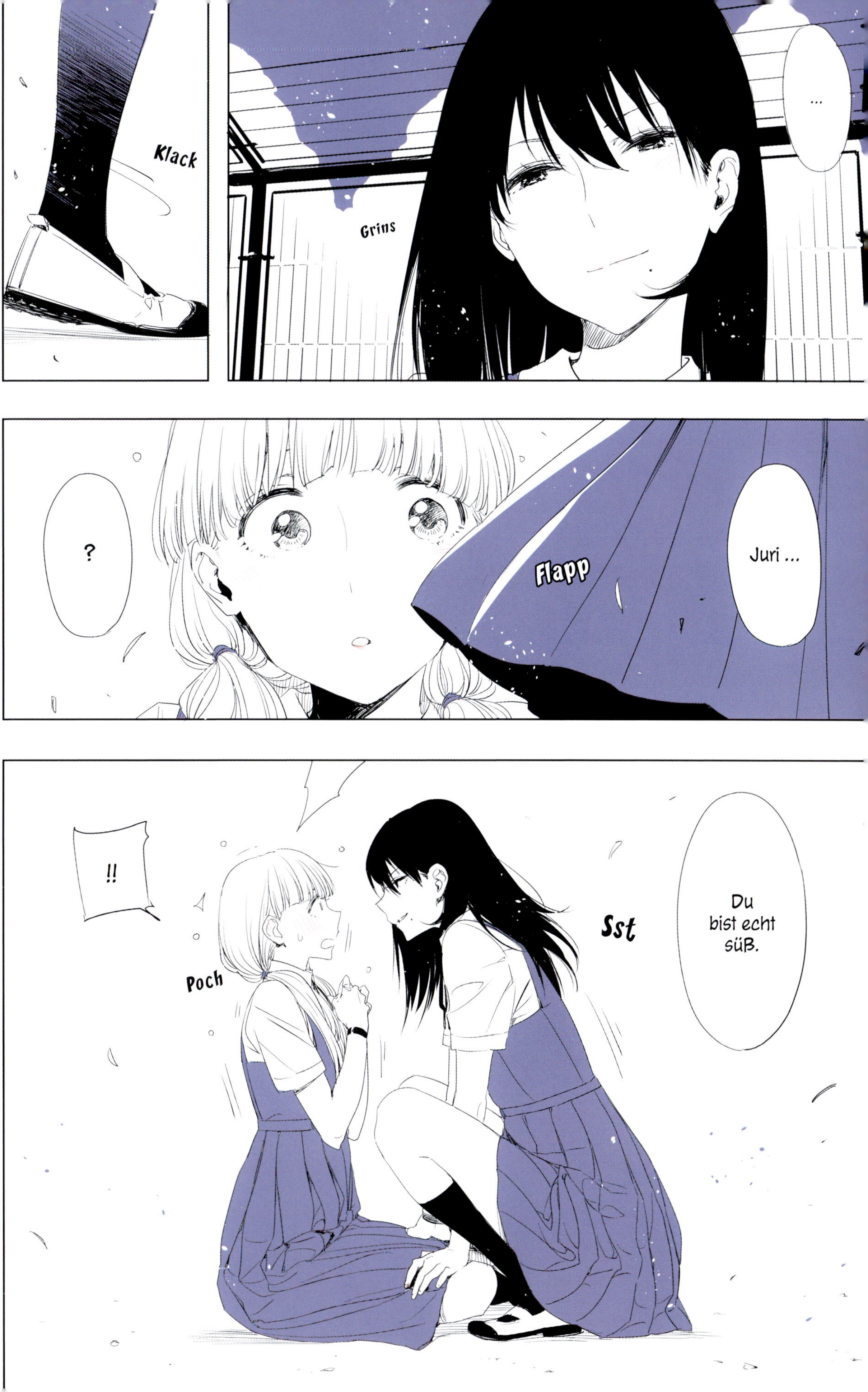

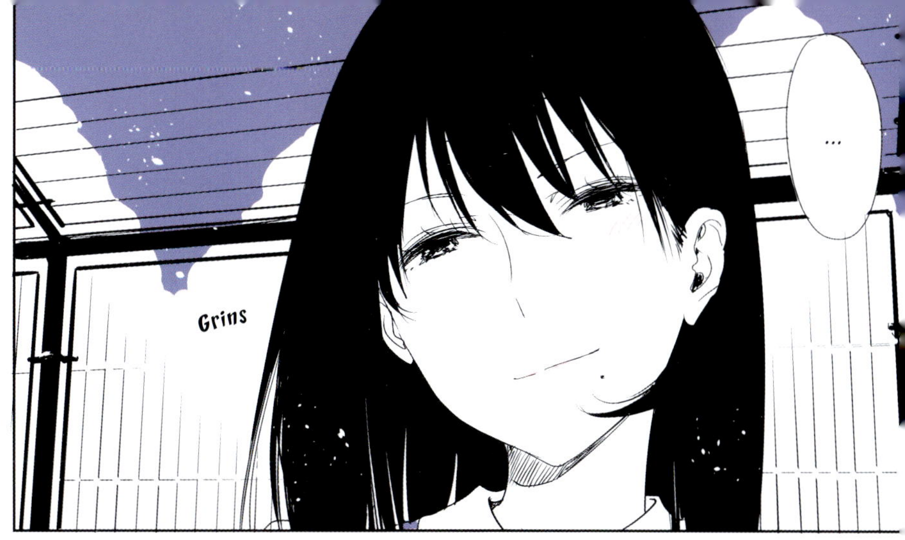

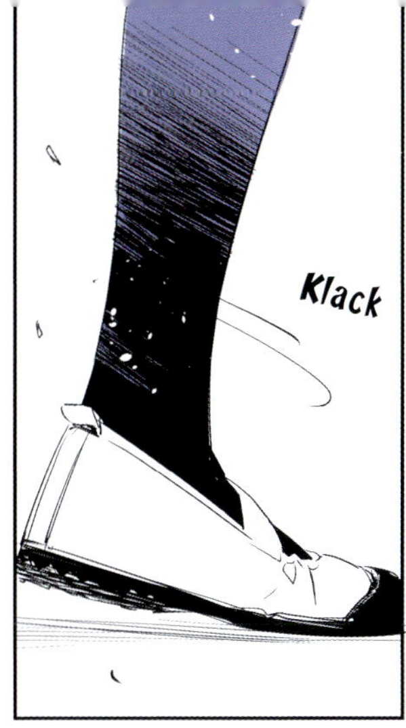

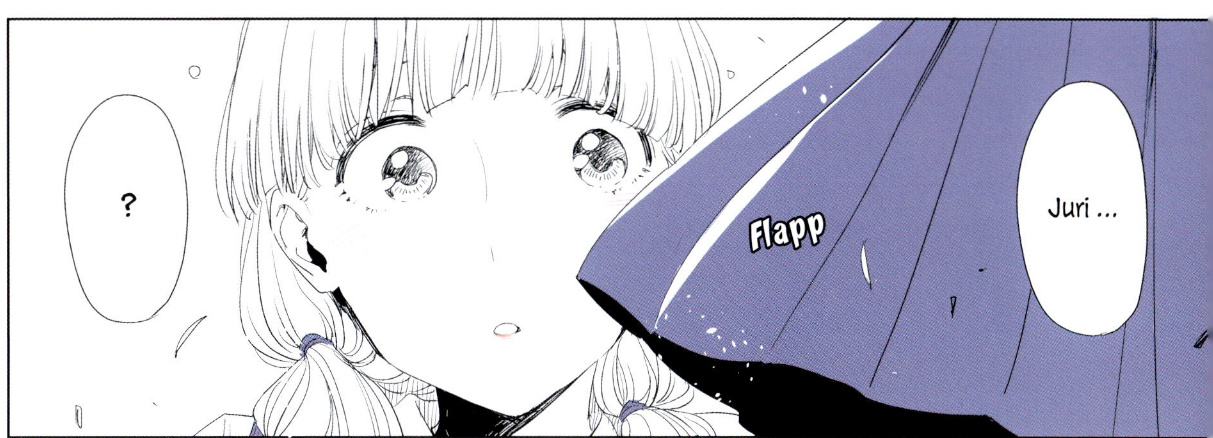

Du bist echt süß.

Sst

!!

Poch

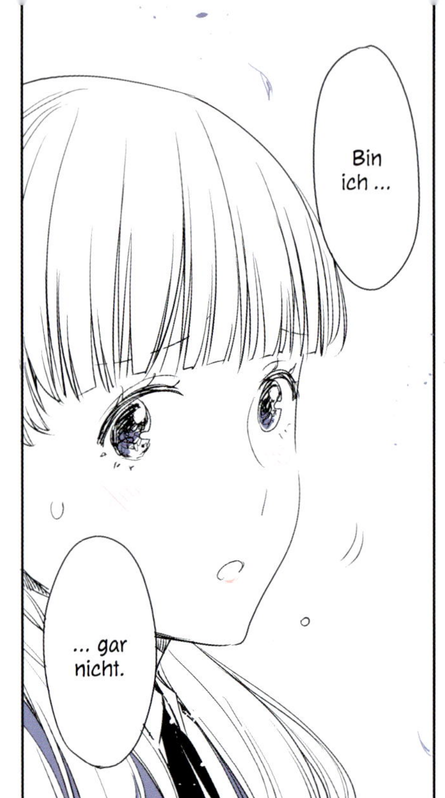
Bin ich ...
... gar nicht.

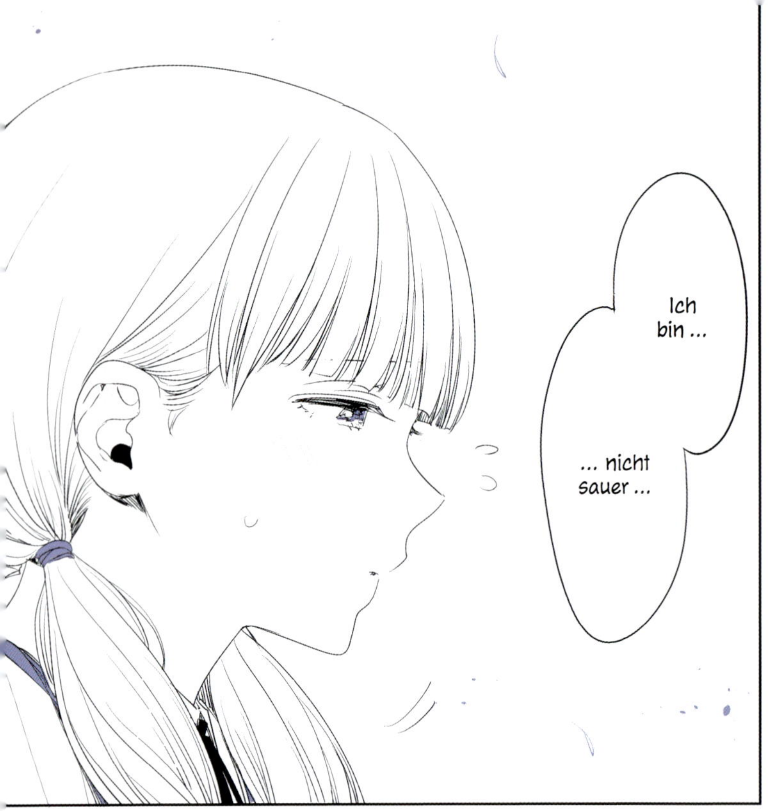
Ich bin ...
... nicht sauer ...

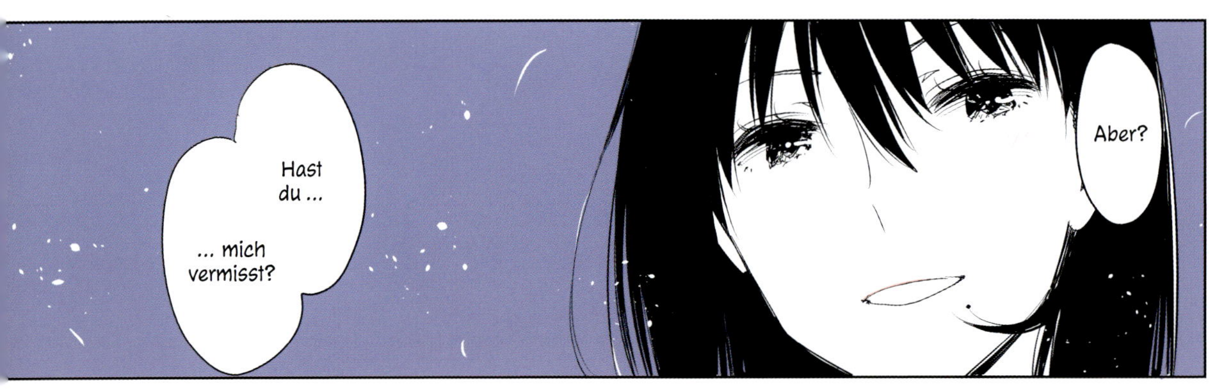
Aber?
Hast du ...
... mich vermisst?

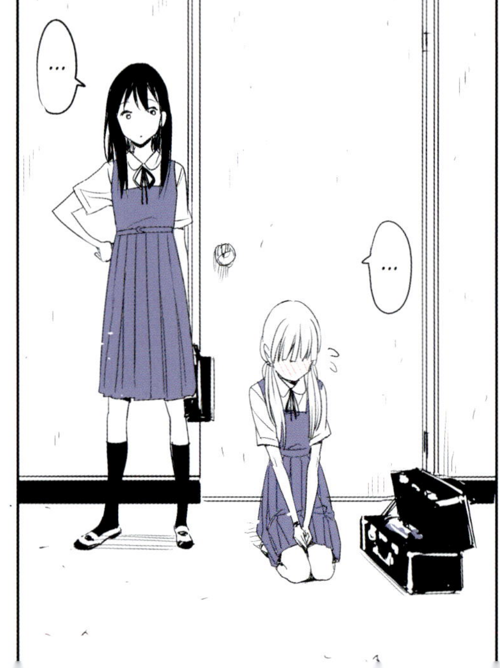
...
...

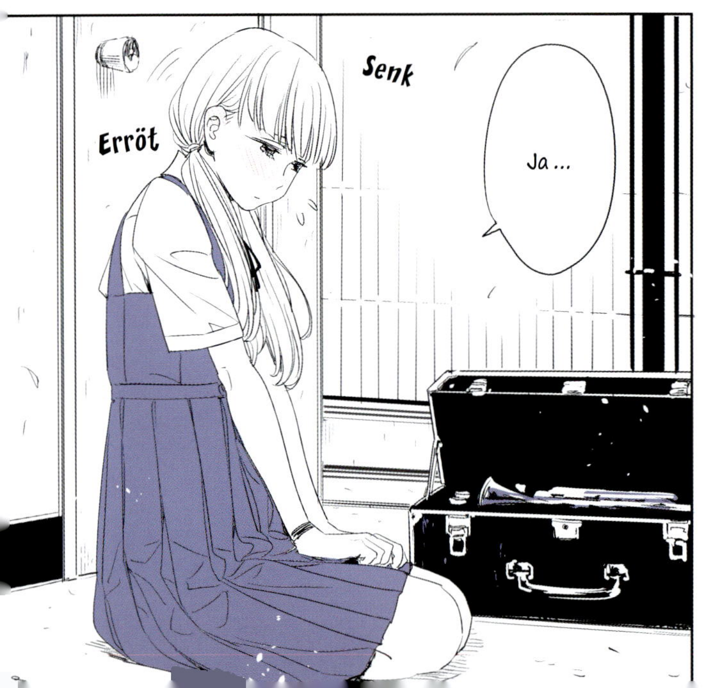
Ja ...
Senk
Erröt

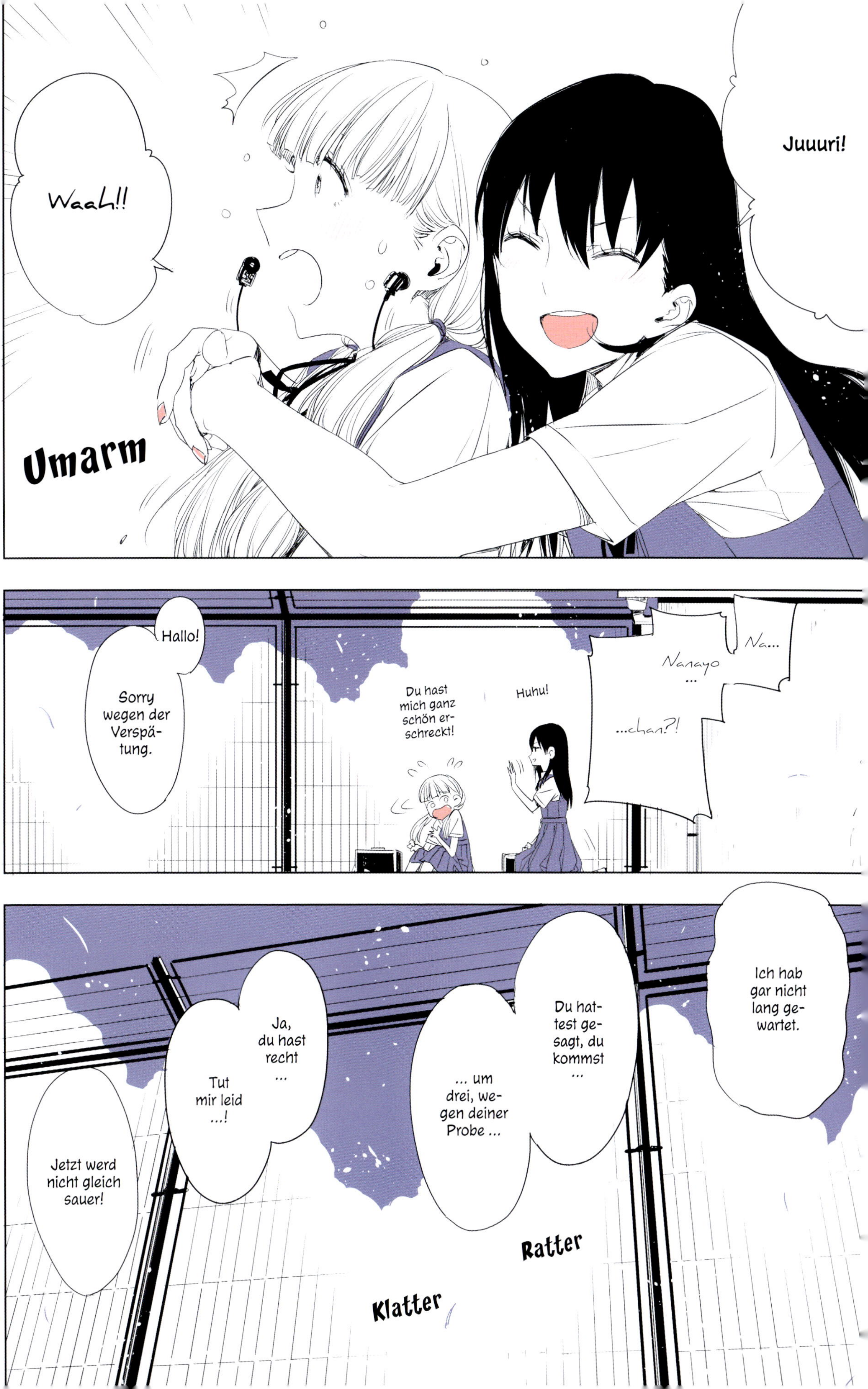

Juuuri!

Waah!!

Umarm

Na...

Nanayo ...

...chan?!

Huhu!

Du hast mich ganz schön erschreckt!

Hallo!

Sorry wegen der Verspätung.

Ich hab gar nicht lang gewartet.

Du hattest gesagt, du kommst ...

... um drei, wegen deiner Probe ...

Ja, du hast recht ...

Tut mir leid ...!

Jetzt werd nicht gleich sauer!

Ratter

Klatter

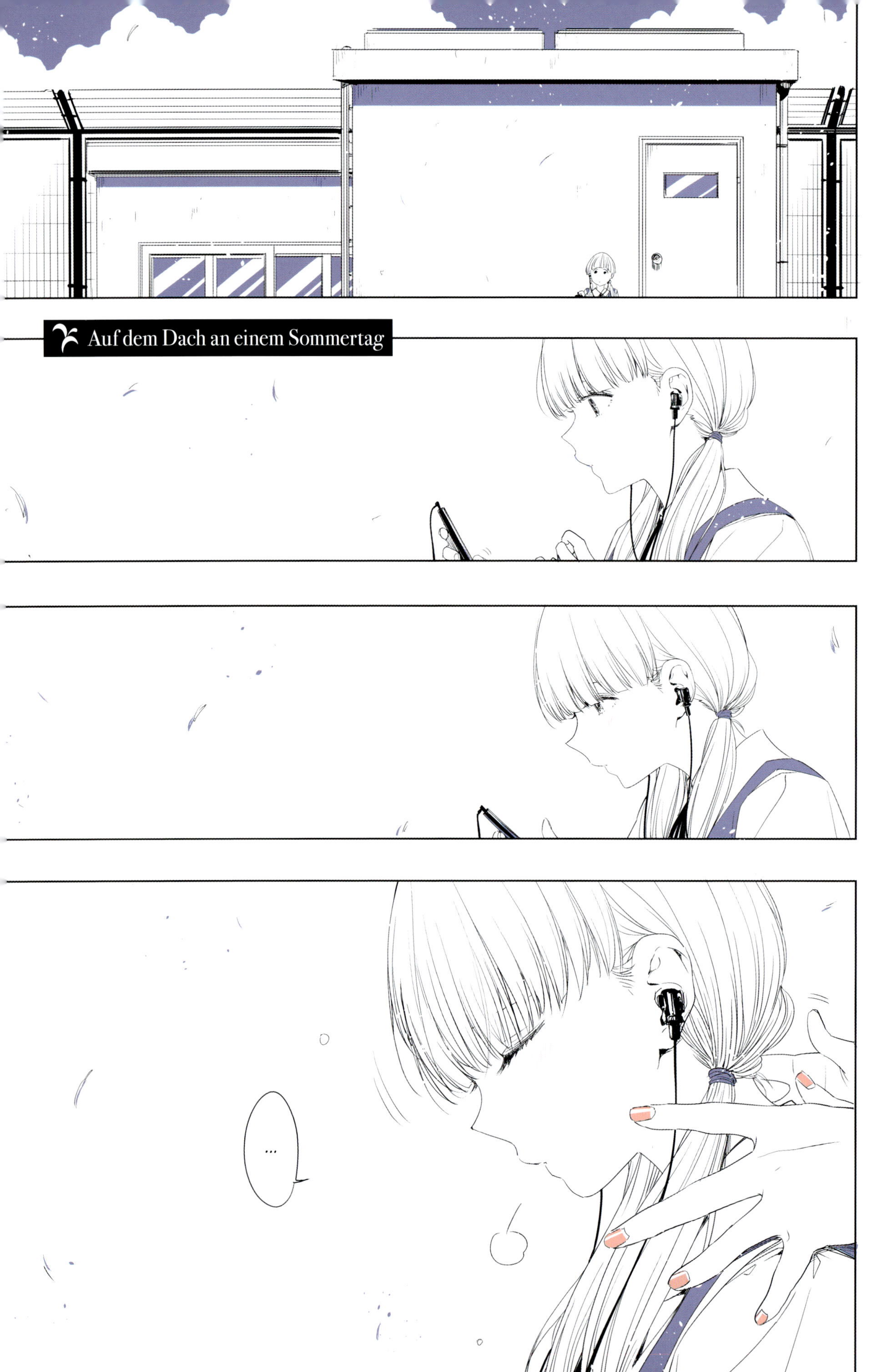
Auf dem Dach an einem Sommertag
...

Lilium Terrarium

116

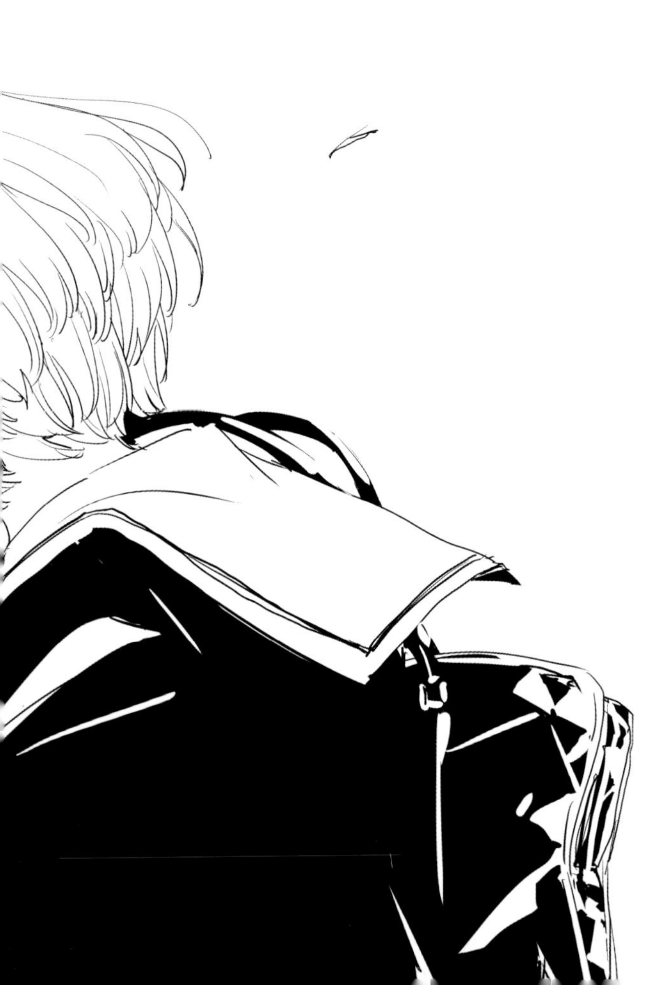

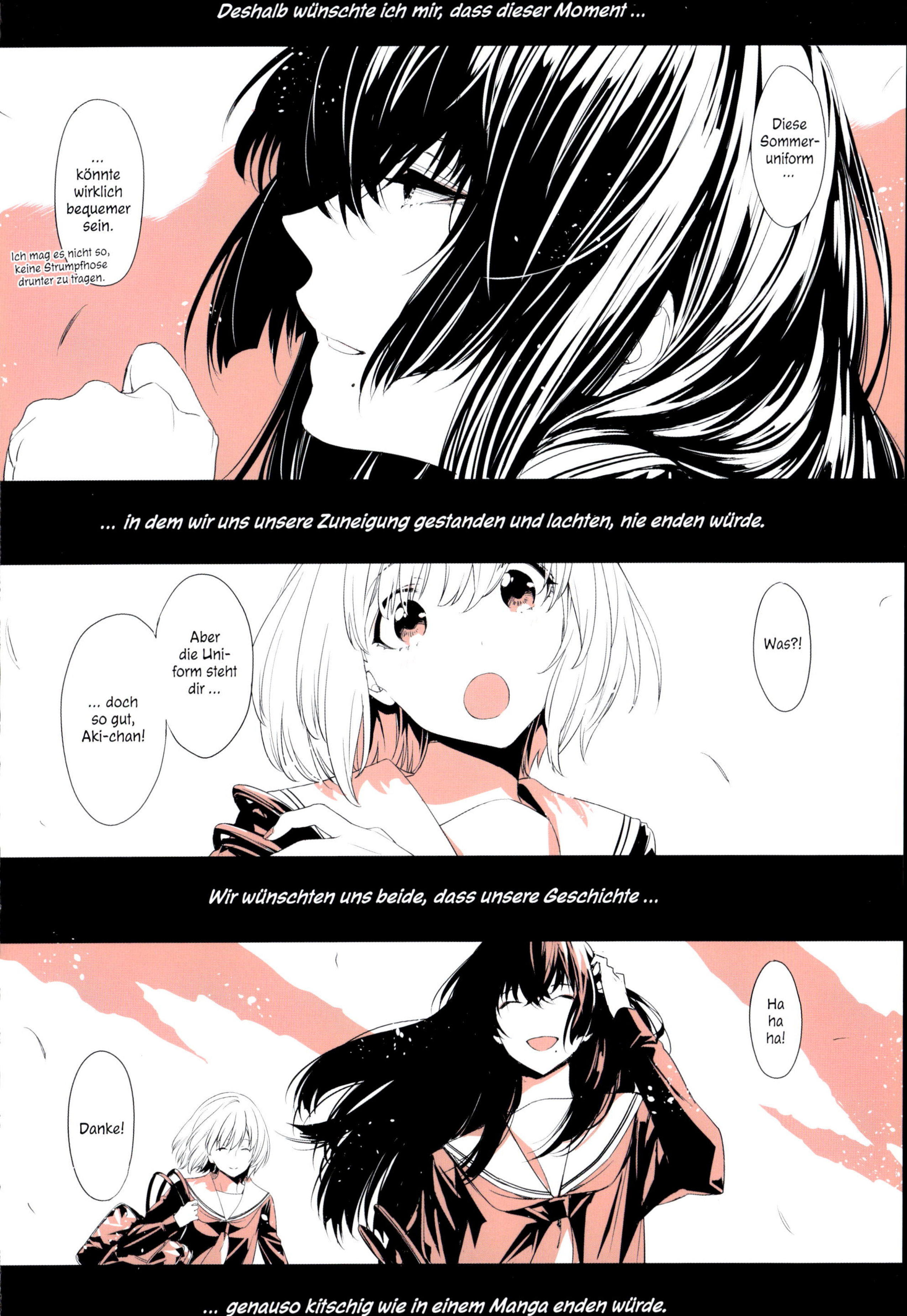

Deshalb wünschte ich mir, dass dieser Moment ...

Diese Sommer-uniform ...

... könnte wirklich bequemer sein.

Ich mag es nicht so, keine Strumpfhose drunter zu tragen.

... in dem wir uns unsere Zuneigung gestanden und lachten, nie enden würde.

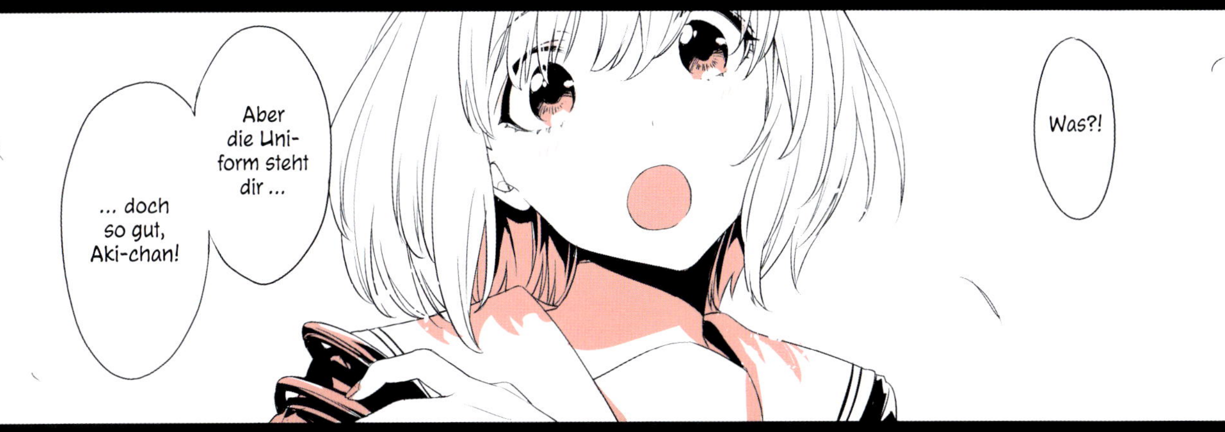

Wir wünschten uns beide, dass unsere Geschichte ...

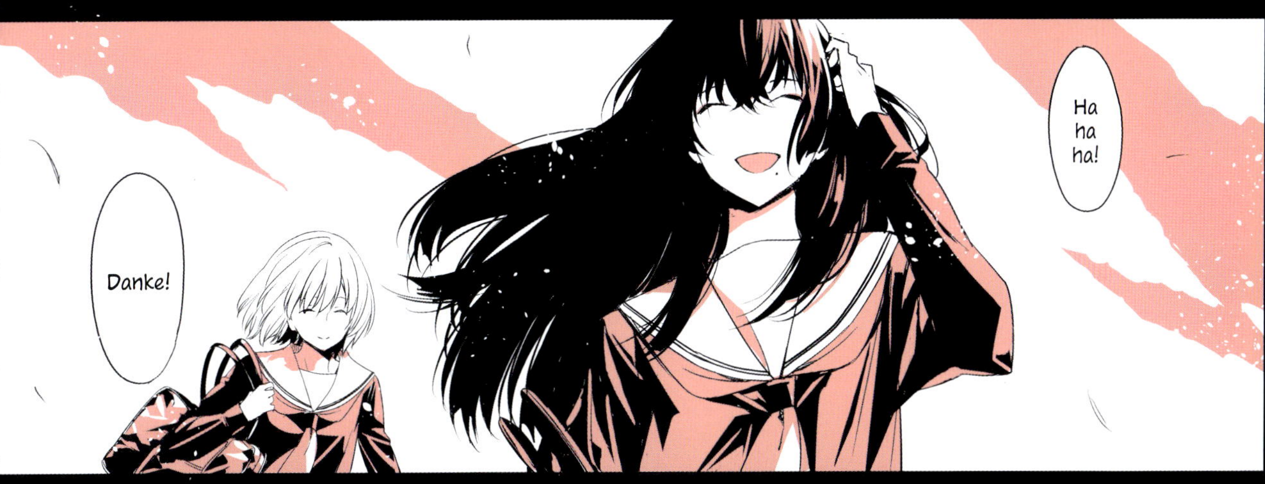

... genauso kitschig wie in einem Manga enden würde.

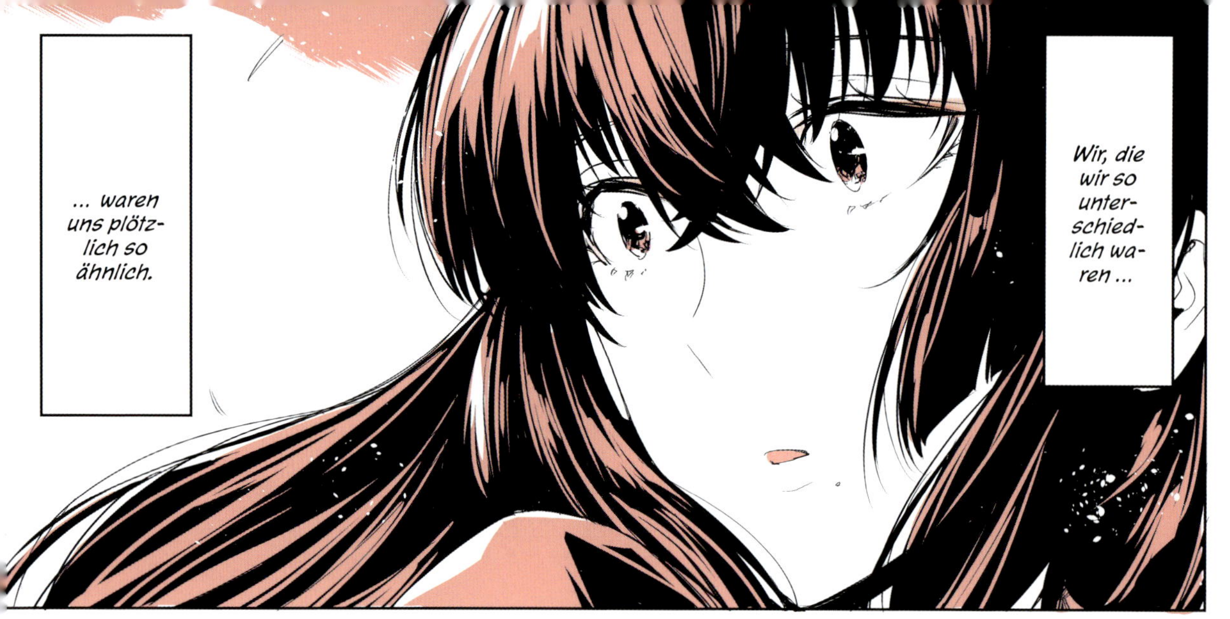
Wir, die wir so unterschiedlich waren ...
... waren uns plötzlich so ähnlich.

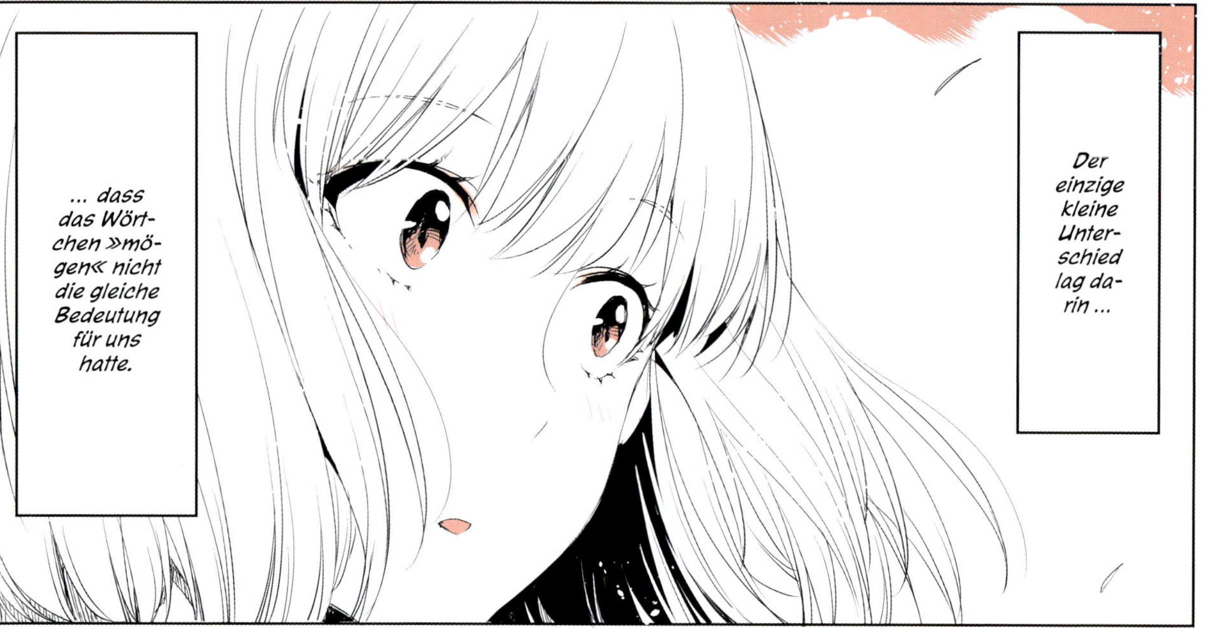
Der einzige kleine Unterschied lag darin ...
... dass das Wörtchen »mögen« nicht die gleiche Bedeutung für uns hatte.

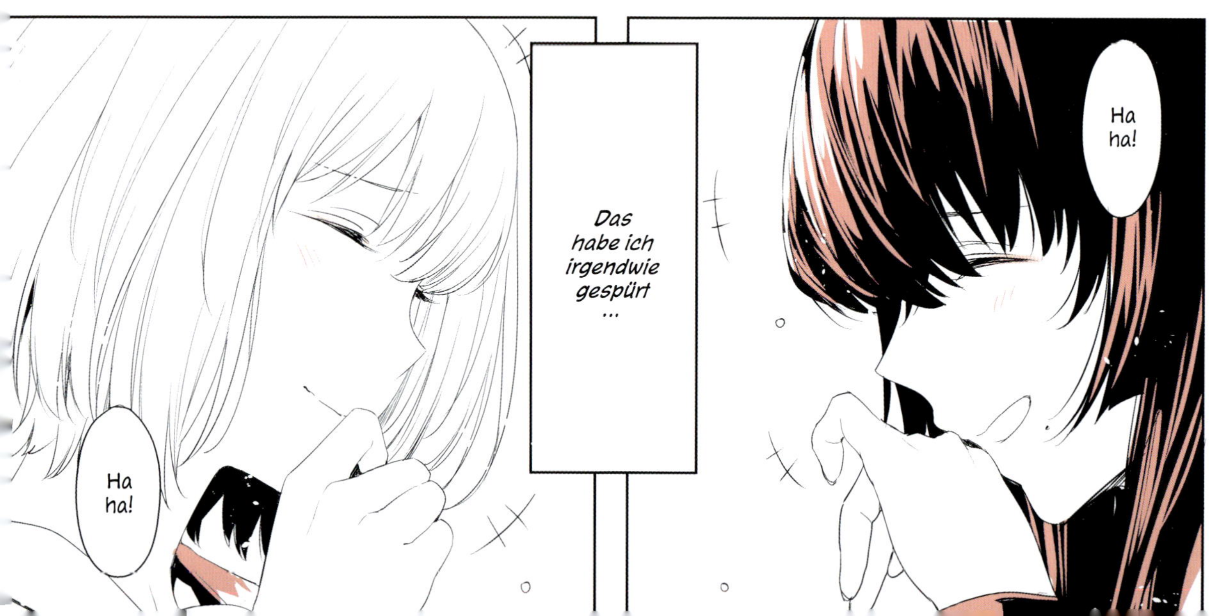
Ha ha!
Das habe ich irgendwie gespürt ...
Ha ha!

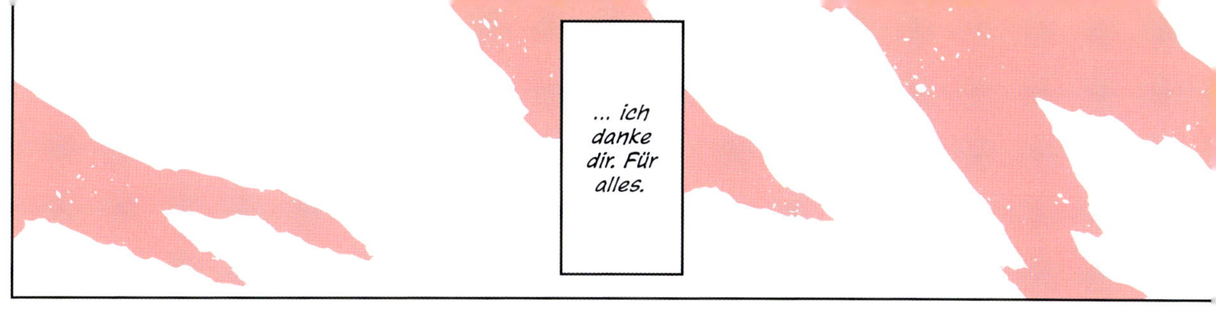
... ich danke dir. Für alles.

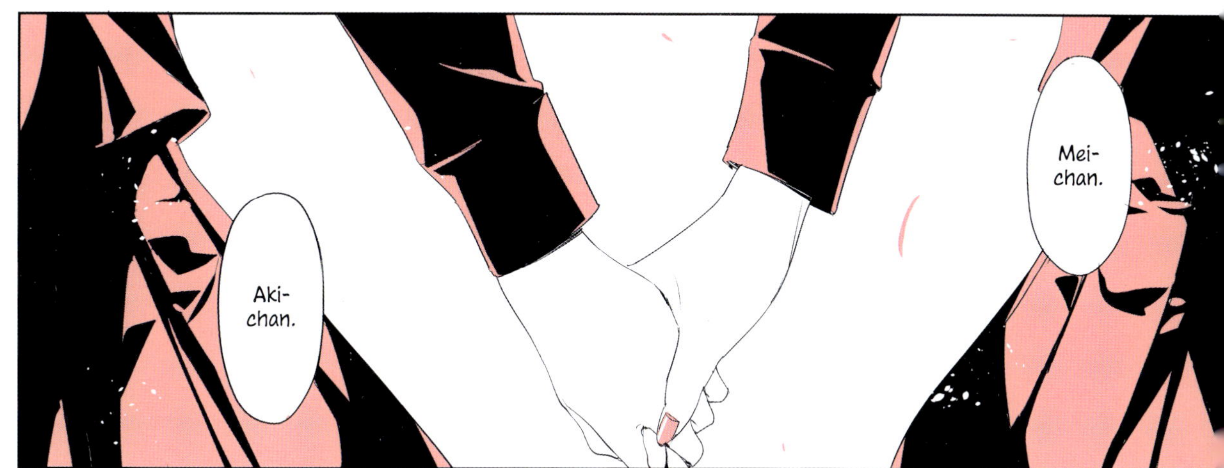
Mei-chan.
Aki-chan.

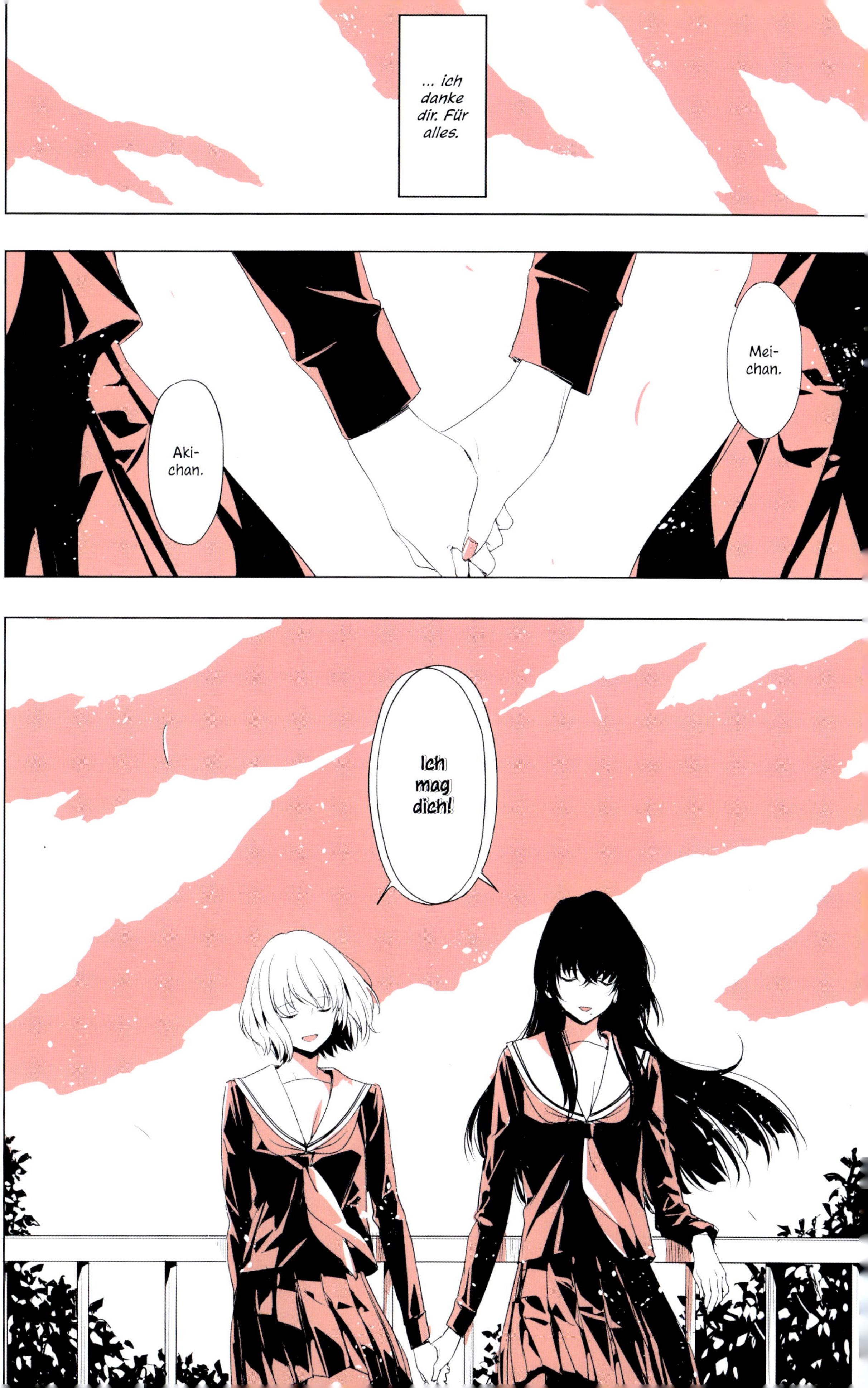

Ich mag dich!

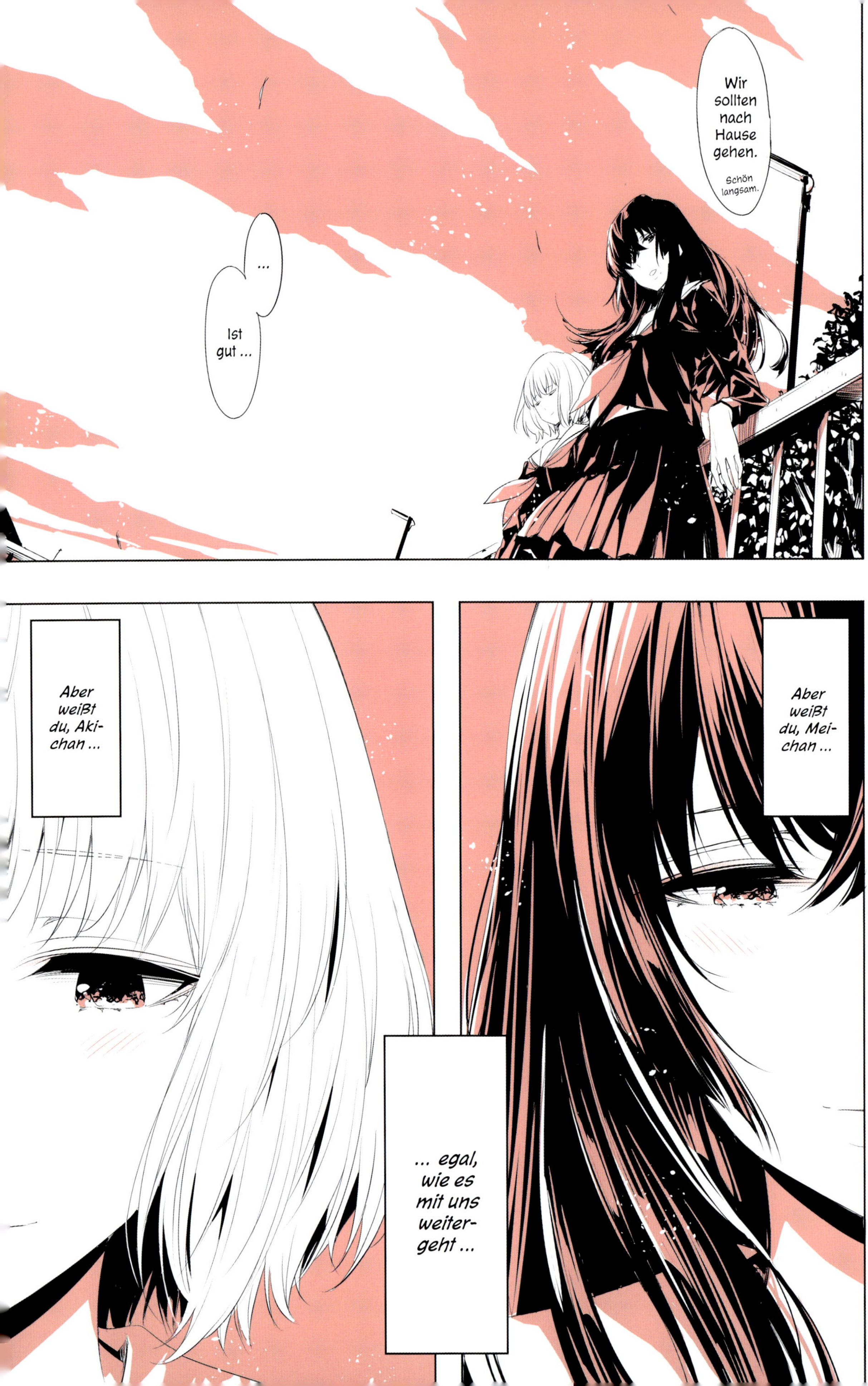

Wir sollten nach Hause gehen.

Schön langsam.

...

Ist gut ...

Aber weißt du, Mei-chan ...

Aber weißt du, Aki-chan ...

... egal, wie es mit uns weitergeht ...

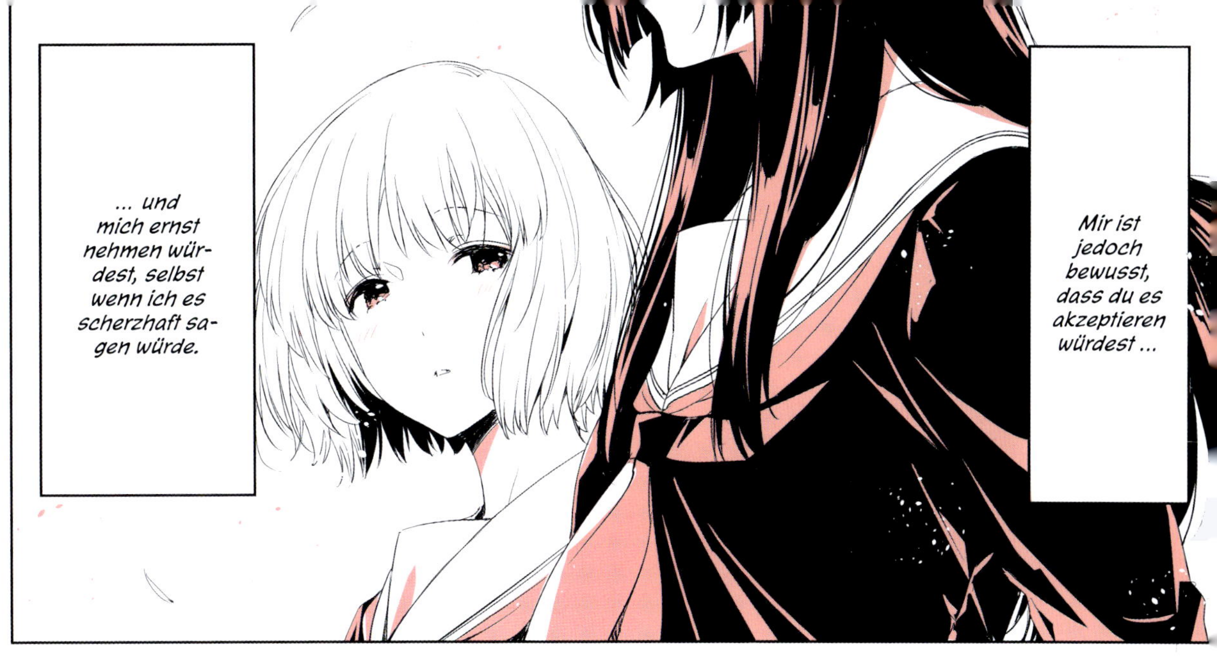

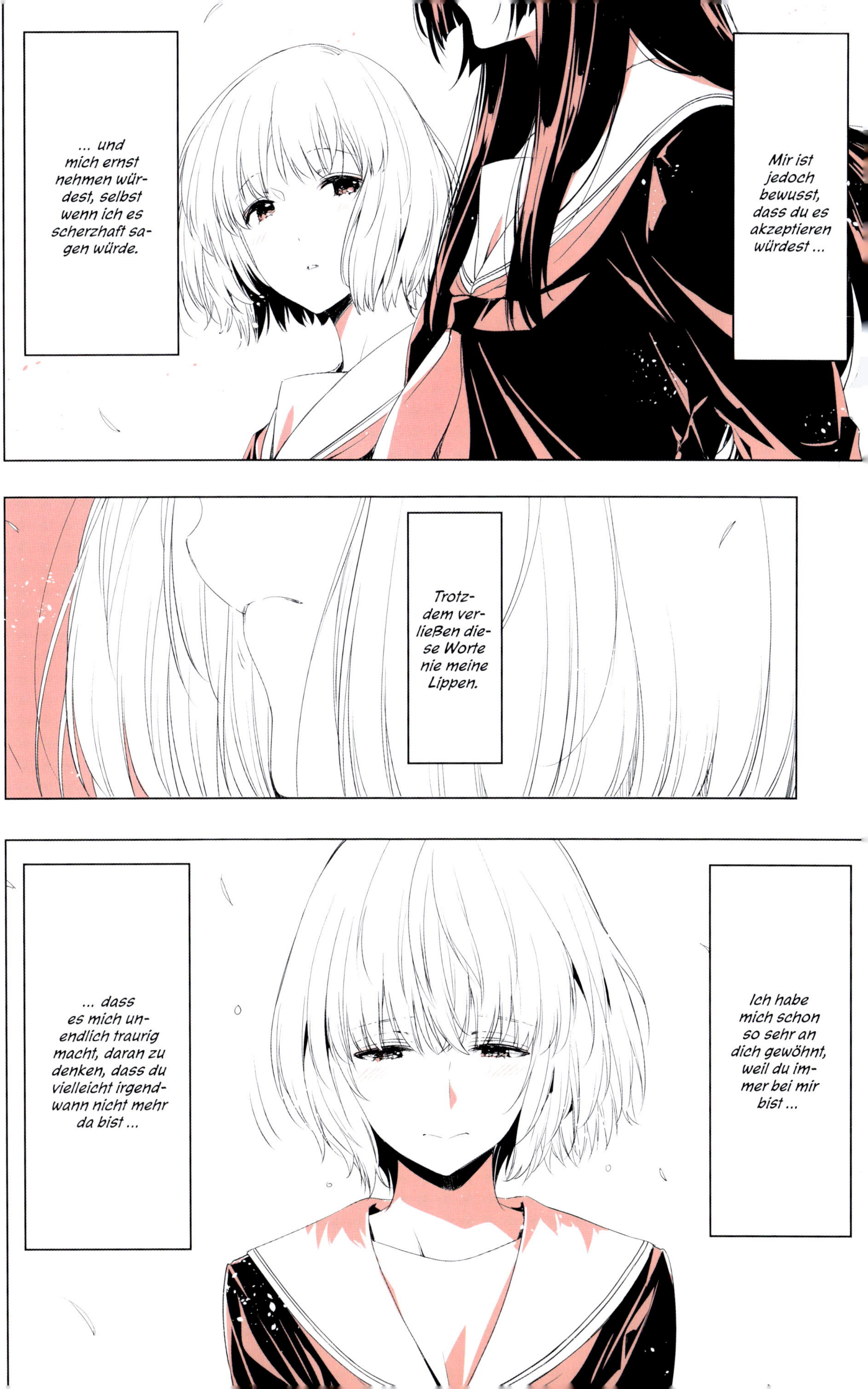

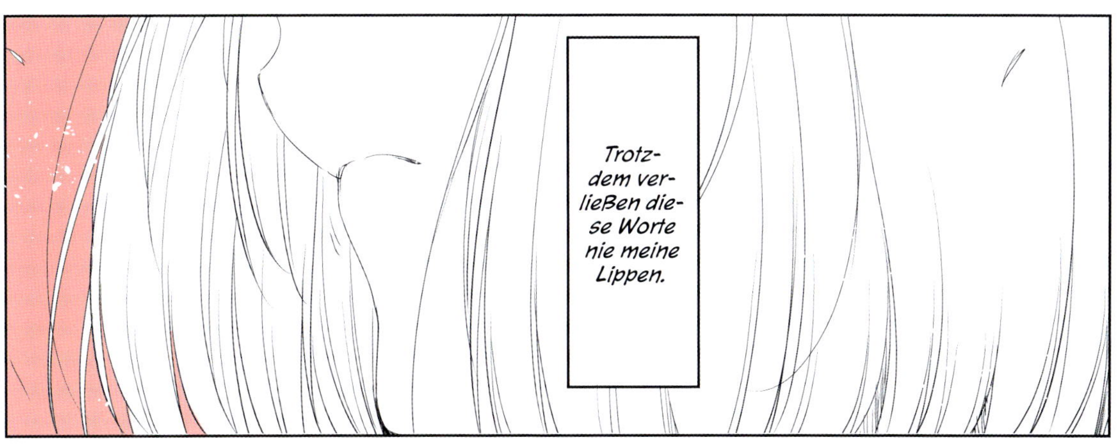

Ich habe mich schon so sehr an dich gewöhnt, weil du immer bei mir bist ...

... dass es mich unendlich traurig macht, daran zu denken, dass du vielleicht irgendwann nicht mehr da bist ...

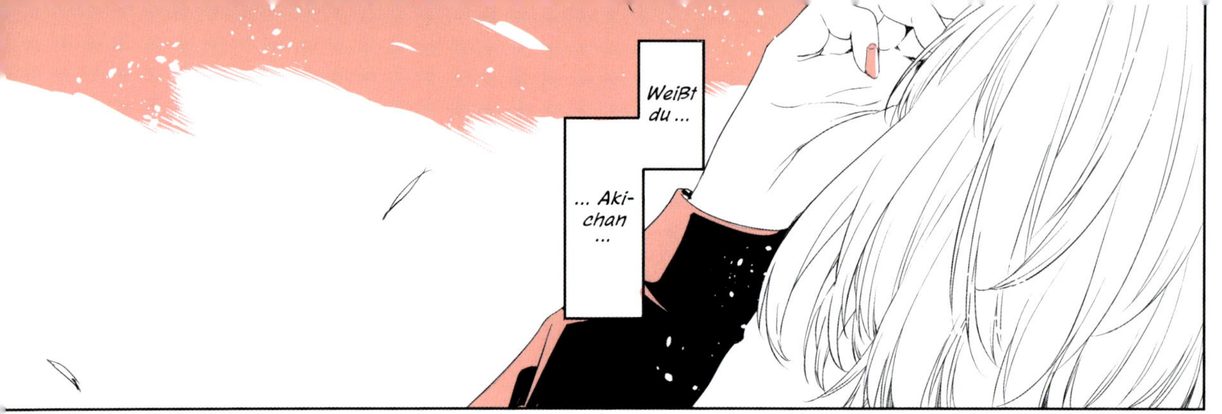
Weißt du ...
... Aki-chan ...

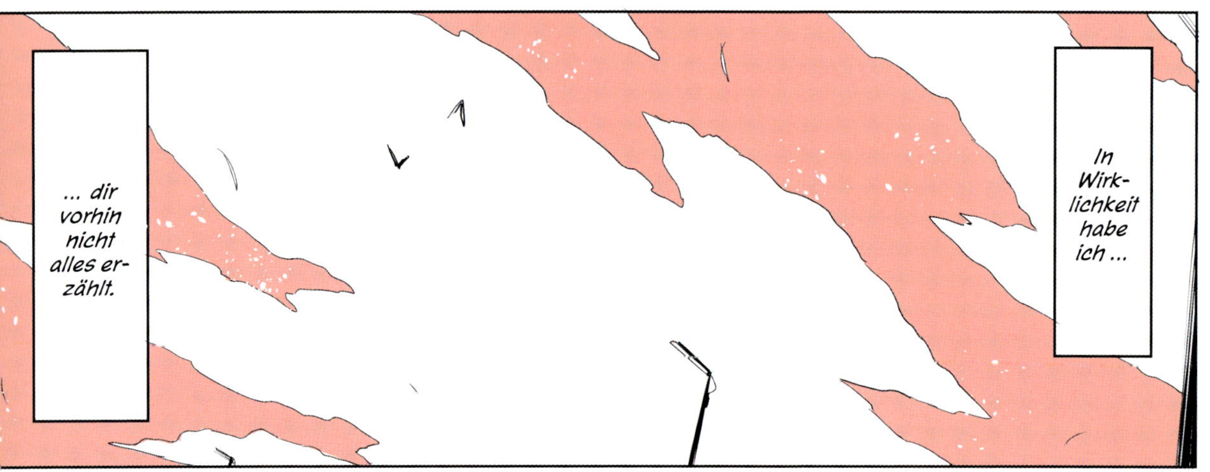
In Wirk-lichkeit habe ich ...
... dir vorhin nicht alles er-zählt.

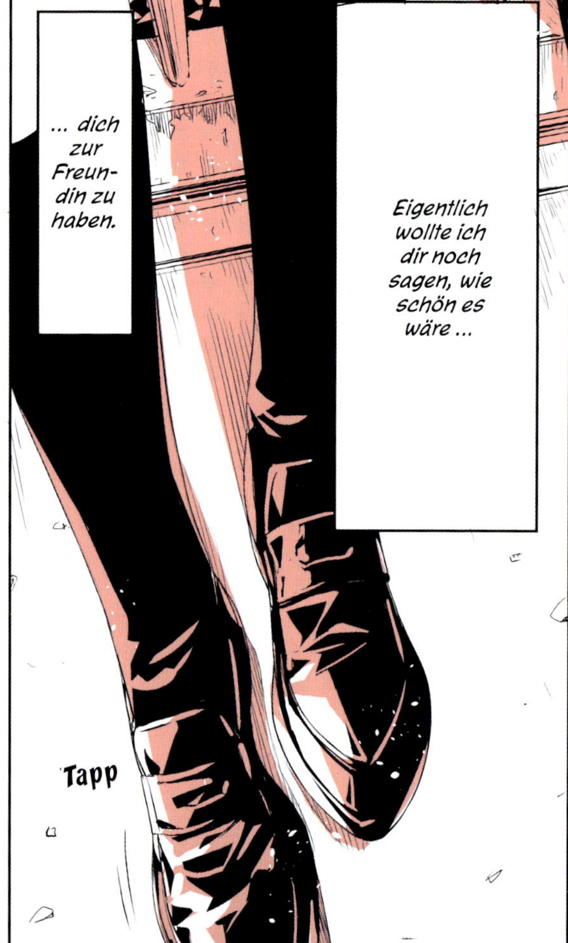
Eigentlich wollte ich dir noch sagen, wie schön es wäre ...
... dich zur Freun-din zu haben.
Tapp

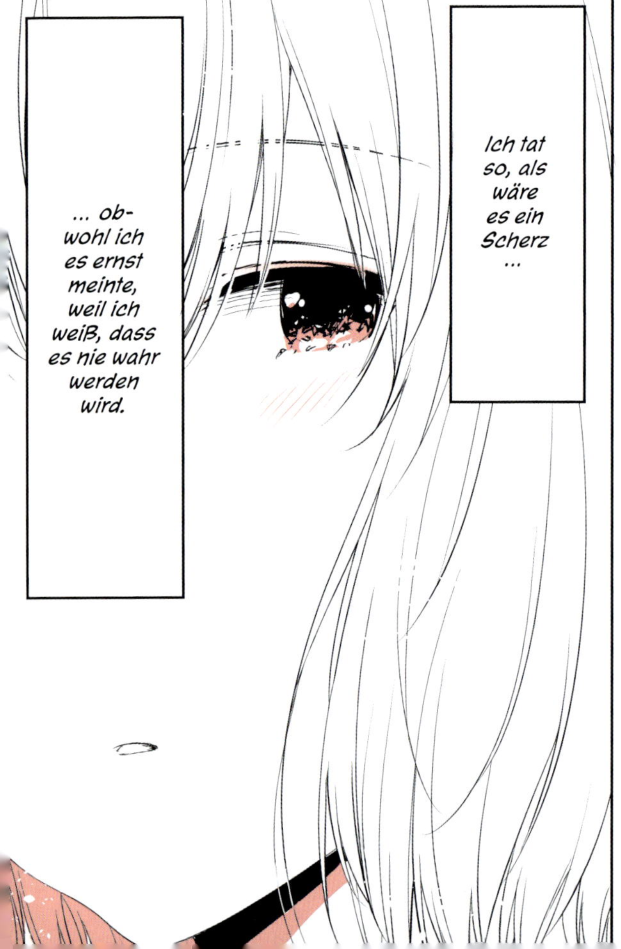
Ich tat so, als wäre es ein Scherz ...
... ob-wohl ich es ernst meinte, weil ich weiß, dass es nie wahr werden wird.

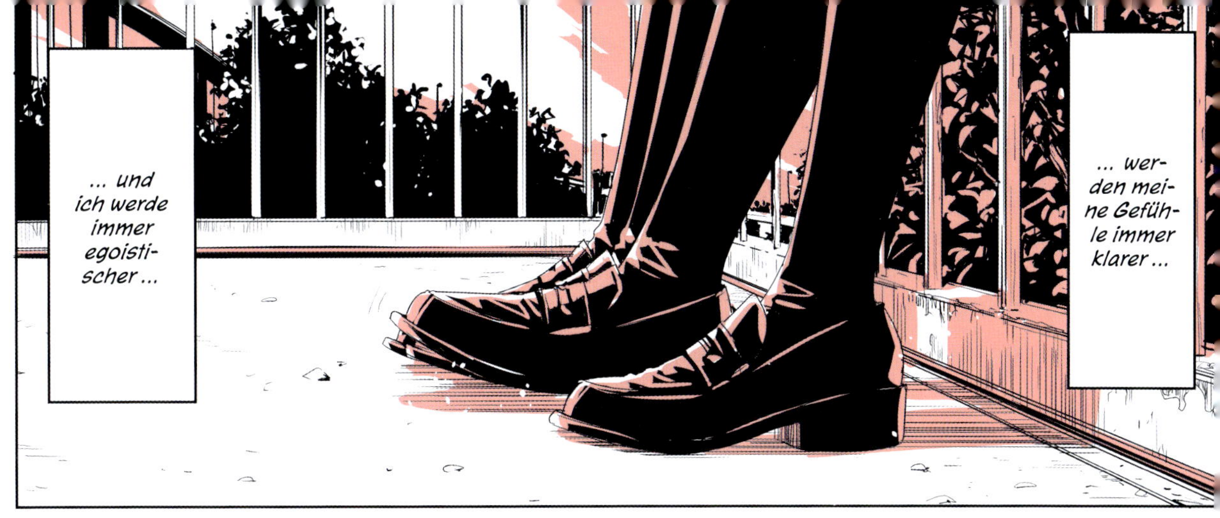

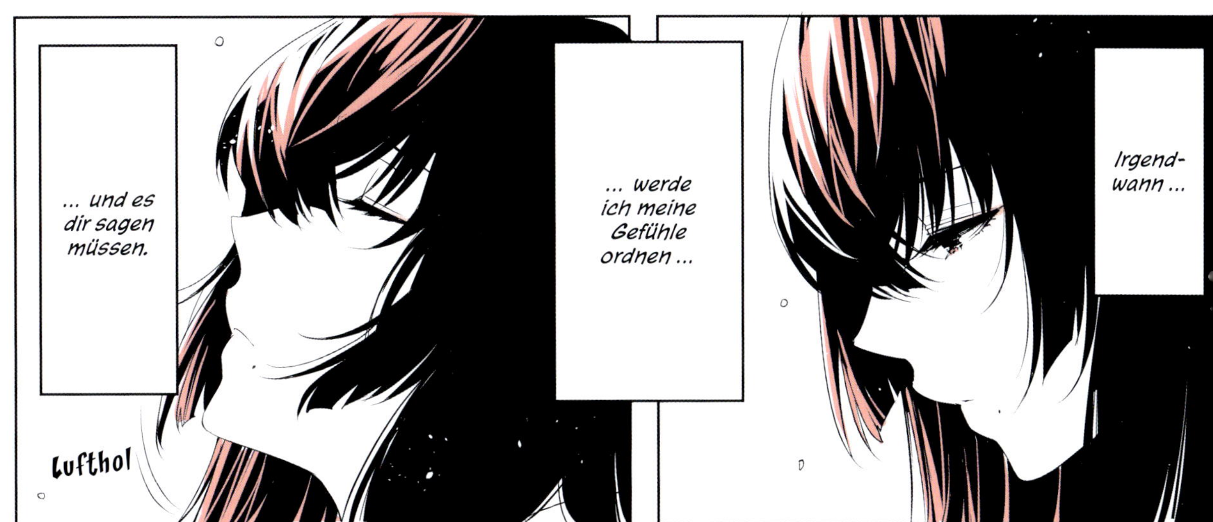

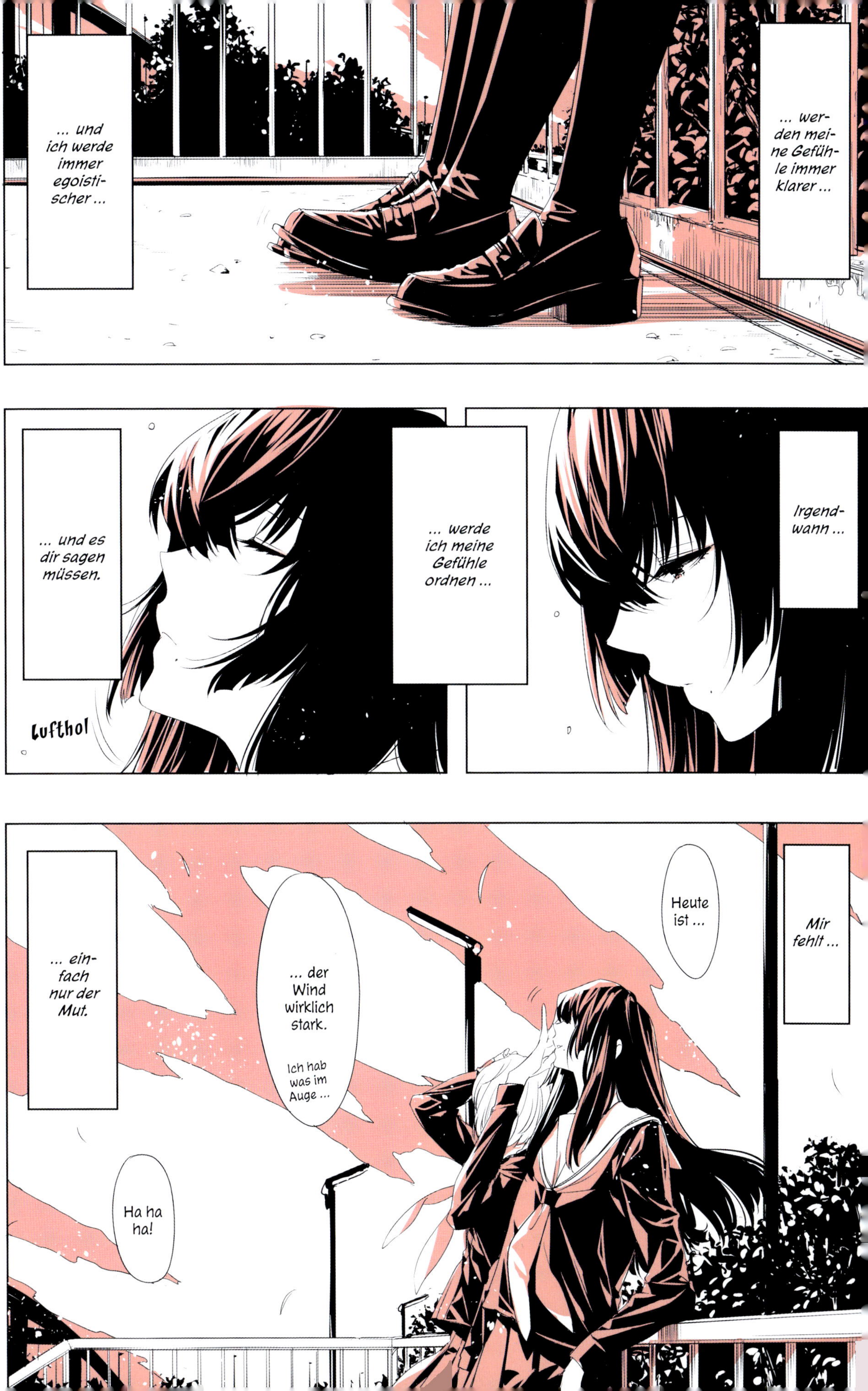

Mir fehlt ...

Heute ist ...

... der Wind wirklich stark.

Ich hab was im Auge ...

... einfach nur der Mut.

Ha ha ha!

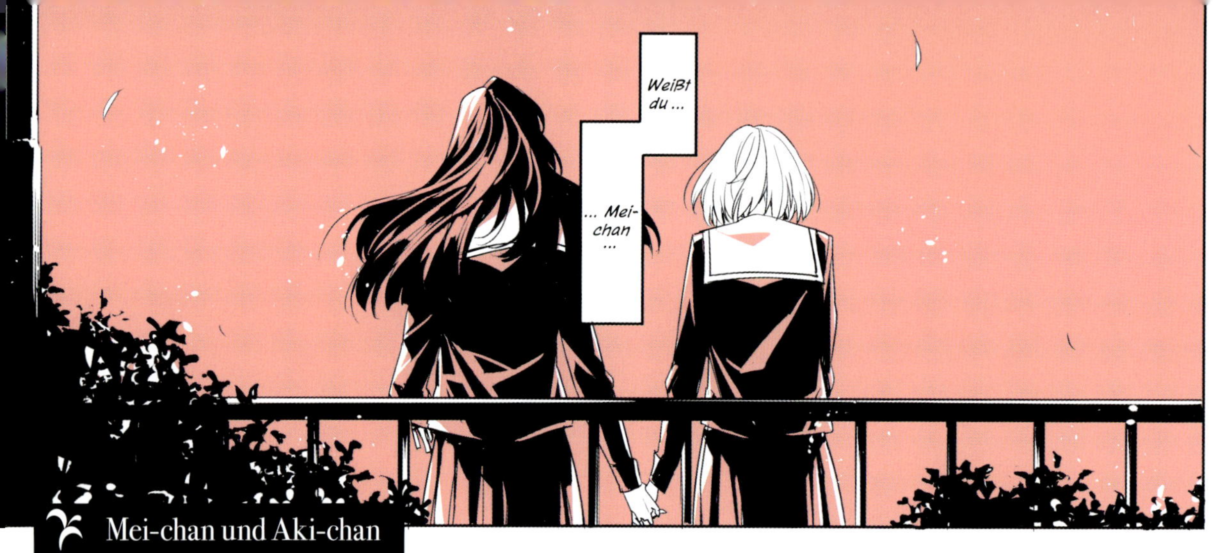

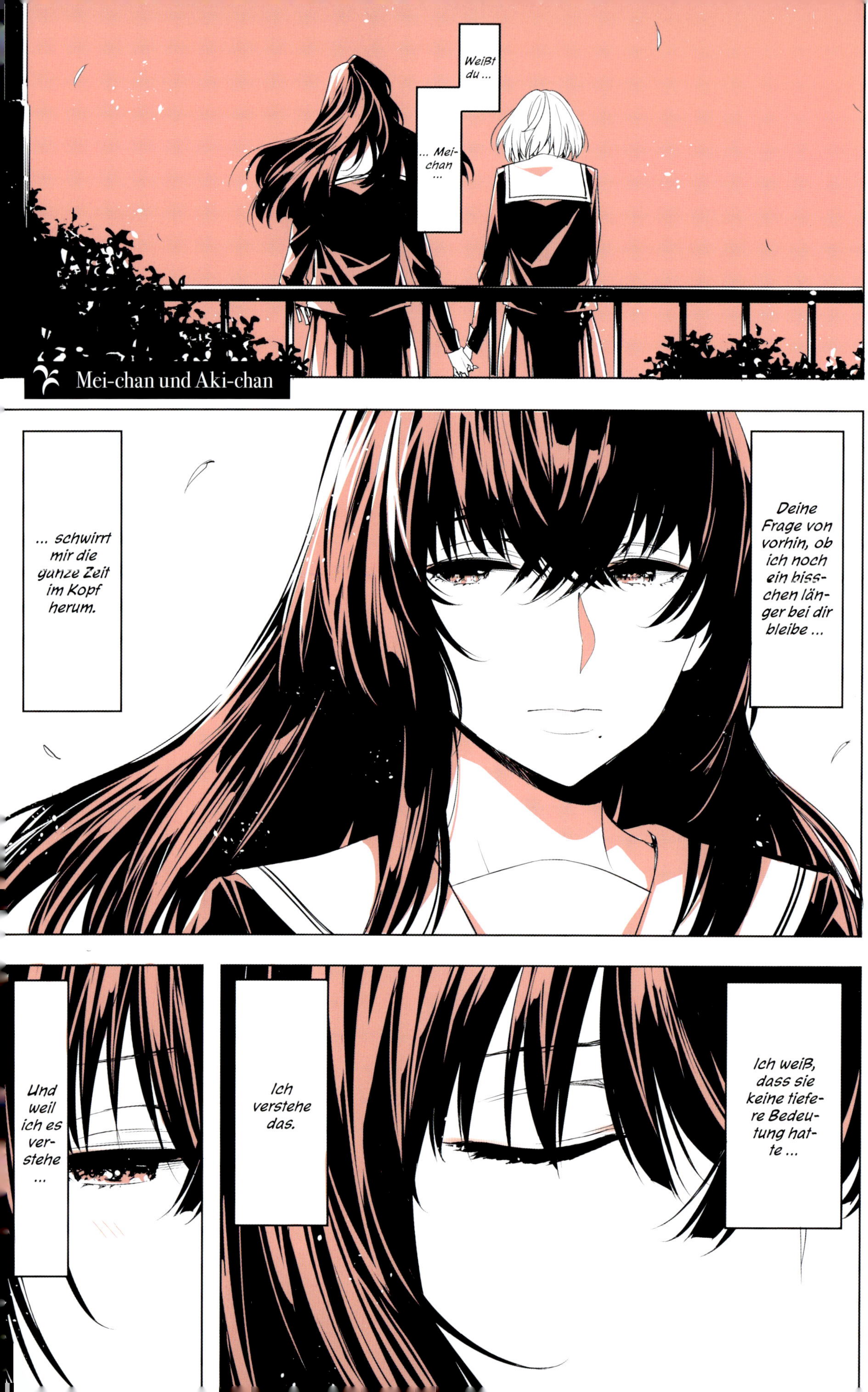

Mei-chan und Aki-chan

Deine Frage von vorhin, ob ich noch ein bisschen länger bei dir bleibe ...

... schwirrt mir die ganze Zeit im Kopf herum.

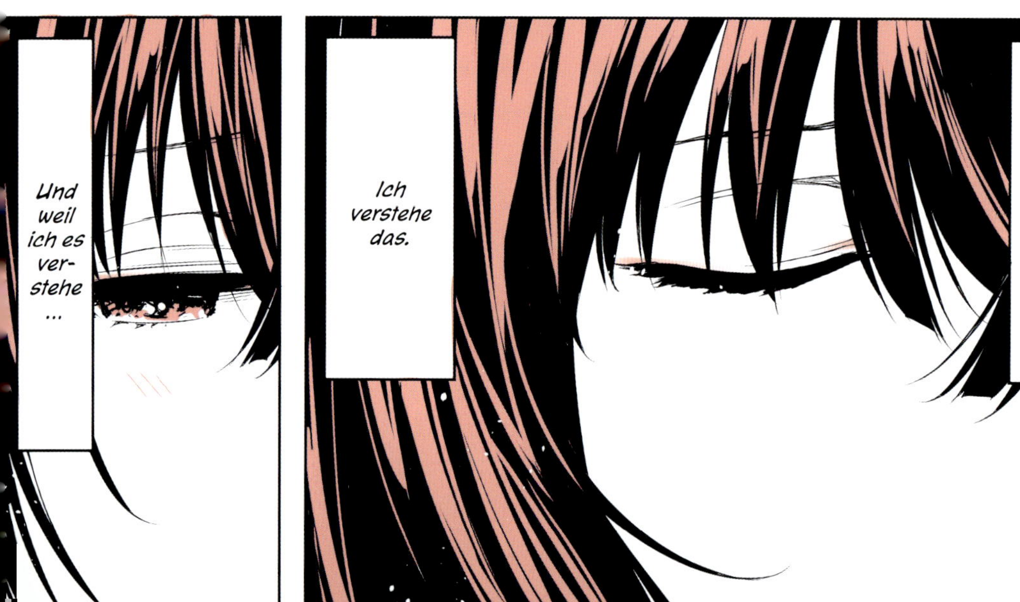

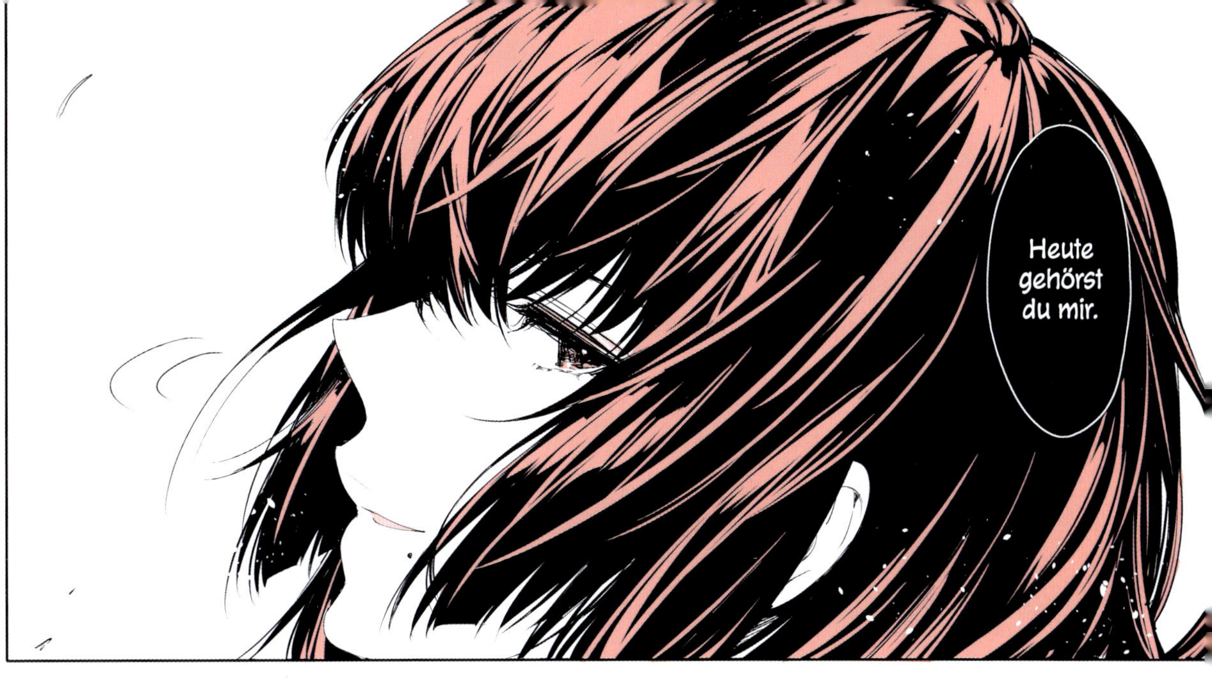
Heute gehörst du mir.

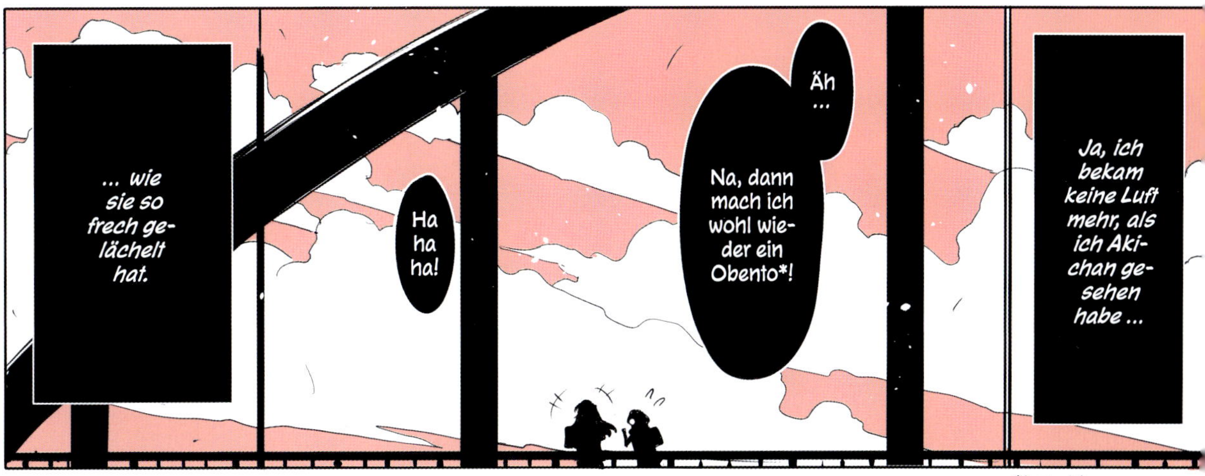
Ja, ich bekam keine Luft mehr, als ich Aki-chan gesehen habe ...
Äh ...
Na, dann mach ich wohl wieder ein Obento*!
Haha ha!
... wie sie so frech gelächelt hat.

*Lunchbox

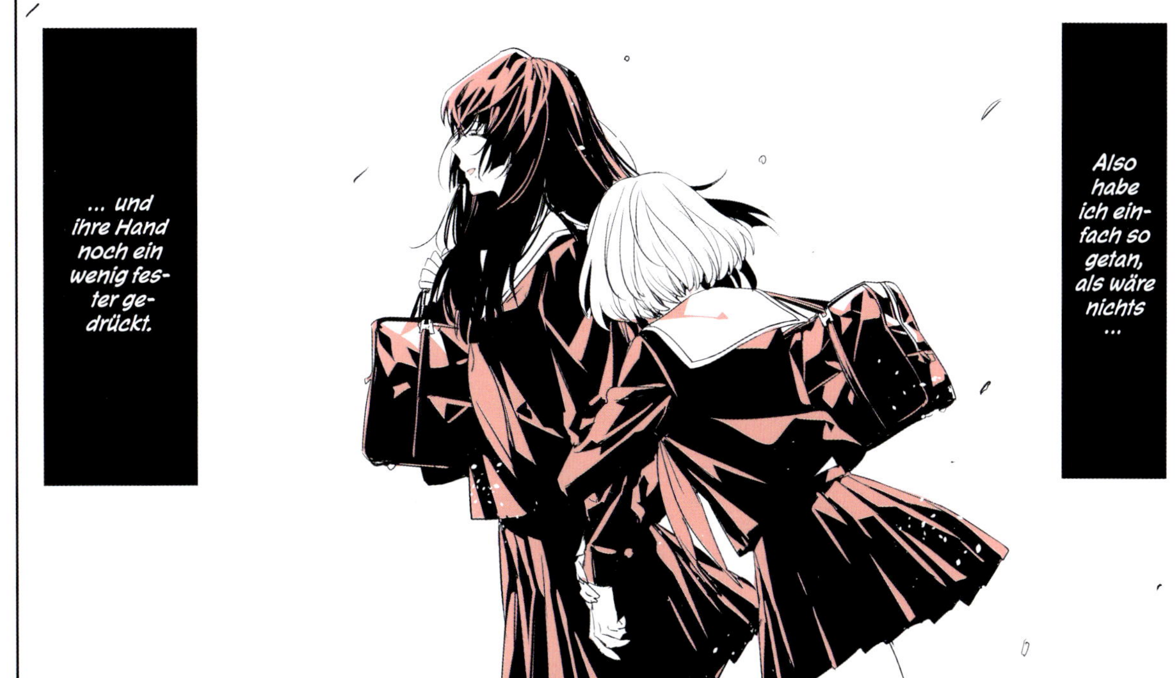
Also habe ich einfach so getan, als wäre nichts ...
... und ihre Hand noch ein wenig fester gedrückt.

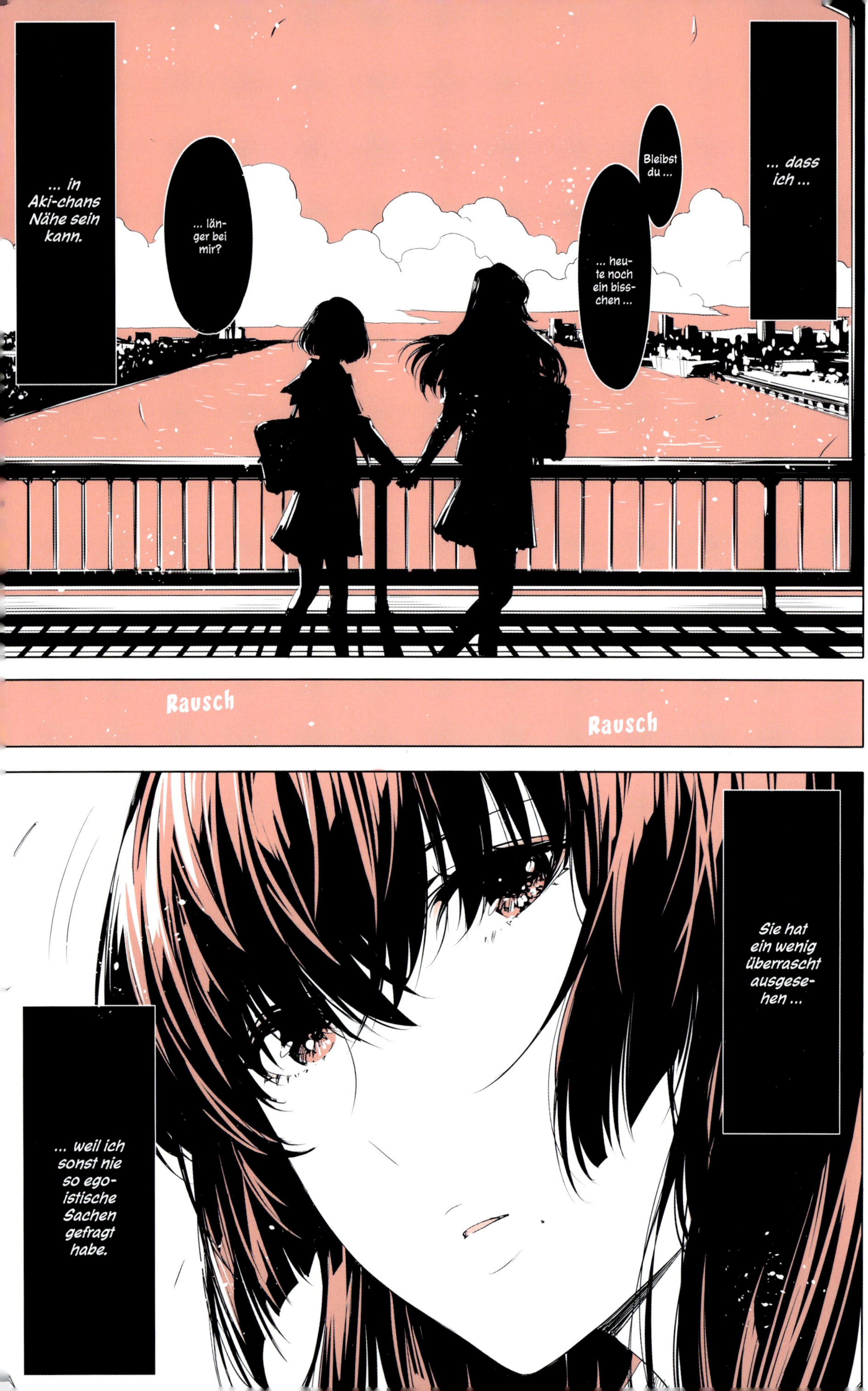

... dass ich ...

Bleibst du ...

... heute noch ein bisschen ...

... länger bei mir?

... in Aki-chans Nähe sein kann.

Rausch

Rausch

Sie hat ein wenig überrascht ausgesehen ...

... weil ich sonst nie so egoistische Sachen gefragt habe.

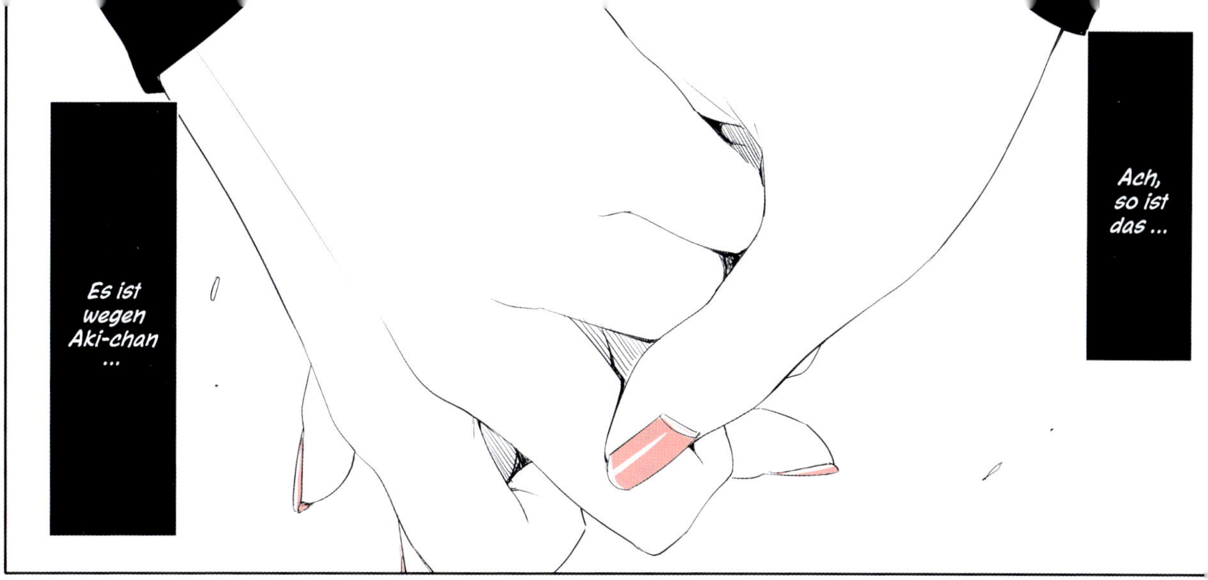
Ach, so ist das ...
Es ist wegen Aki-chan ...

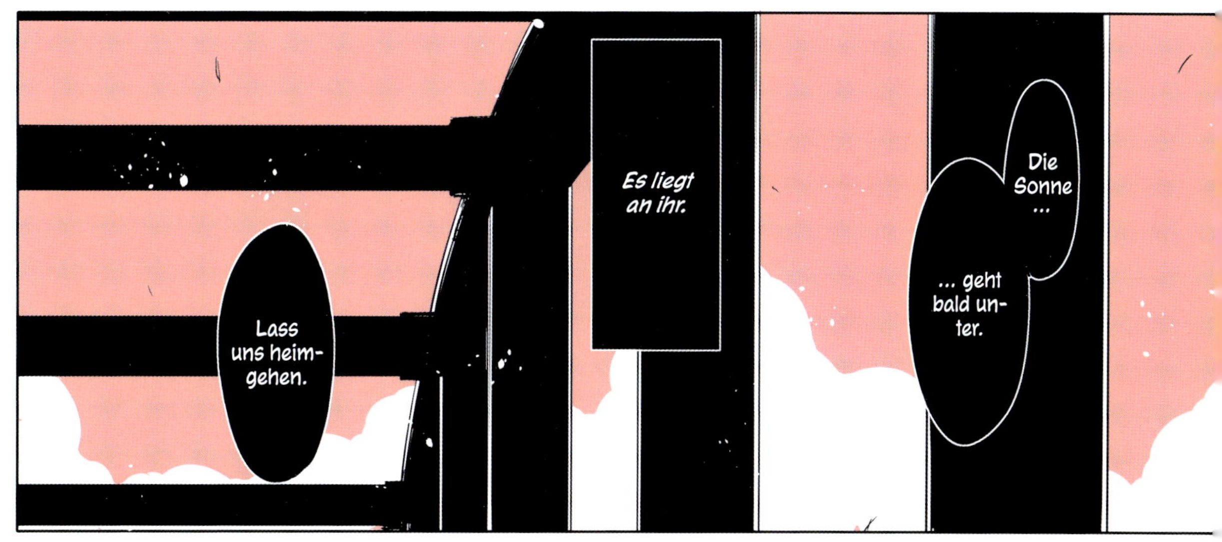
Die Sonne ...
... geht bald un-ter.
Es liegt an ihr.
Lass uns heim-gehen.

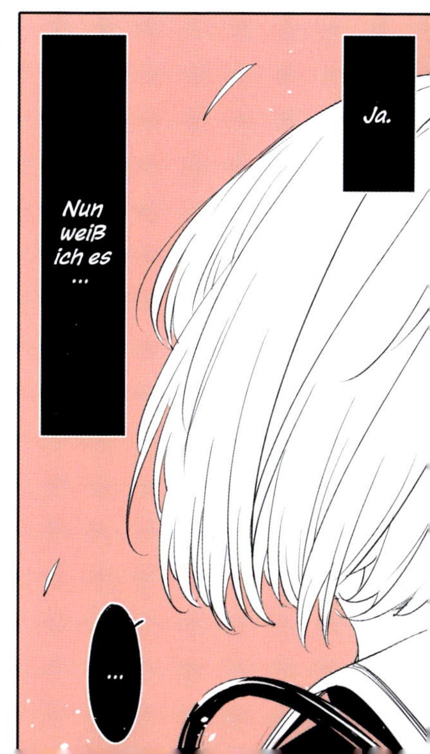
Ja.
Nun weiß ich es ...
...

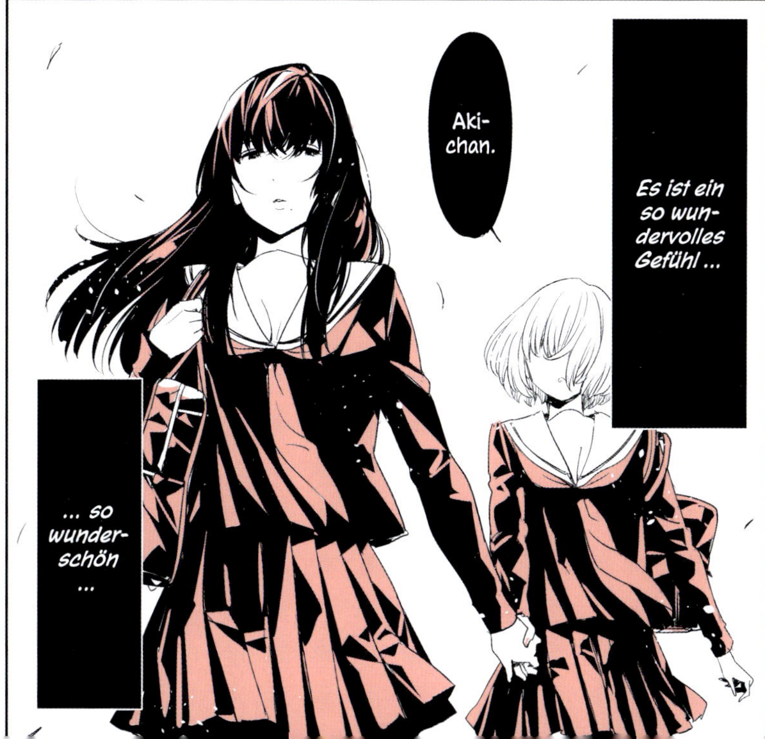
Es ist ein so wun-dervolles Gefühl ...
Aki-chan.
... so wunder-schön ...

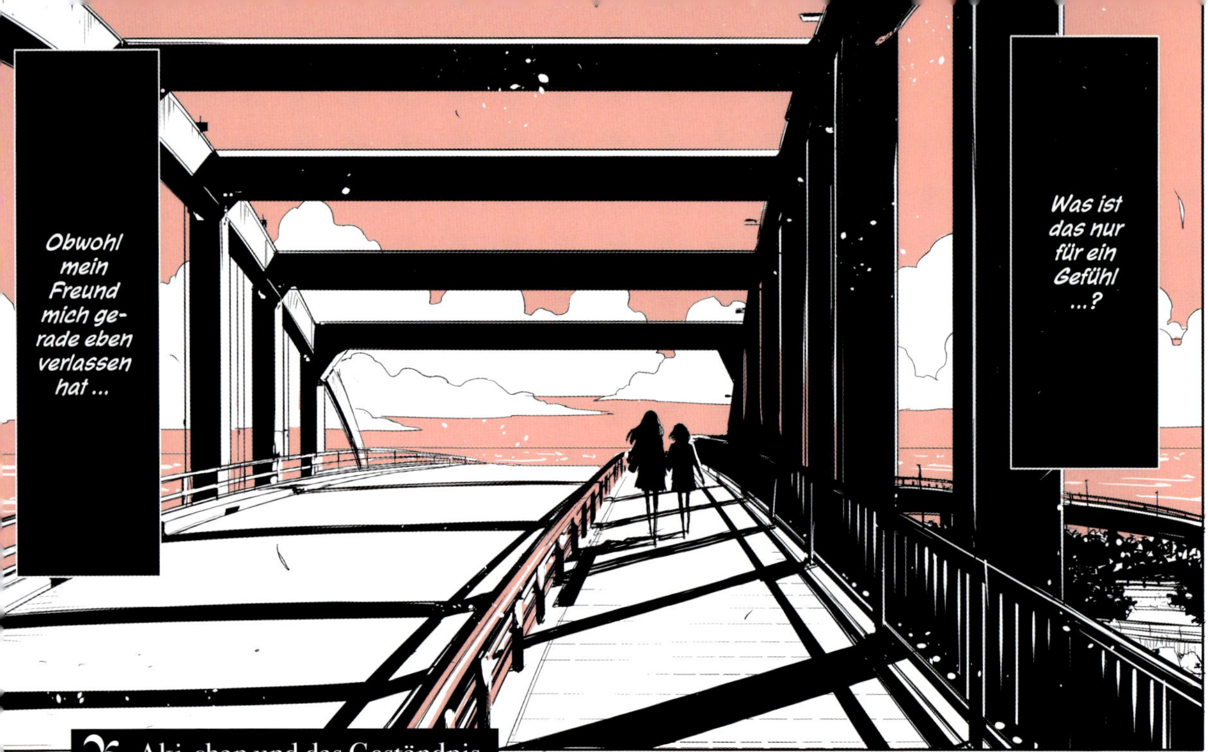

Was ist das nur für ein Gefühl …?

Obwohl mein Freund mich gerade eben verlassen hat …

Aki-chan und das Geständnis

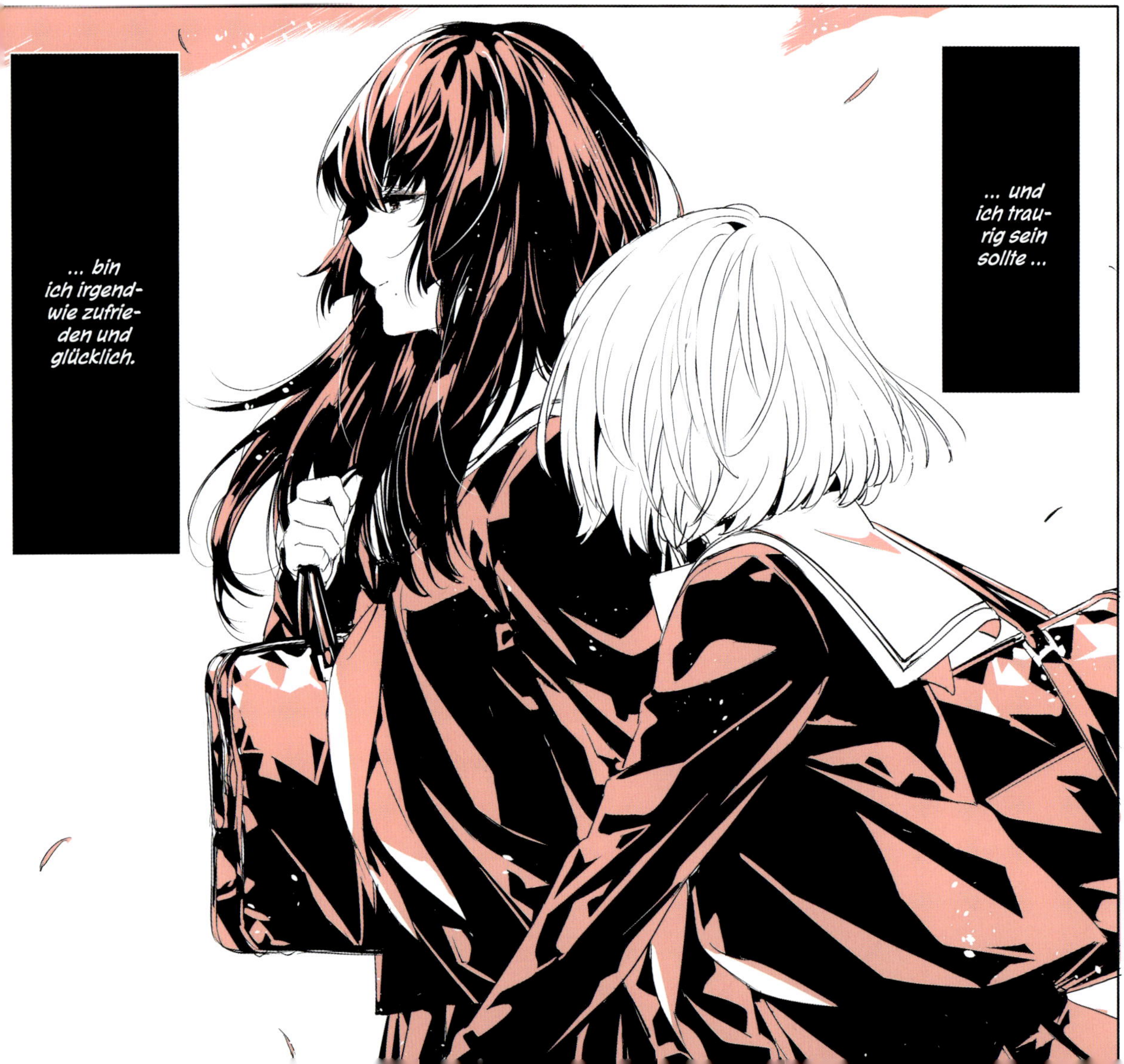

… und ich traurig sein sollte …

… bin ich irgendwie zufrieden und glücklich.

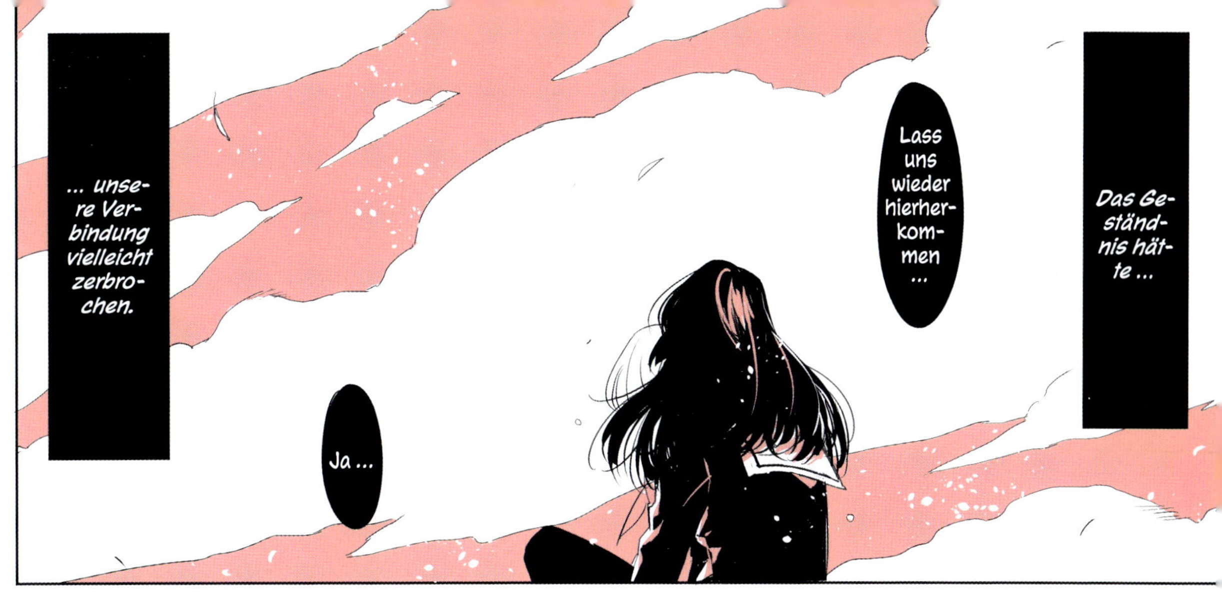

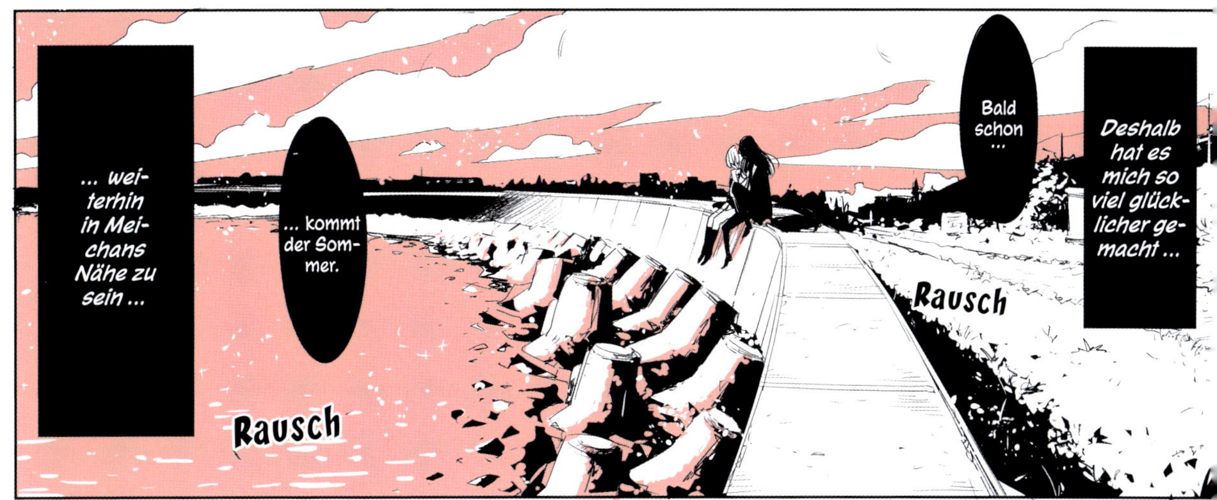

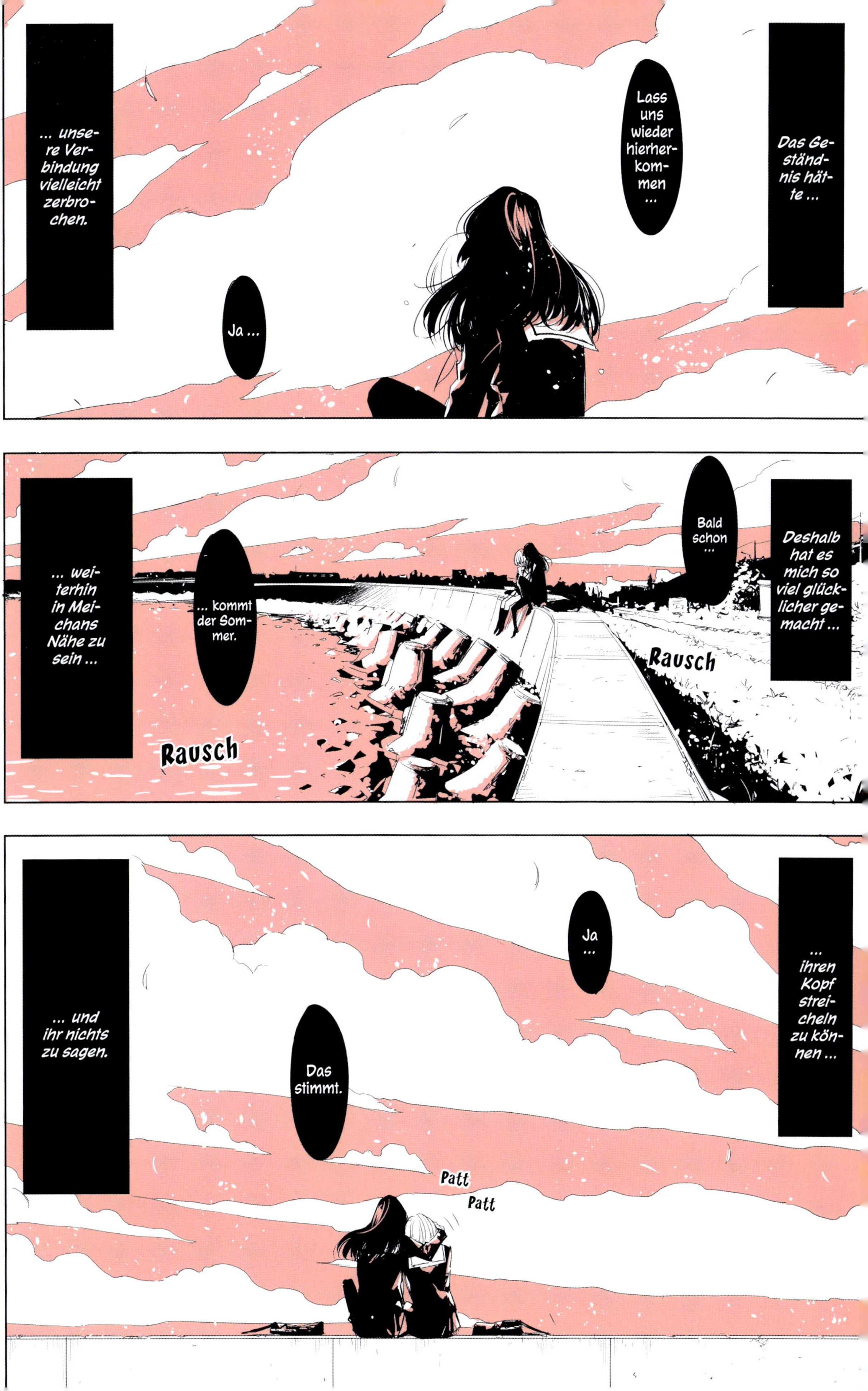

… ihren Kopf streicheln zu können …

Ja …

Das stimmt.

Patt

Patt

… und ihr nichts zu sagen.

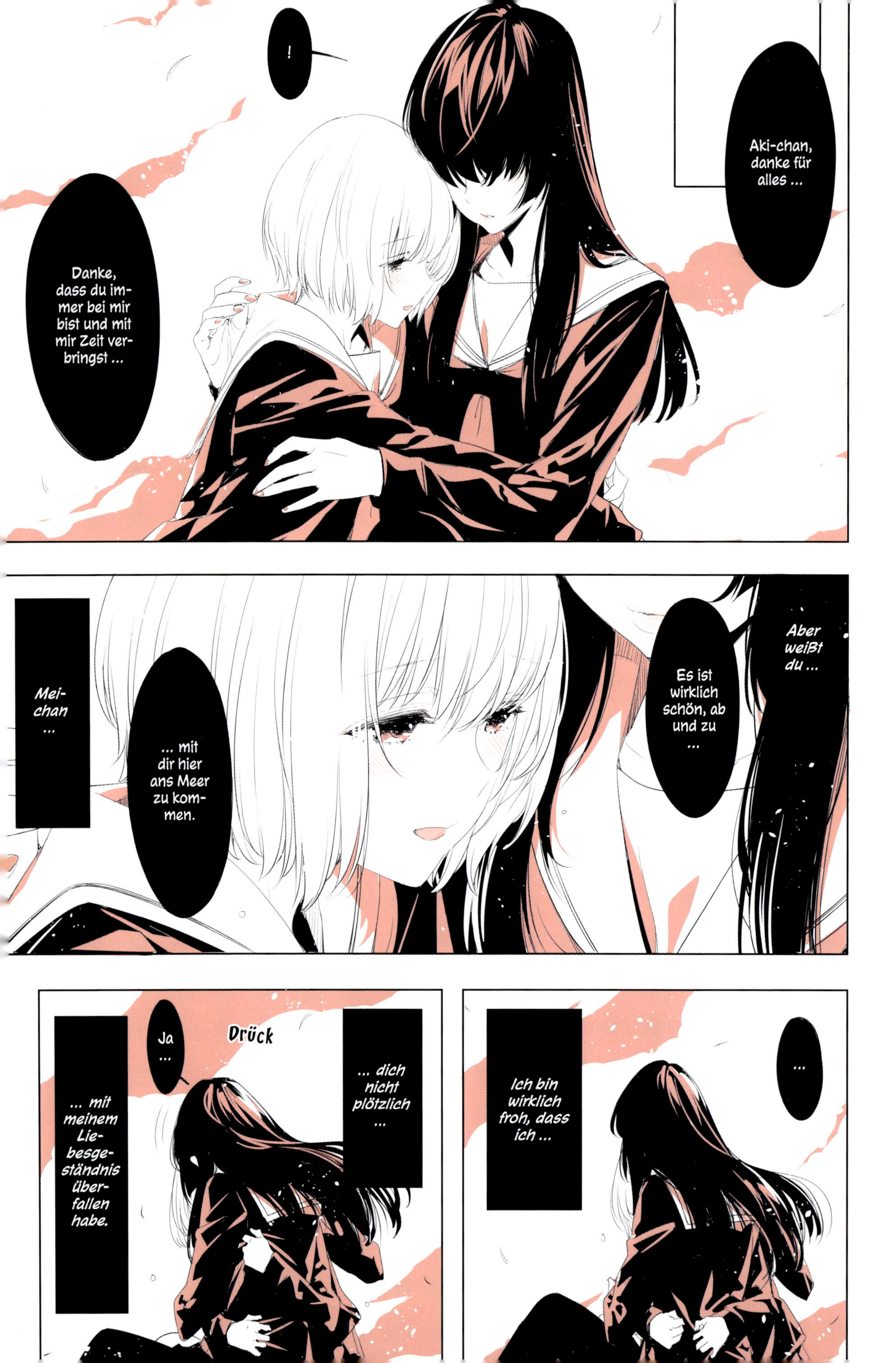

Aki-chan, danke für alles ...

Danke, dass du immer bei mir bist und mit mir Zeit verbringst ...

!

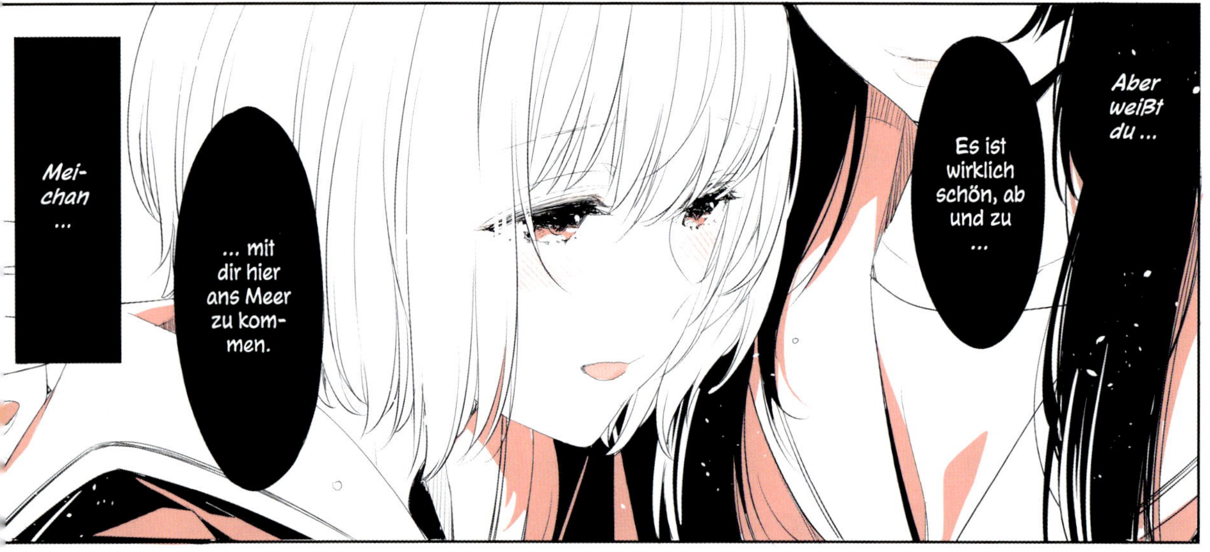

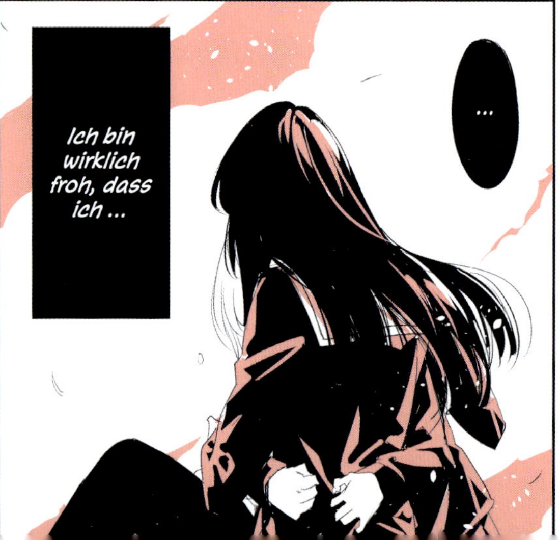

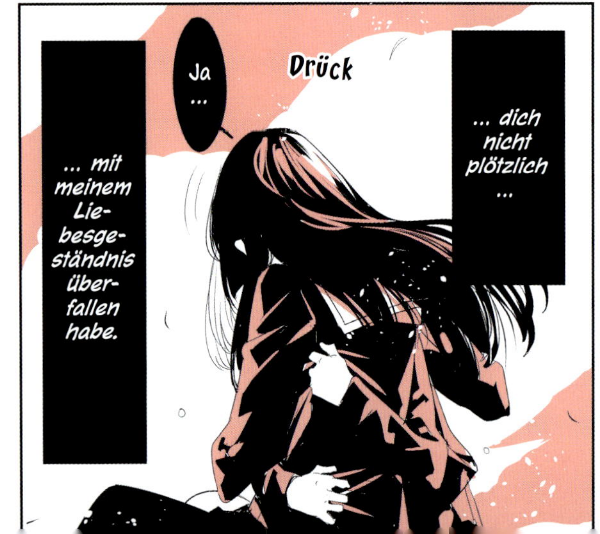

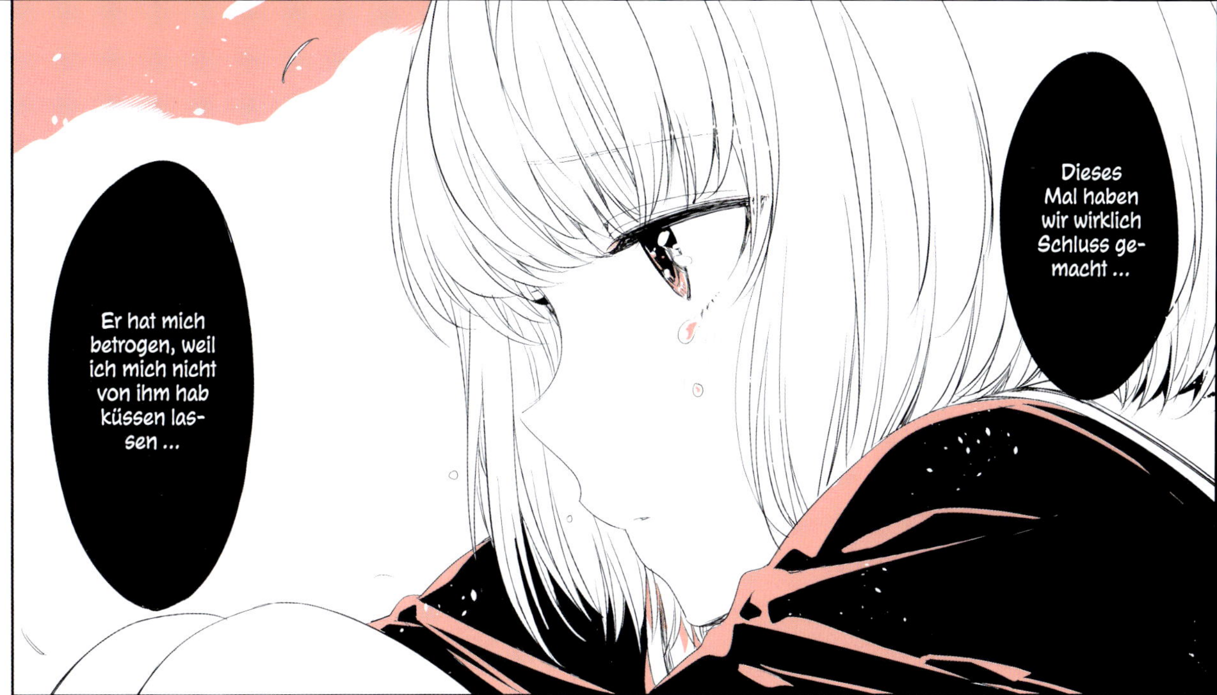
Dieses Mal haben wir wirklich Schluss gemacht ...
Er hat mich betrogen, weil ich mich nicht von ihm hab küssen lassen ...

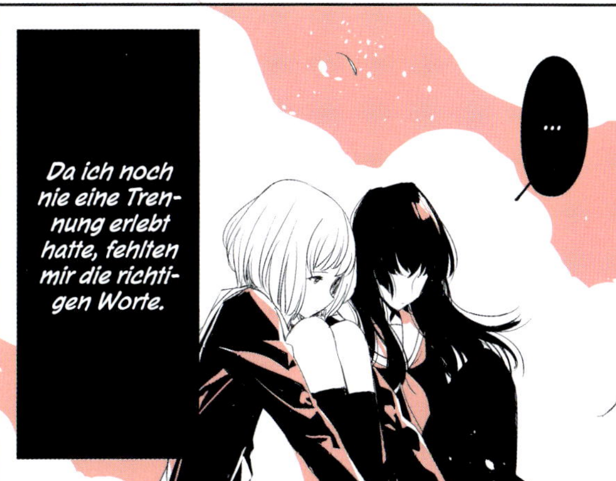
...
Da ich noch nie eine Trennung erlebt hatte, fehlten mir die richtigen Worte.

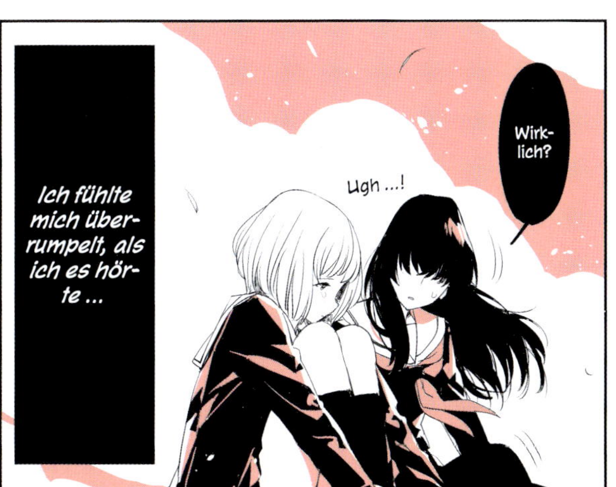
Wirklich?
Ugh ...!
Ich fühlte mich überrumpelt, als ich es hörte ...

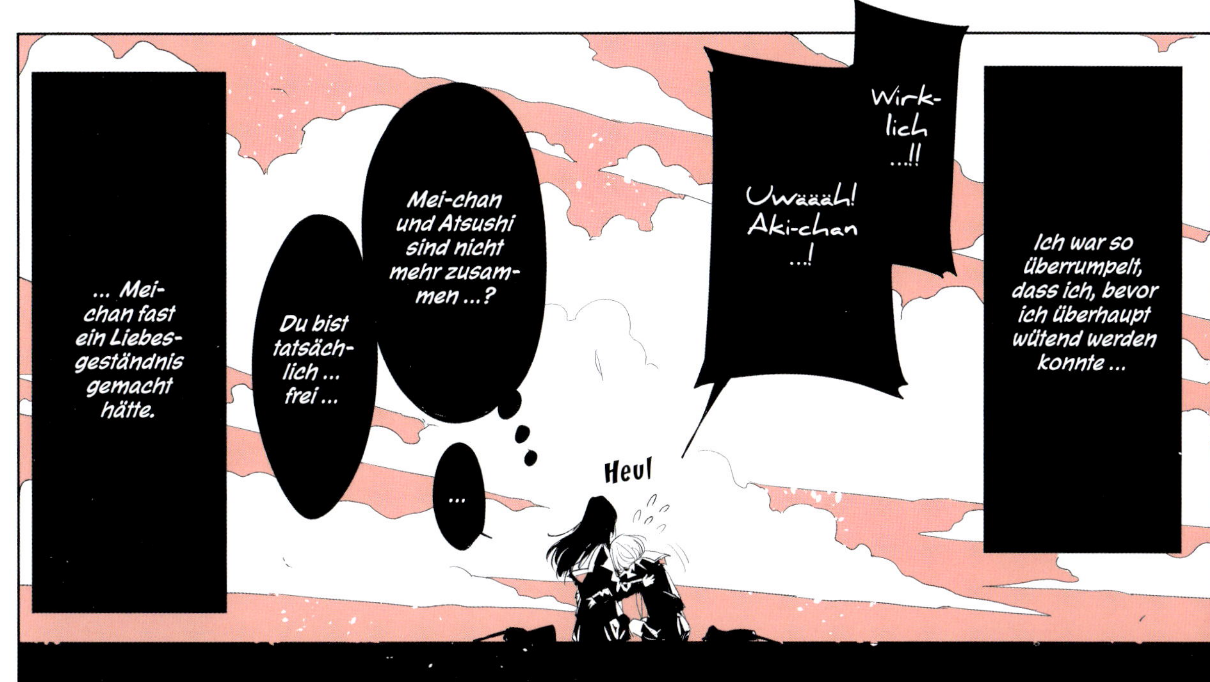
Ich war so überrumpelt, dass ich, bevor ich überhaupt wütend werden konnte ...
Wirklich ...!!
Uwäääh! Aki-chan ...!
Heul
Mei-chan und Atsushi sind nicht mehr zusammen ...?
Du bist tatsächlich ... frei ...
...
... Mei-chan fast ein Liebesgeständnis gemacht hätte.

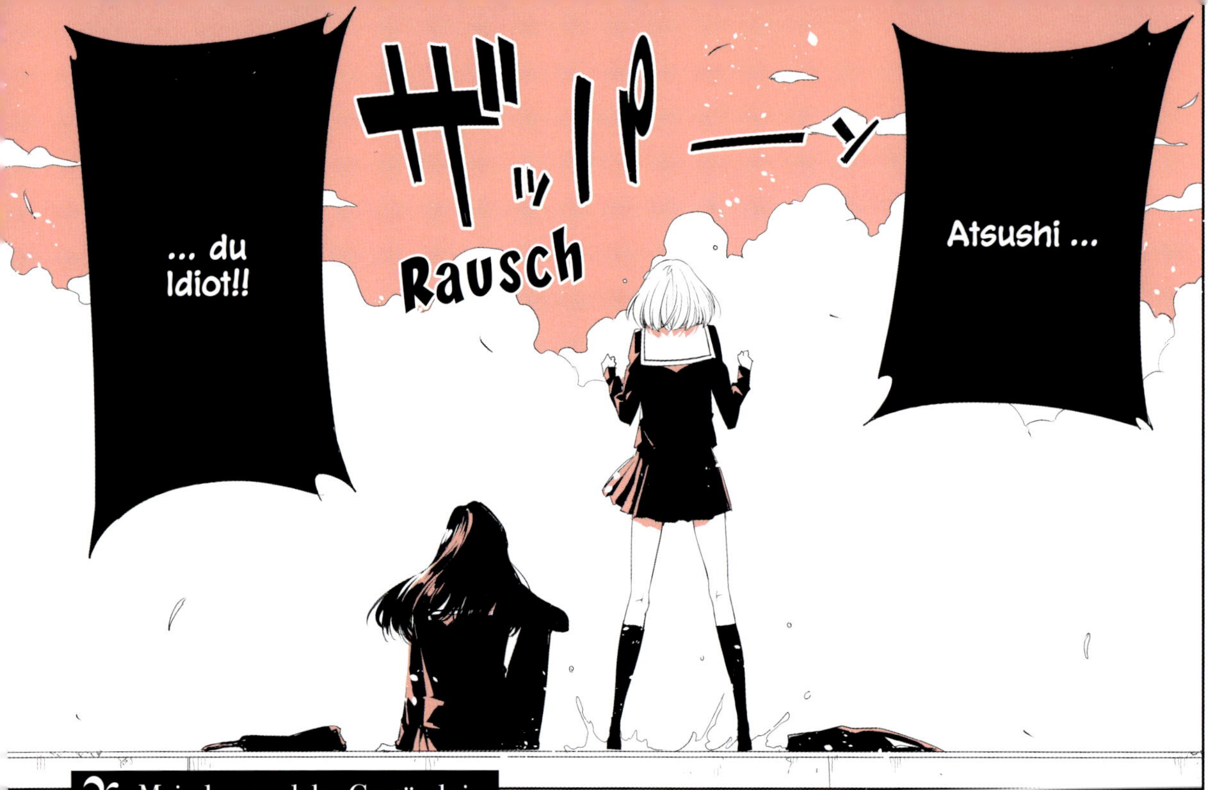

Atsushi ...

ザッパーン

Rausch

... du Idiot!!

Mei-chan und das Geständnis

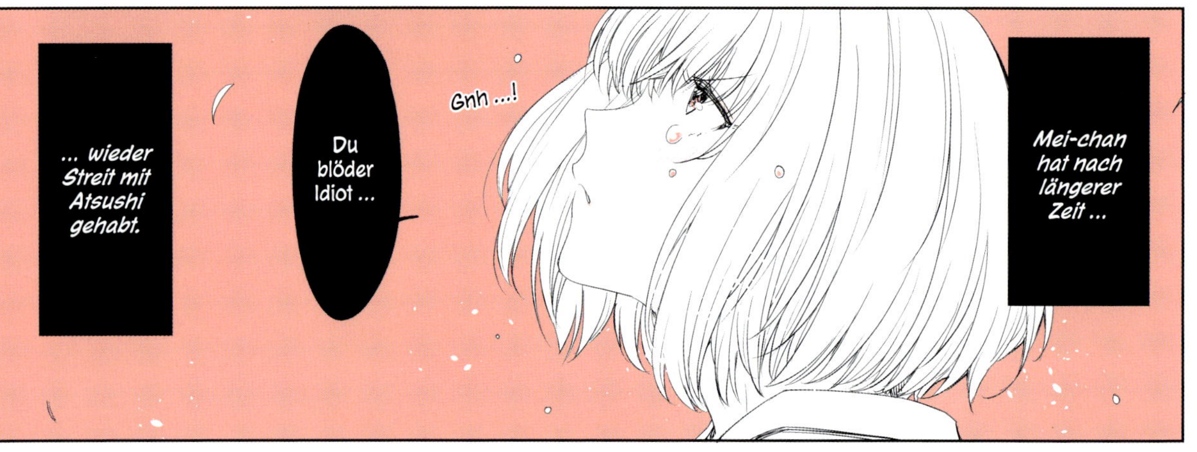

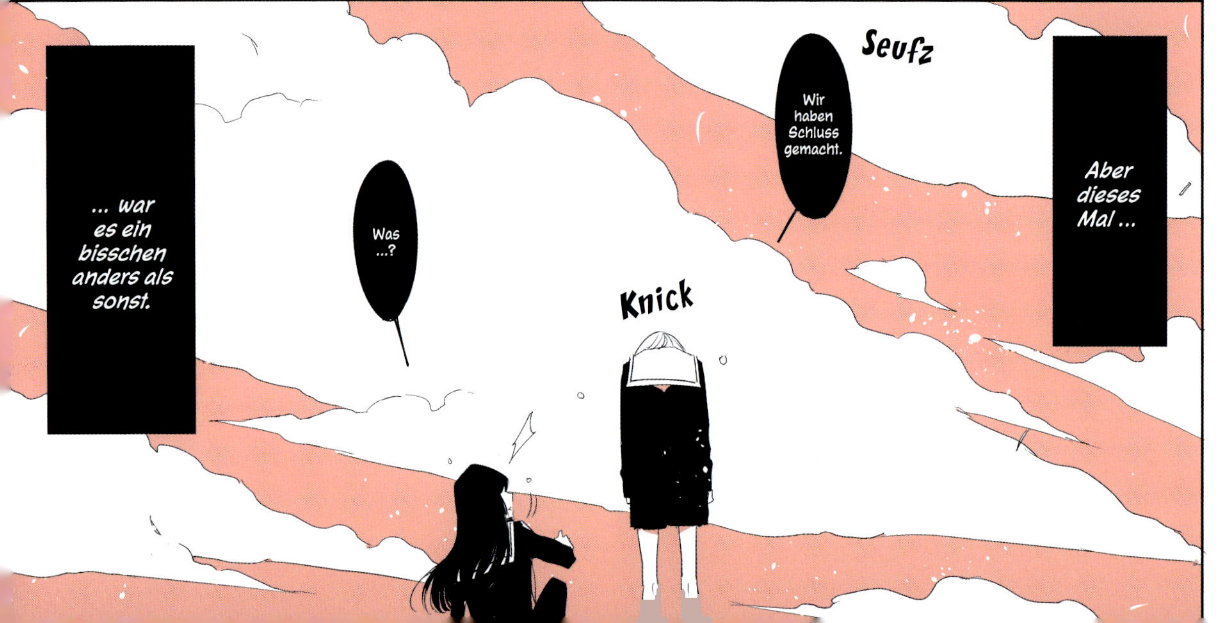

Lilium Terrarium 098

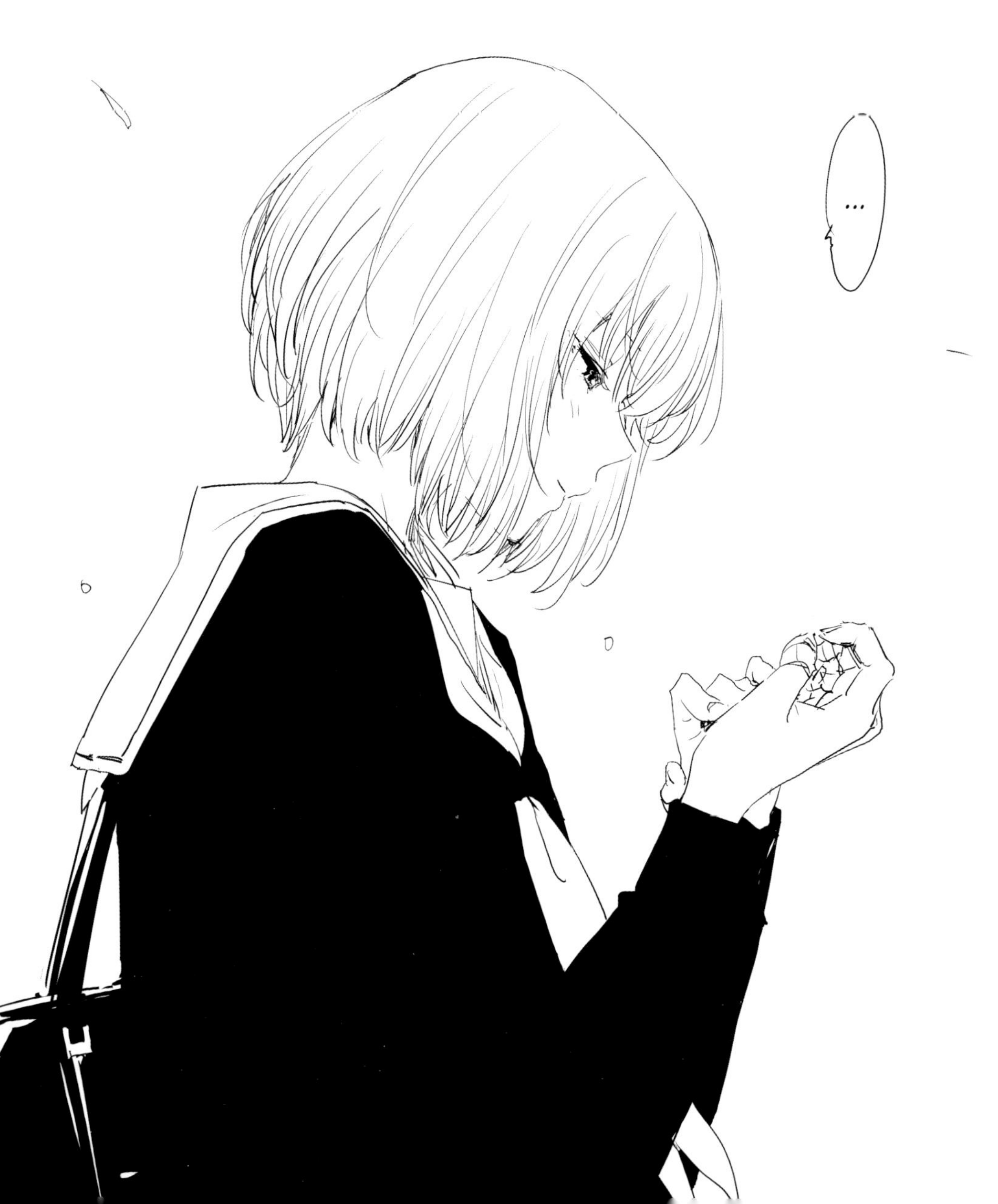

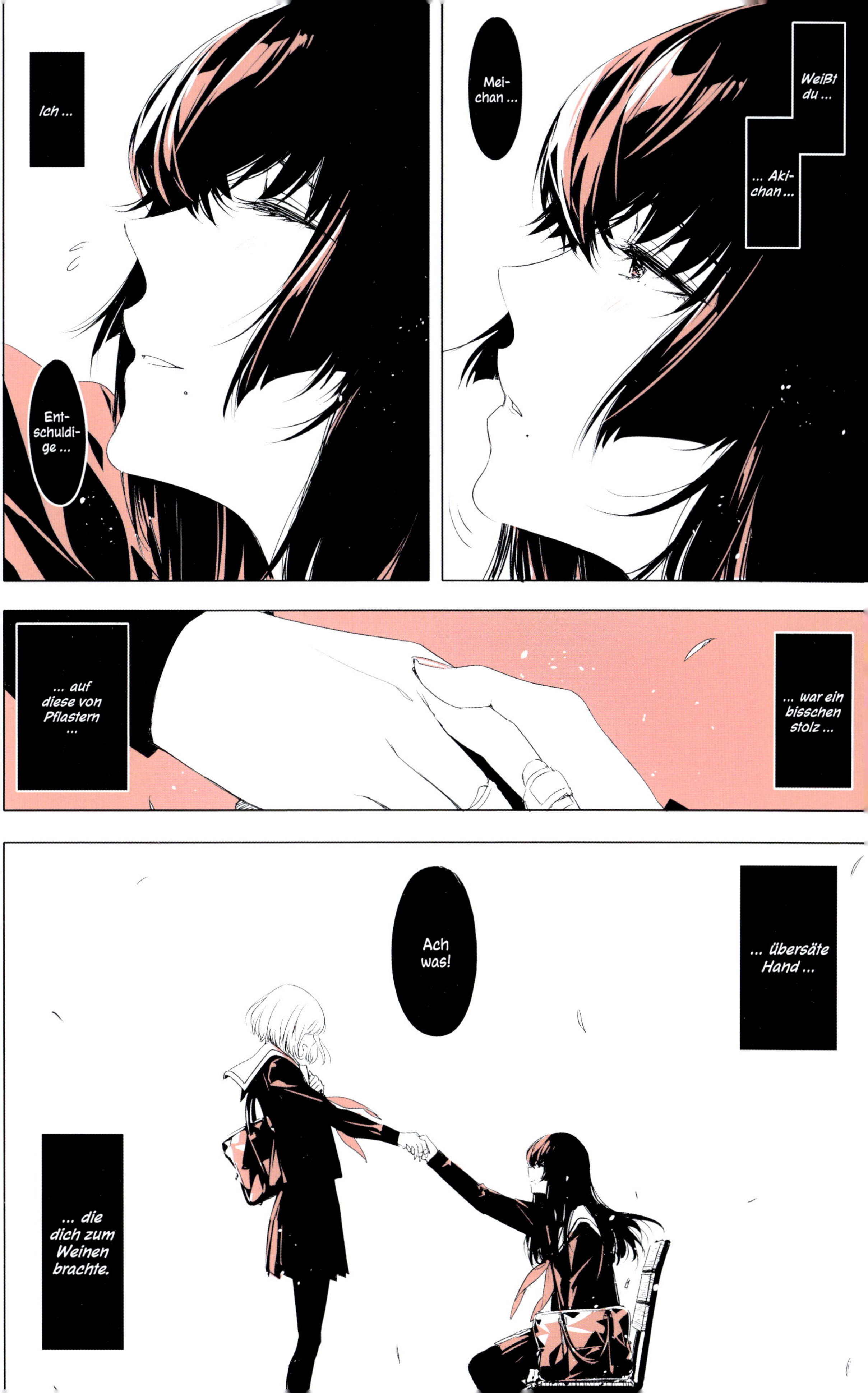

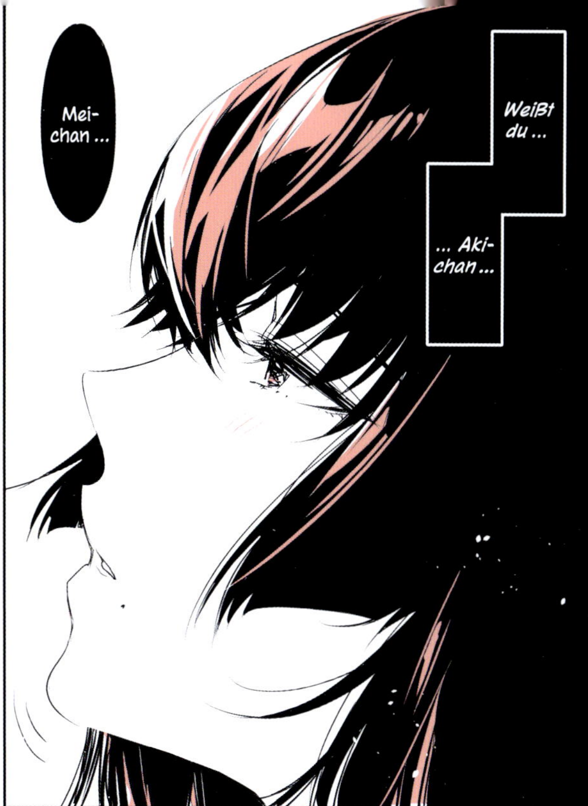
Weißt du ...
... Aki-chan ...
Mei-chan ...

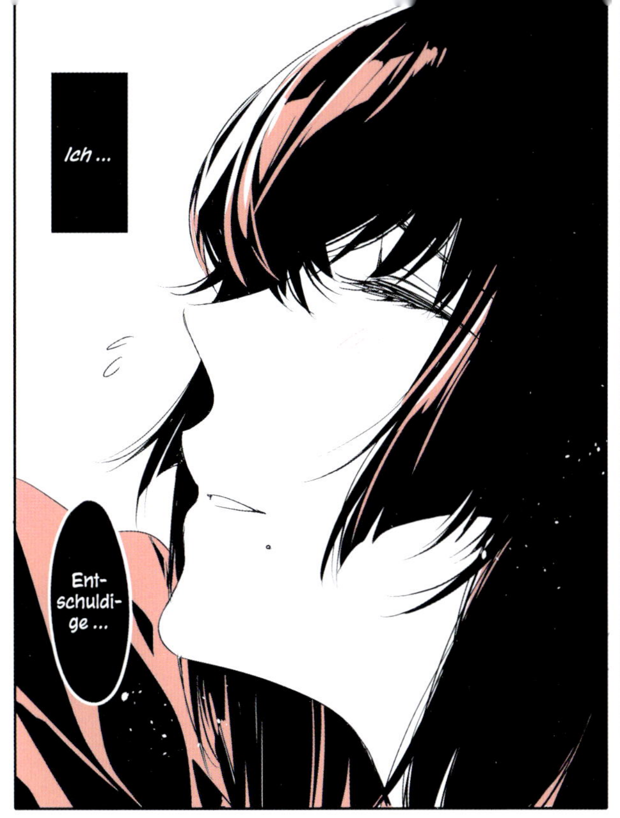
Ich ...
Entschuldige ...

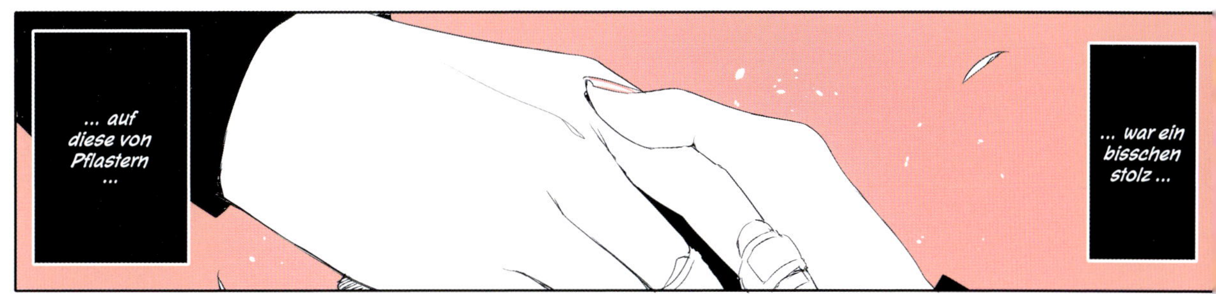
... war ein bisschen stolz ...
... auf diese von Pflastern ...

... übersäte Hand ...
Ach was!
... die dich zum Weinen brachte.

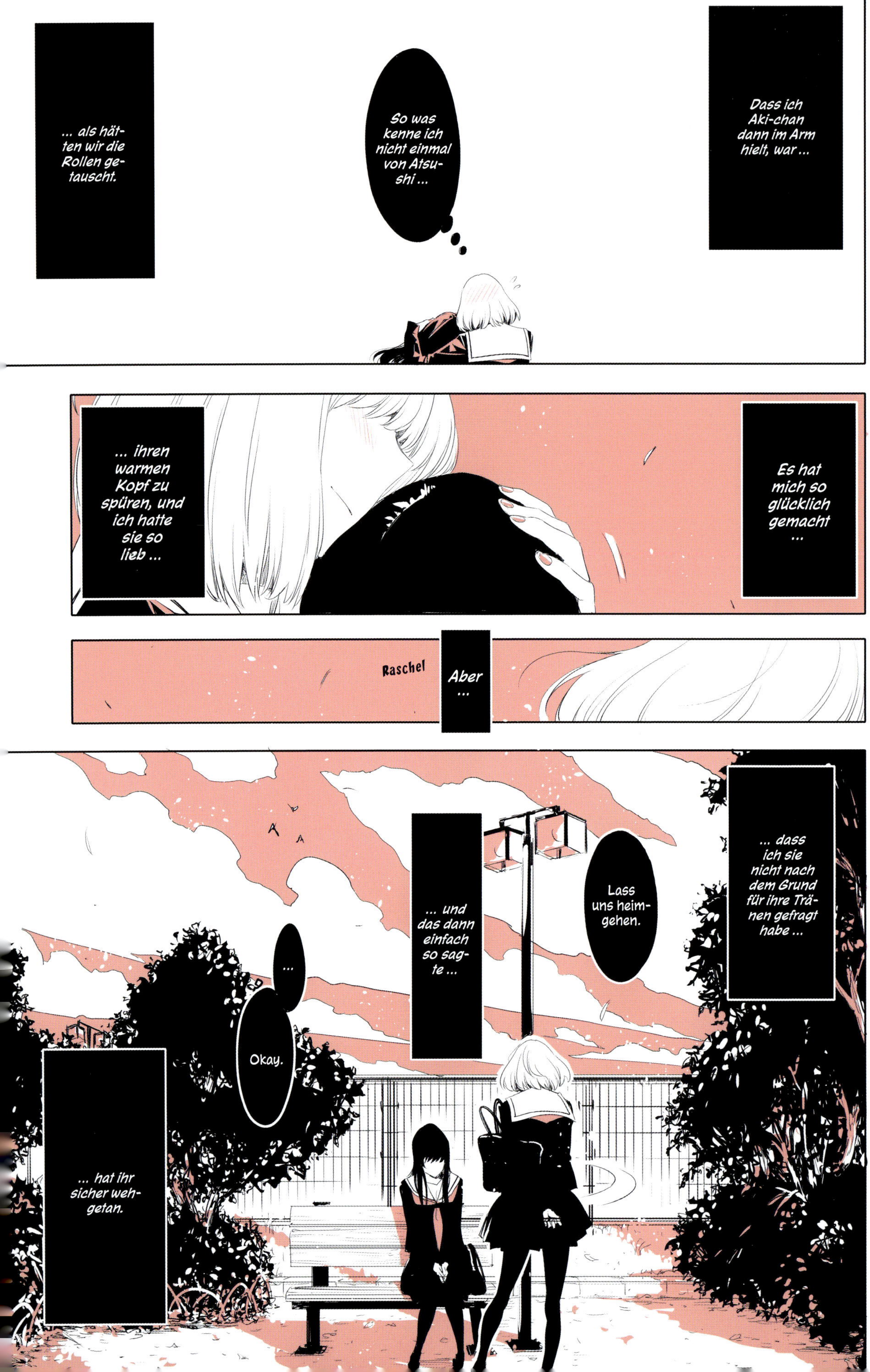

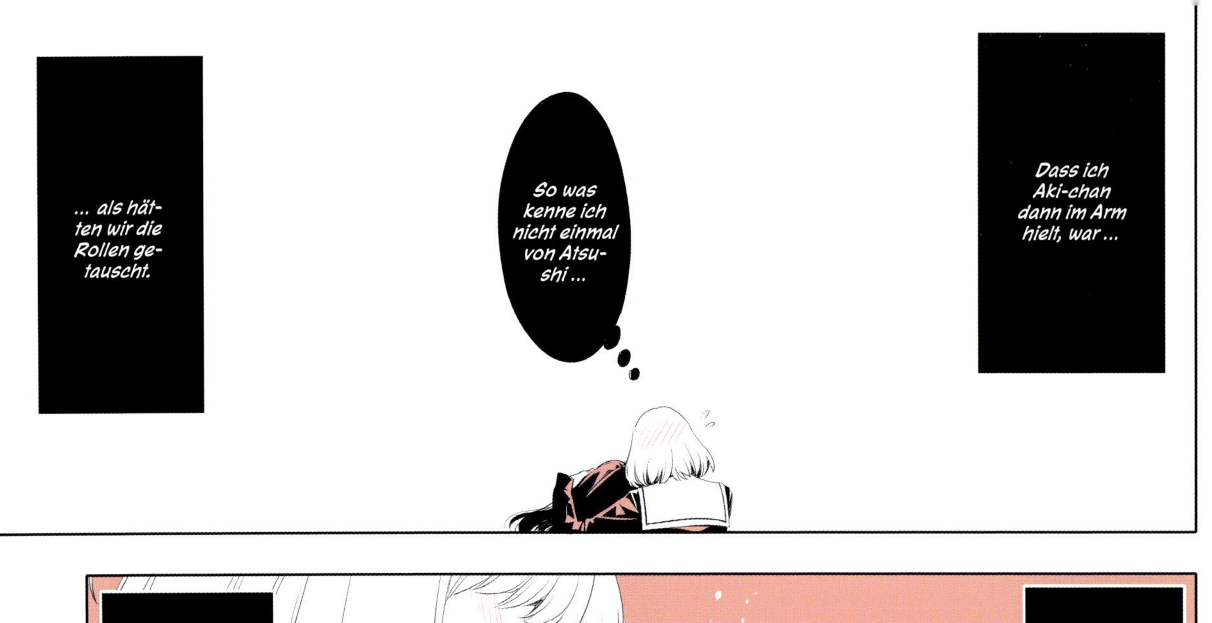

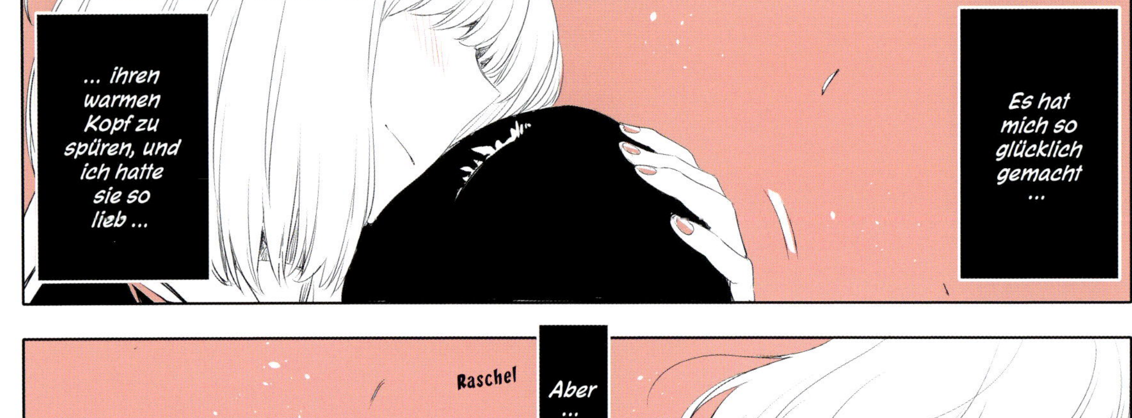

... dass ich sie nicht nach dem Grund für ihre Tränen gefragt habe ...

Lass uns heimgehen.

... und das dann einfach so sagte ...

...

Okay.

... hat ihr sicher wehgetan.

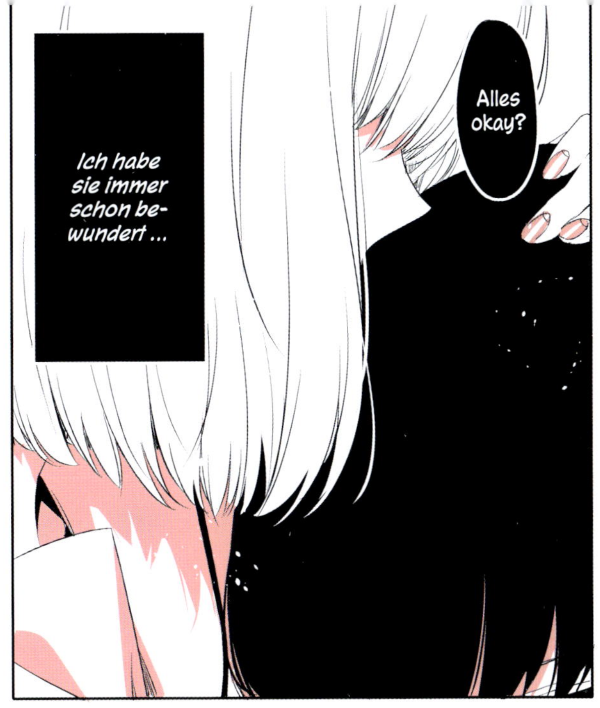
Ich habe sie immer schon bewundert ...
Alles okay?

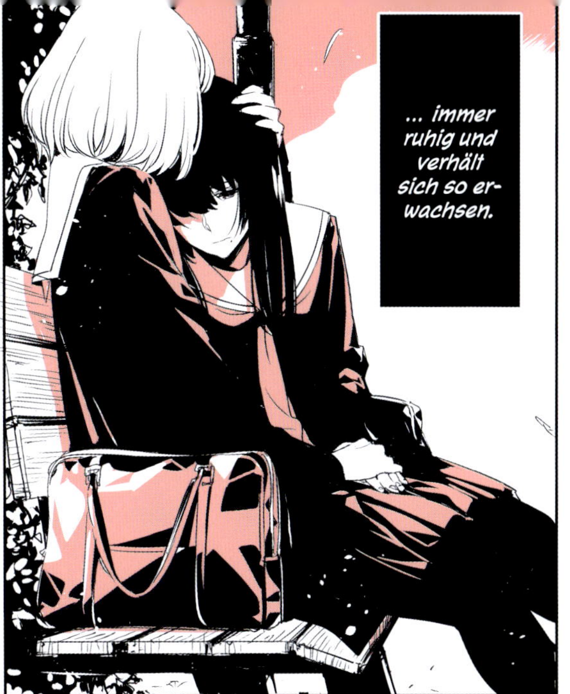
... immer ruhig und verhält sich so erwachsen.

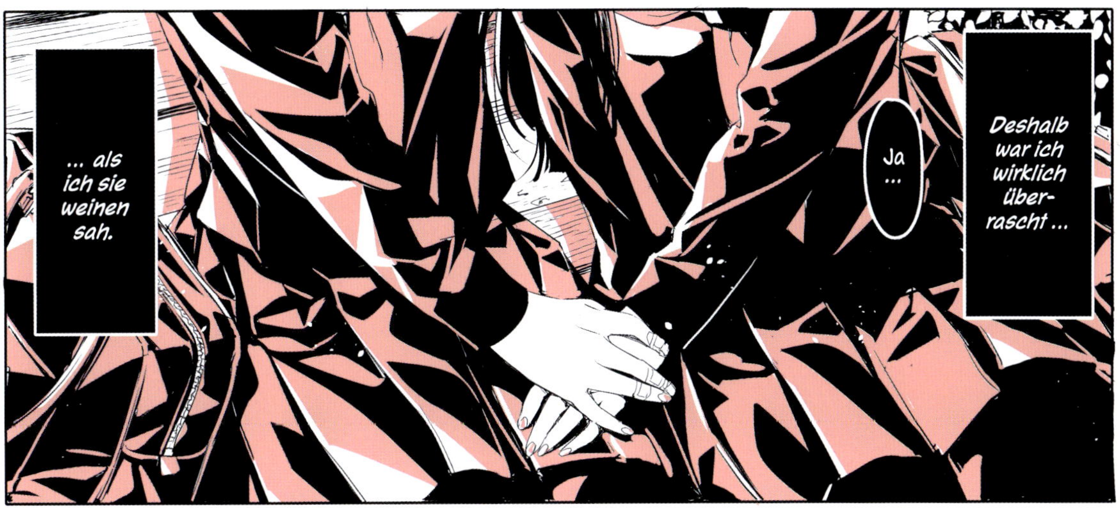
Deshalb war ich wirklich überrascht ...
Ja ...
... als ich sie weinen sah.

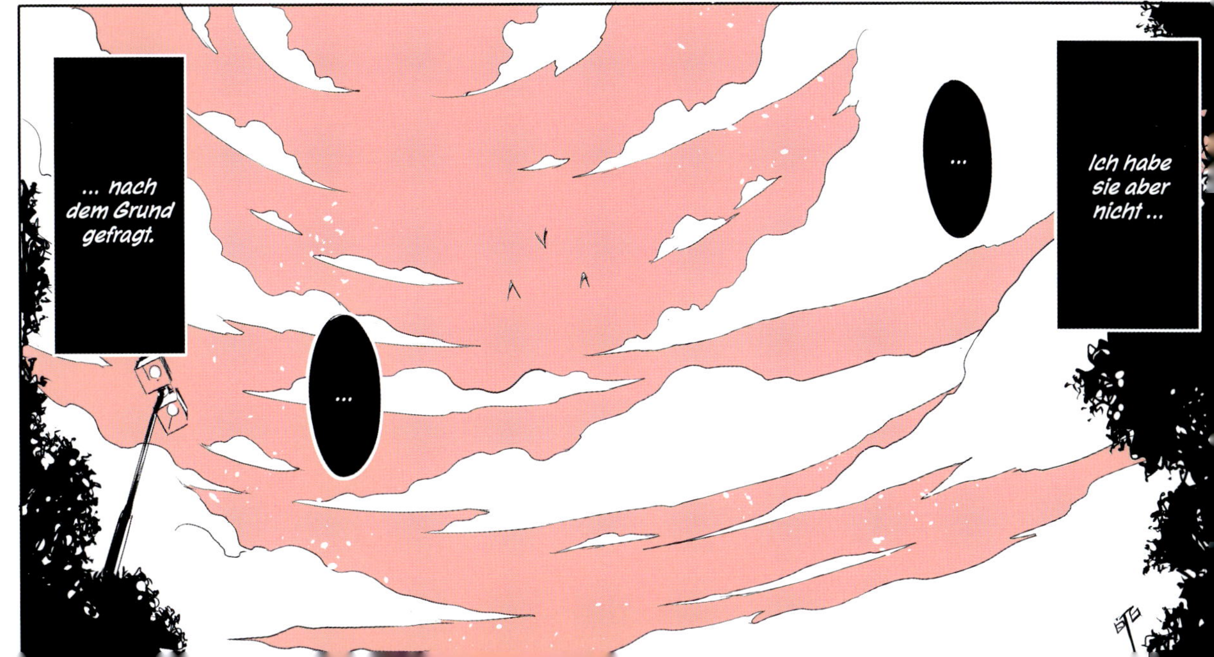
Ich habe sie aber nicht ...
...
...
... nach dem Grund gefragt.

Ein Pflaster für Aki-chan

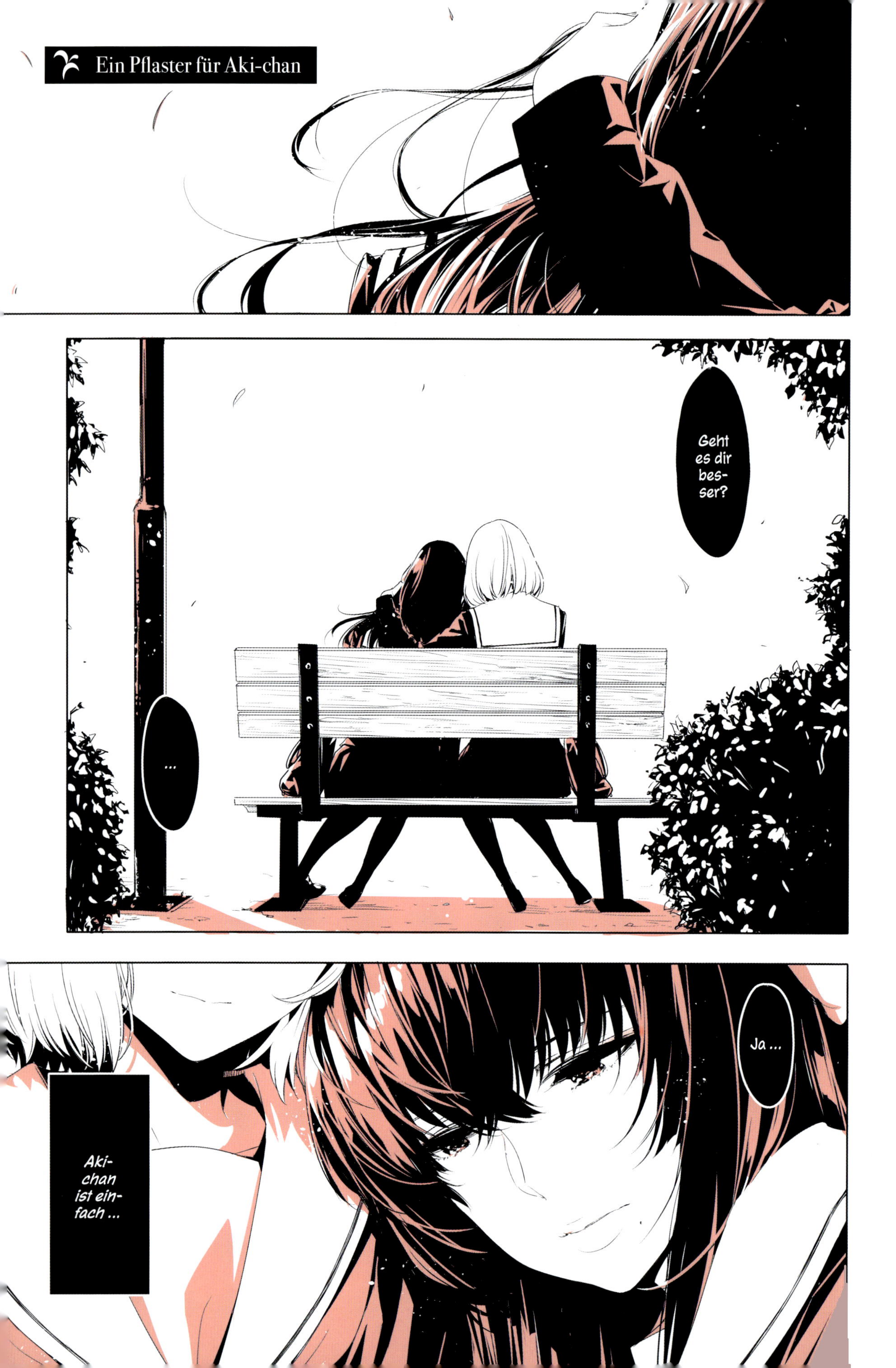

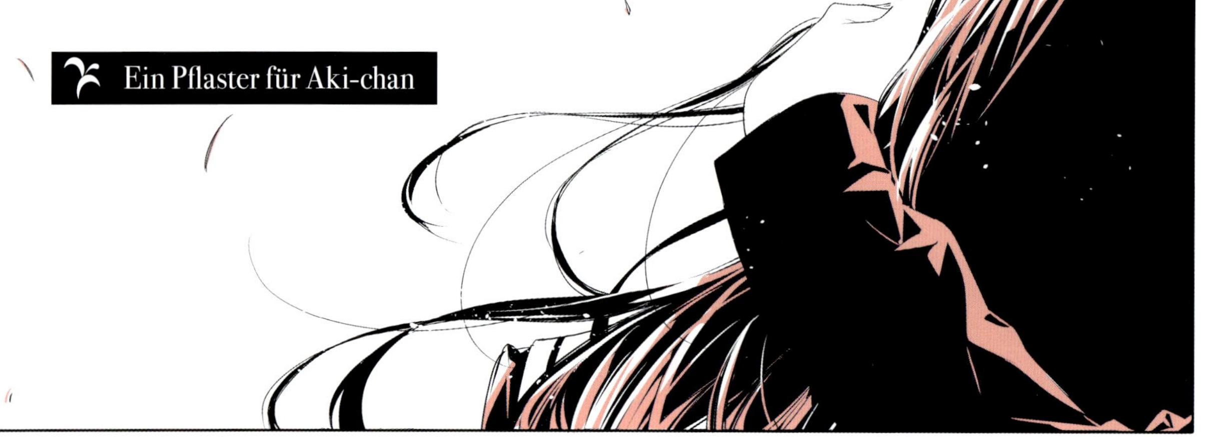

Geht es dir besser?

…

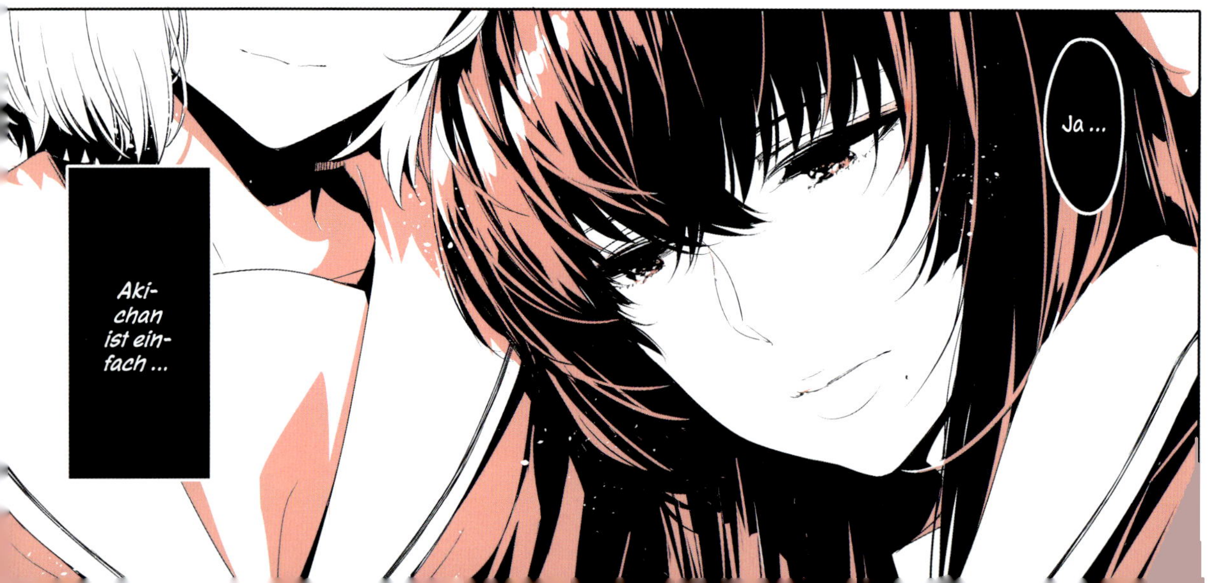

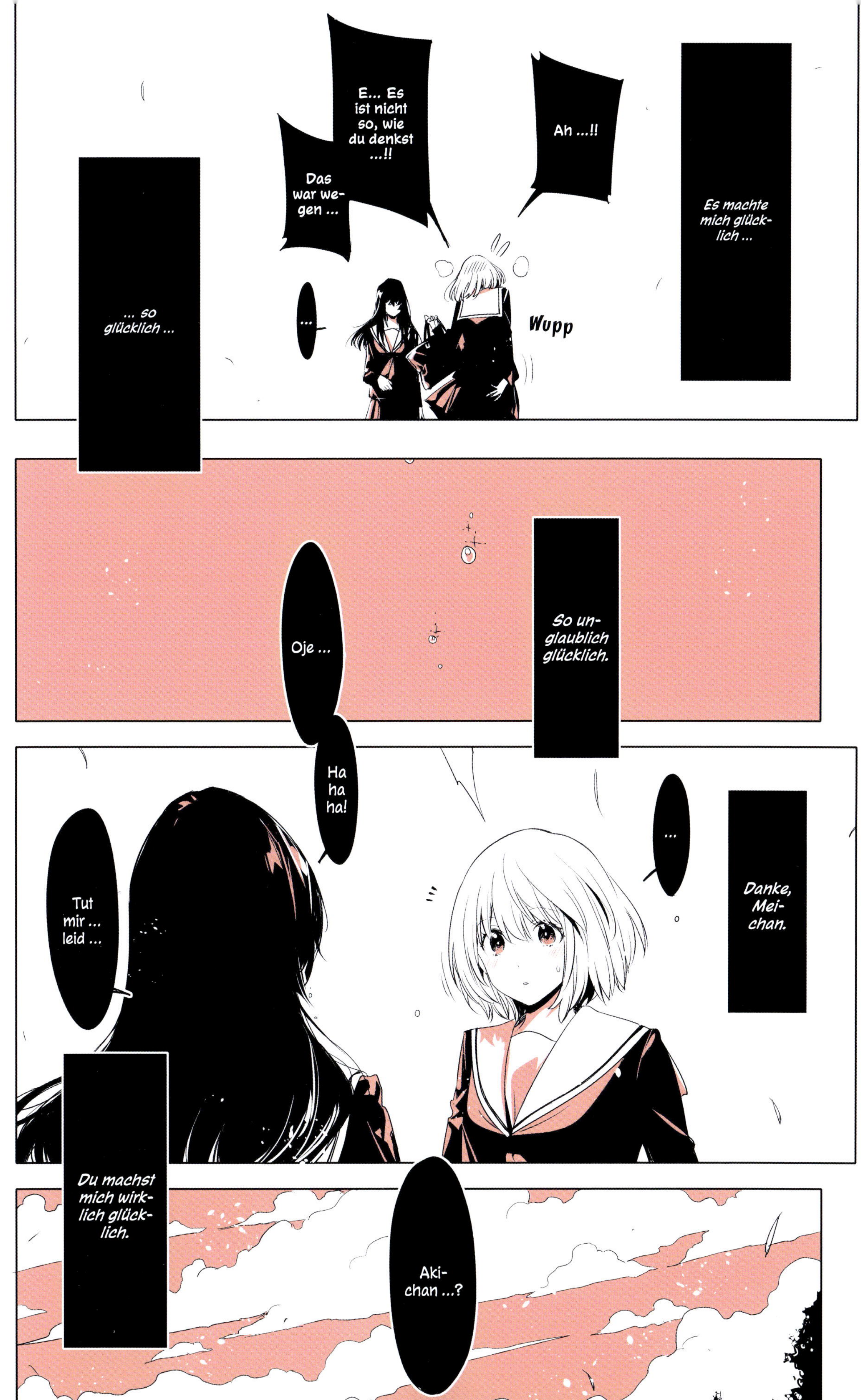
Es machte mich glücklich ...
Ah ...!!
E... Es ist nicht so, wie du denkst ...!!
Das war wegen ...
Wupp
...
... so glücklich ...
So unglaublich glücklich.
Oje ...
Ha ha ha!
Danke, Mei-chan.
...
Tut mir ... leid ...
Du machst mich wirklich glücklich.
Aki-chan ...?

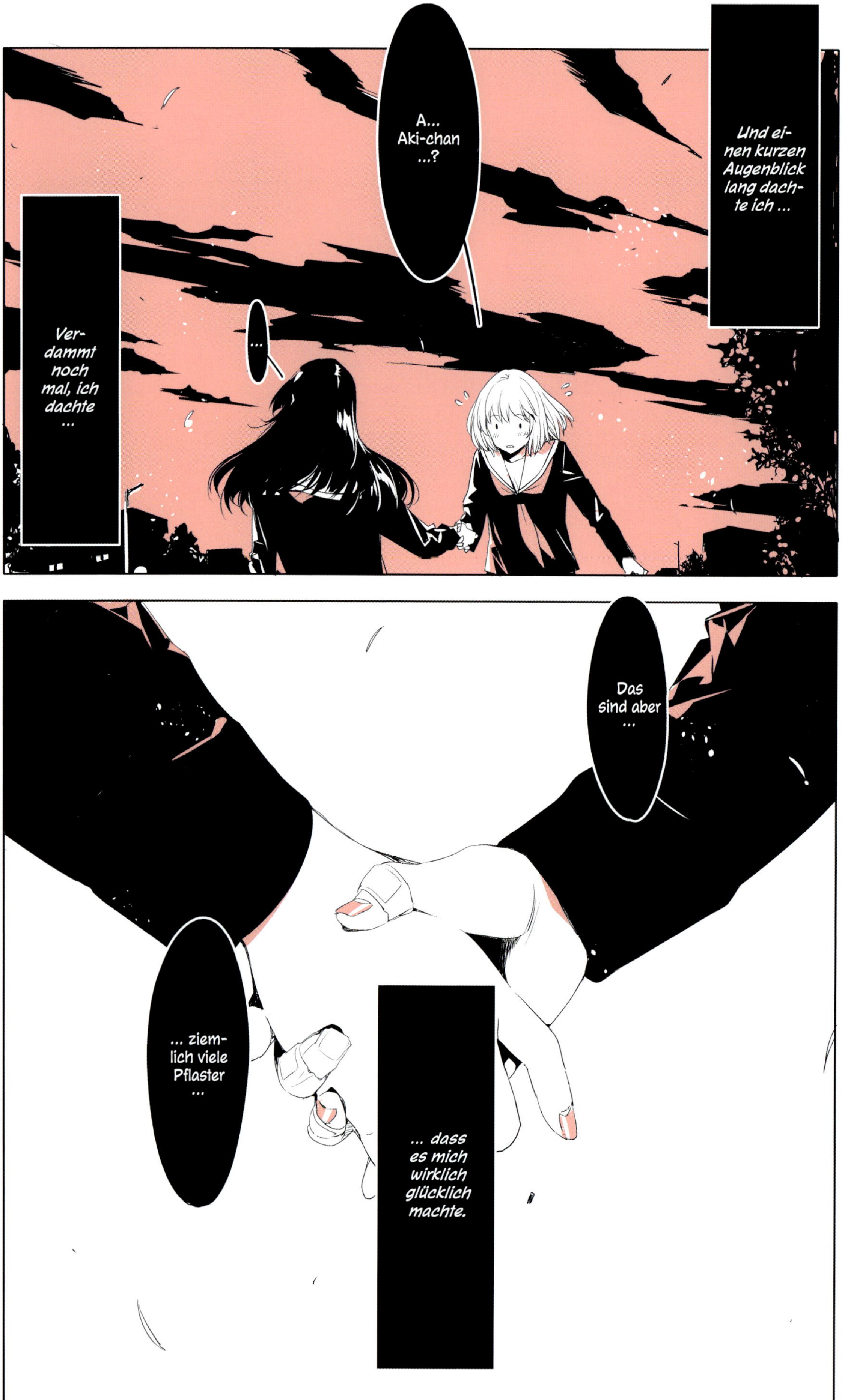

Und einen kurzen Augenblick lang dachte ich ...

A... Aki-chan ...?

...

Verdammt noch mal, ich dachte ...

Das sind aber ...

... ziemlich viele Pflaster ...

... dass es mich wirklich glücklich machte.

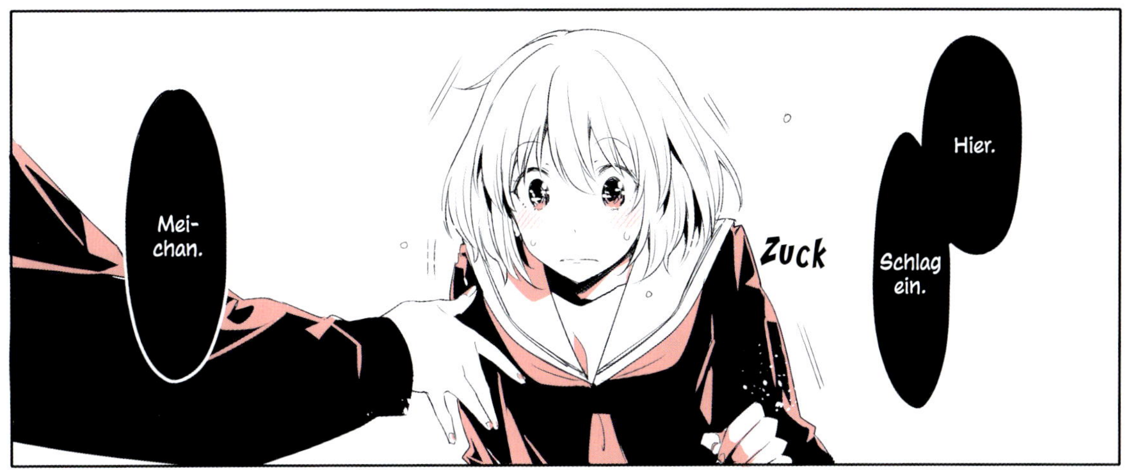
Hier.
Schlag ein.
Zuck
Mei-chan.

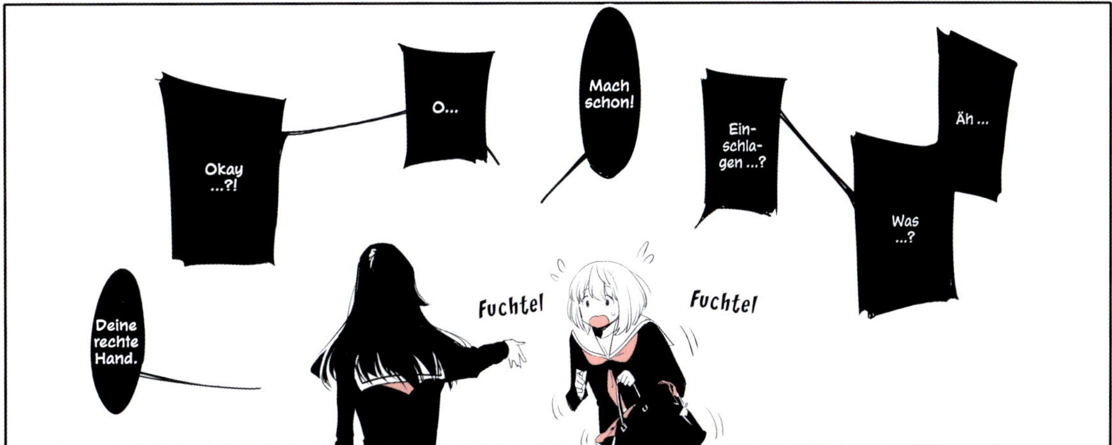
Äh ...
Was ...?
Ein-schla-gen ...?
Mach schon!
O...
Okay ...?!
Fuchtel
Fuchtel
Deine rechte Hand.

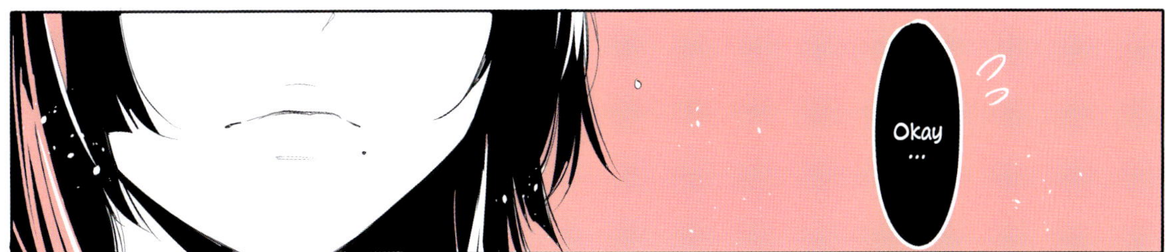
Okay ...

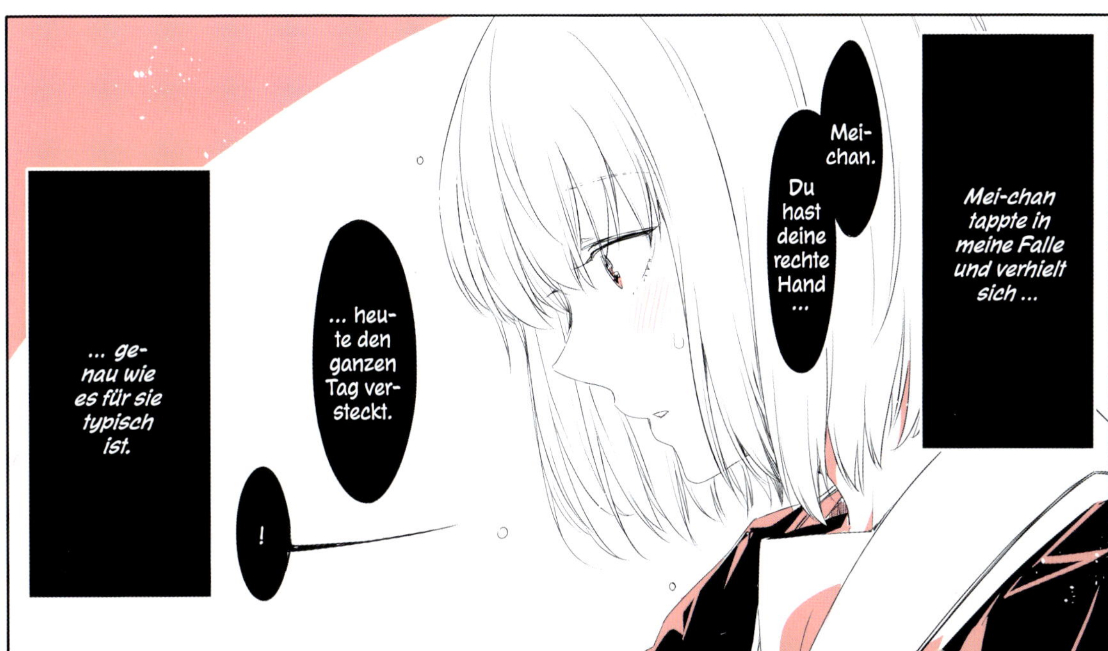
Mei-chan tappte in meine Falle und verhielt sich ...
Mei-chan.
Du hast deine rechte Hand ...
... heute den ganzen Tag versteckt.
!
... genau wie es für sie typisch ist.

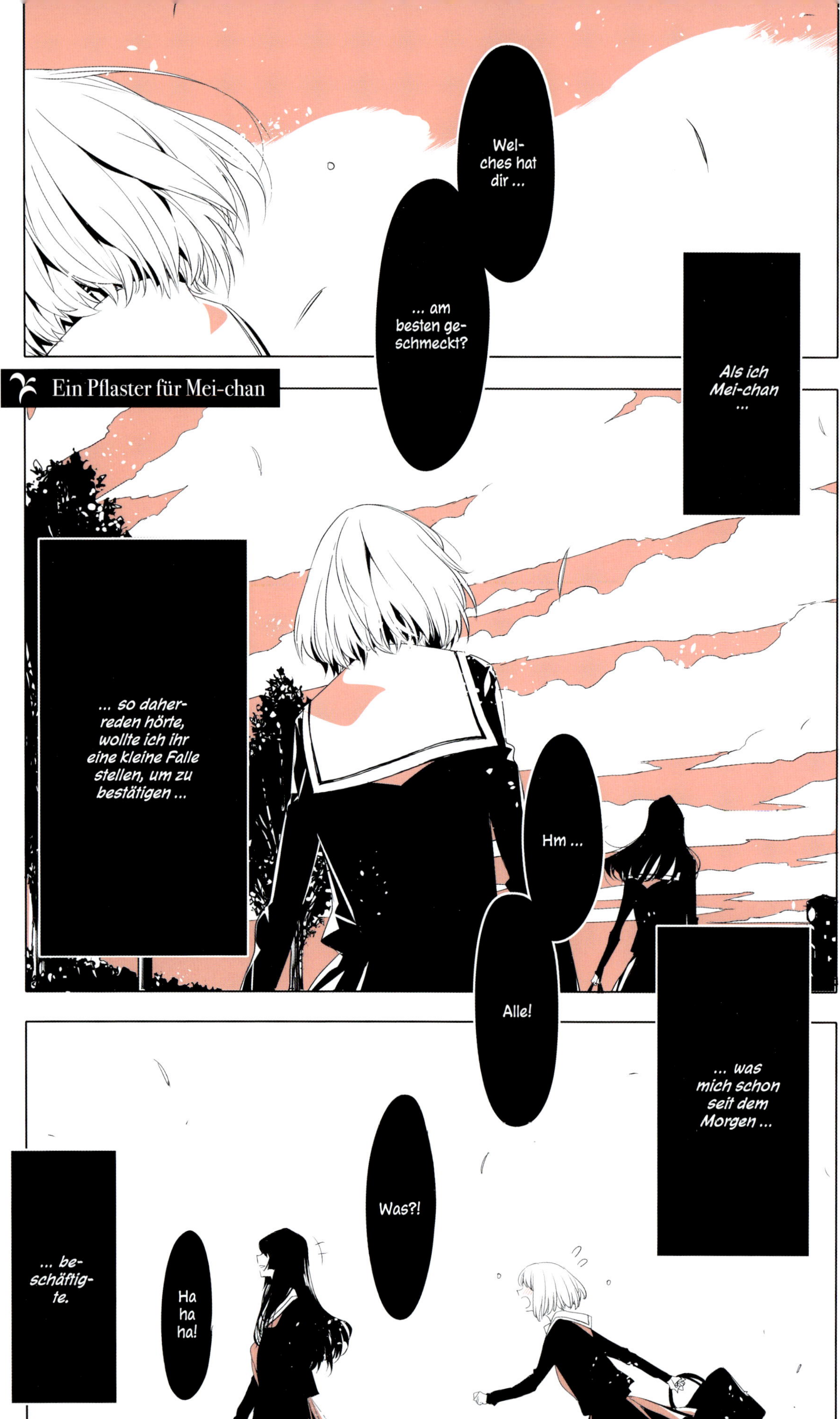

Welches hat dir ...
... am besten geschmeckt?
Ein Pflaster für Mei-chan
Als ich Mei-chan ...
... so daherreden hörte, wollte ich ihr eine kleine Falle stellen, um zu bestätigen ...
Hm ...
Alle!
... was mich schon seit dem Morgen ...
Was?!
Ha ha ha!
... beschäftigte.

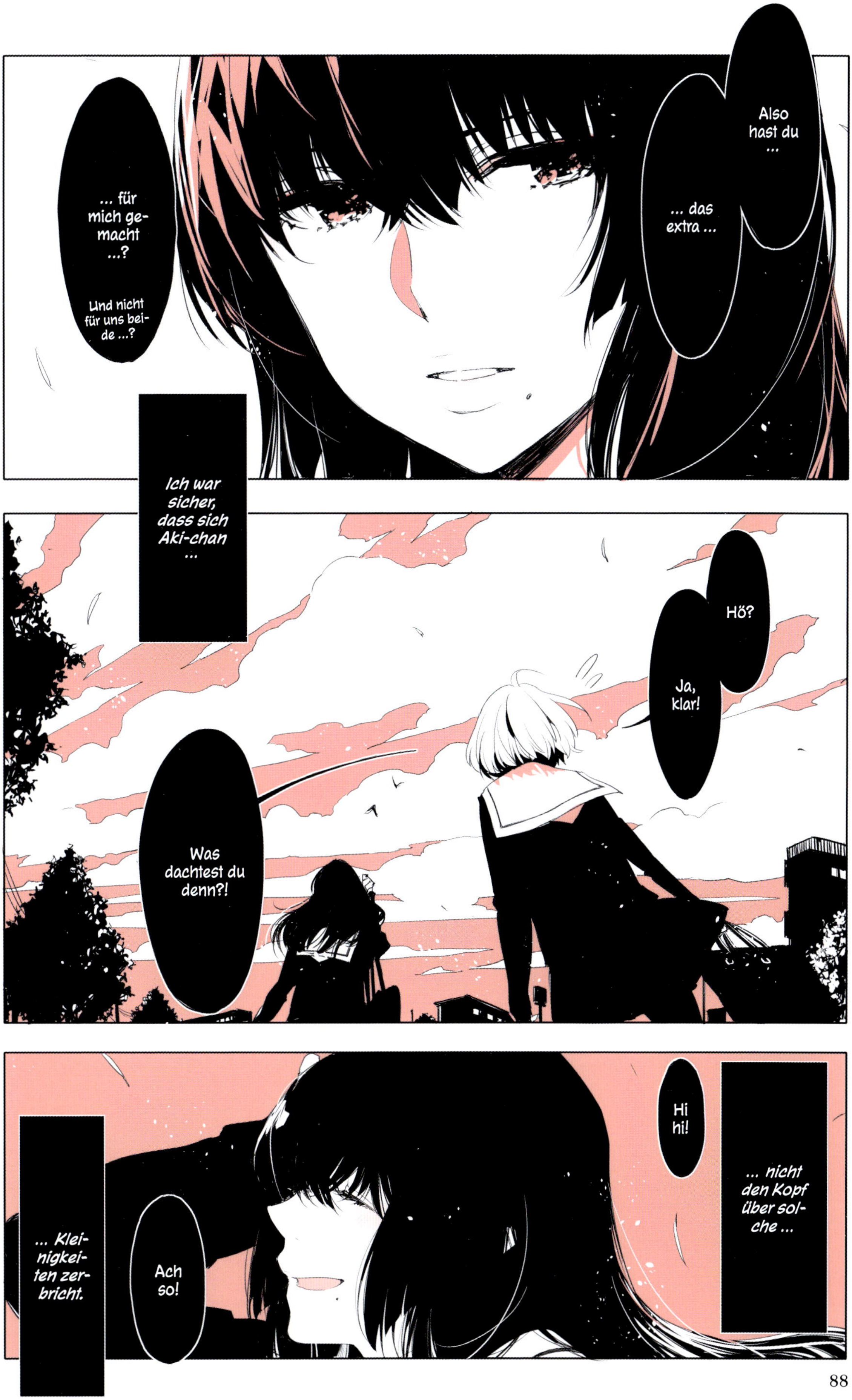

Also hast du …
… das extra …
… für mich gemacht …?
Und nicht für uns beide …?
Ich war sicher, dass sich Aki-chan …

Hö?
Ja, klar!
Was dachtest du denn?!

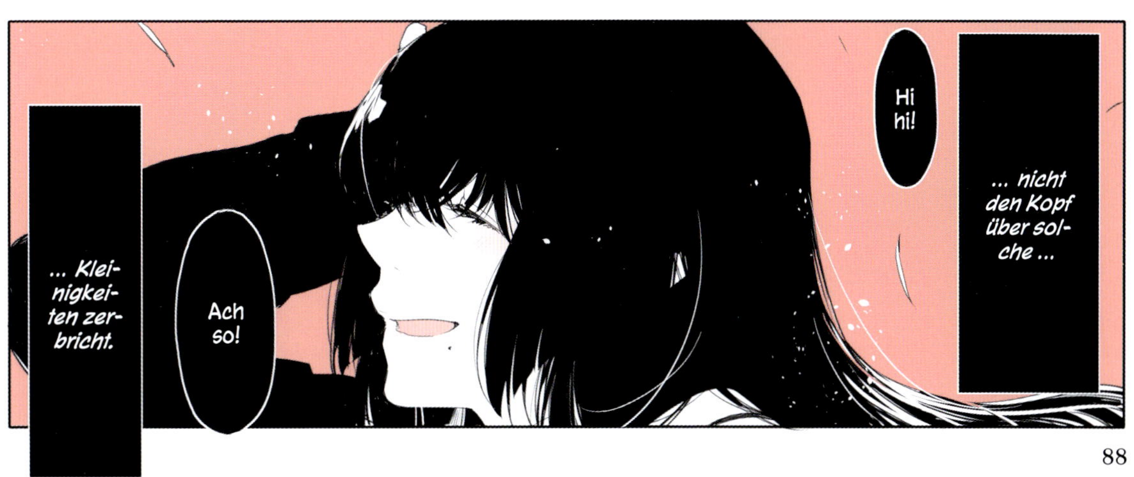

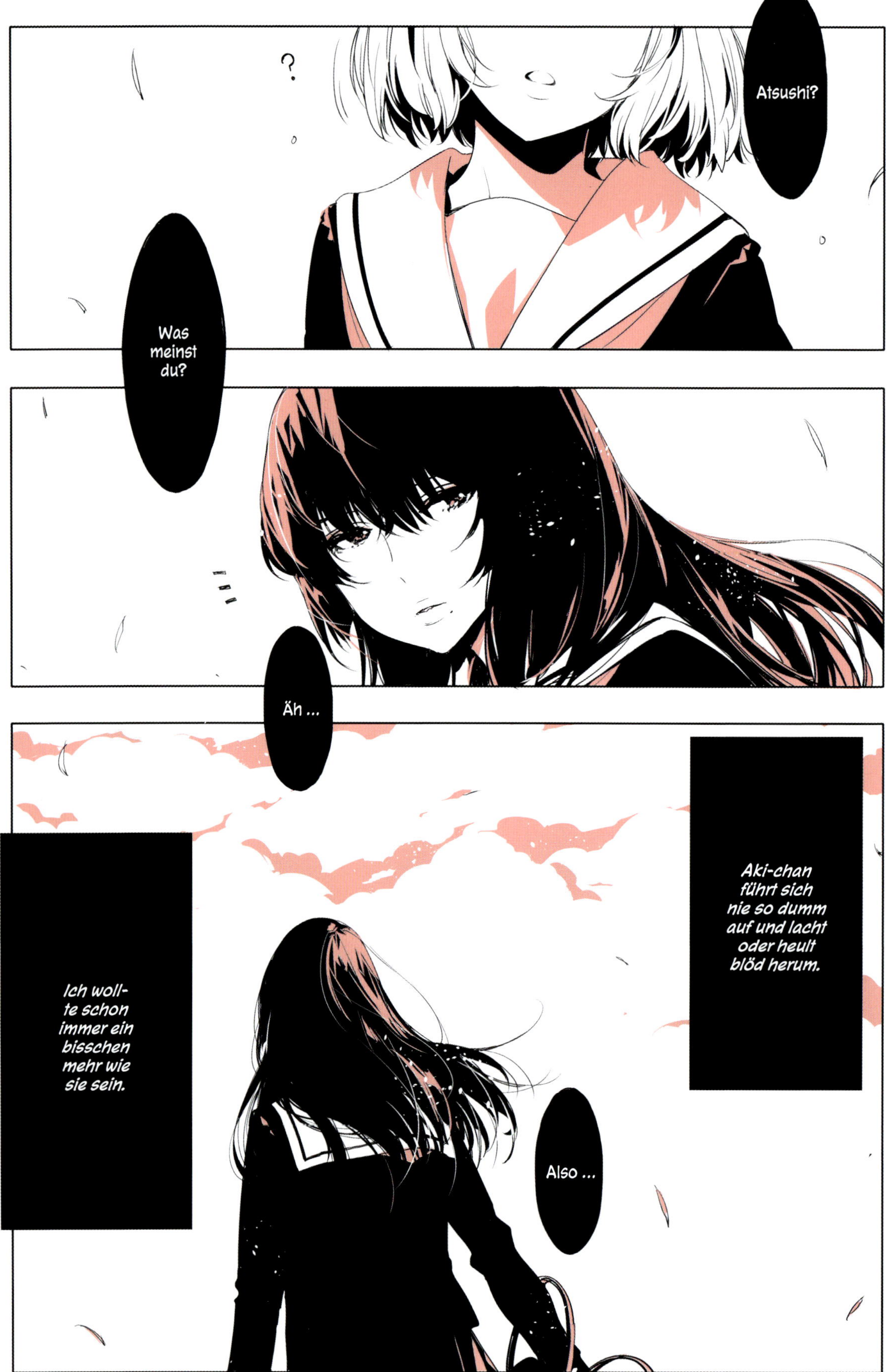
Atsushi?
?
Was meinst du?
…
Äh …
Aki-chan führt sich nie so dumm auf und lacht oder heult blöd herum.
Ich wollte schon immer ein bisschen mehr wie sie sein.
Also …

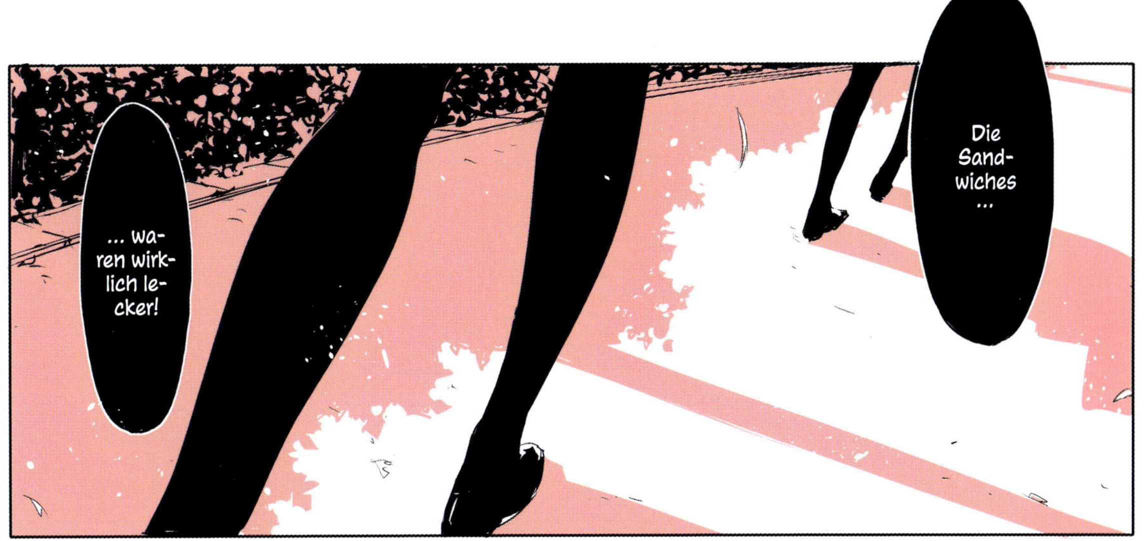

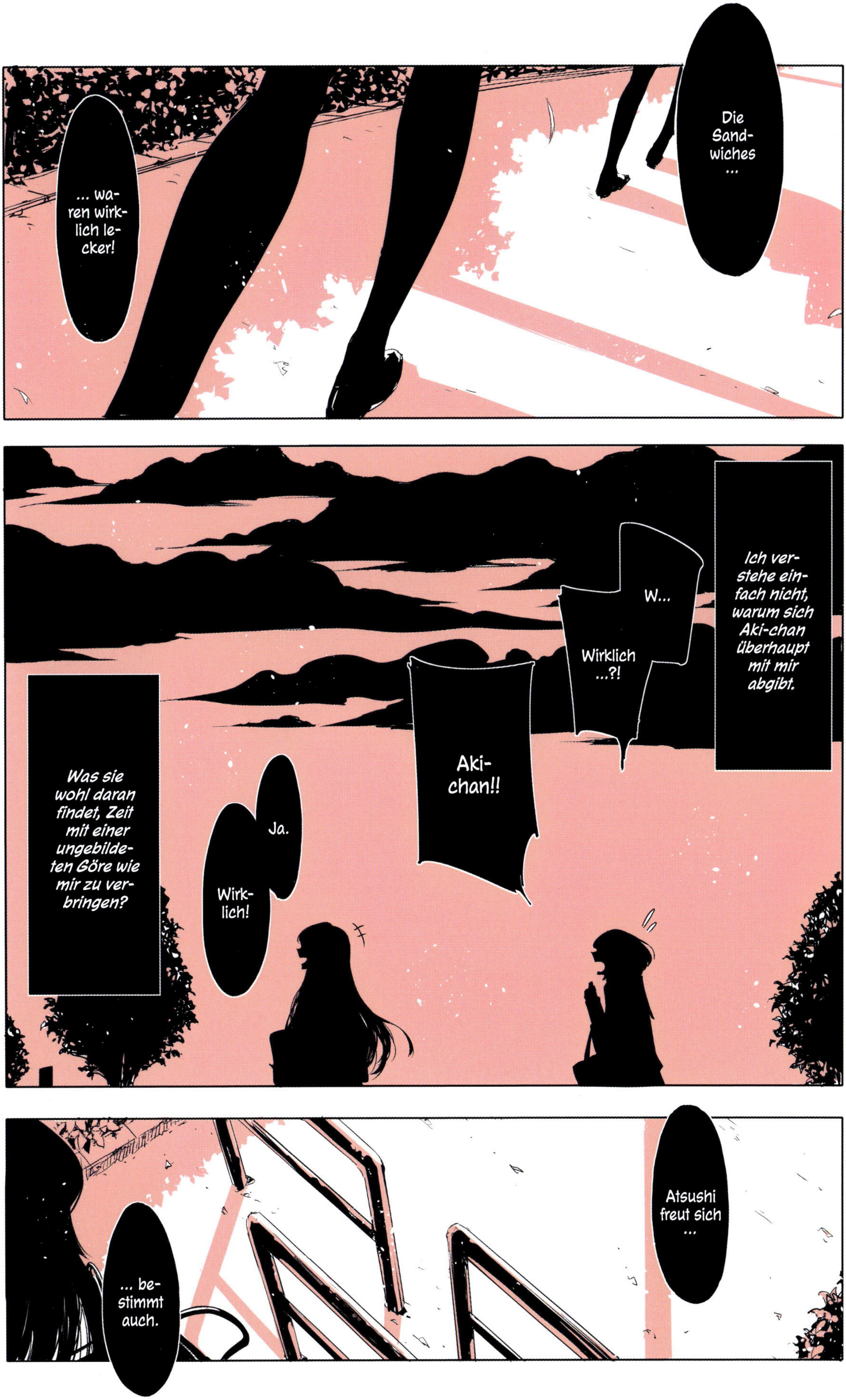

Ich verstehe einfach nicht, warum sich Aki-chan überhaupt mit mir abgibt.

W...

Wirklich ...?!

Aki-chan!!

Ja.

Wirklich!

Was sie wohl daran findet, Zeit mit einer ungebildeten Göre wie mir zu verbringen?

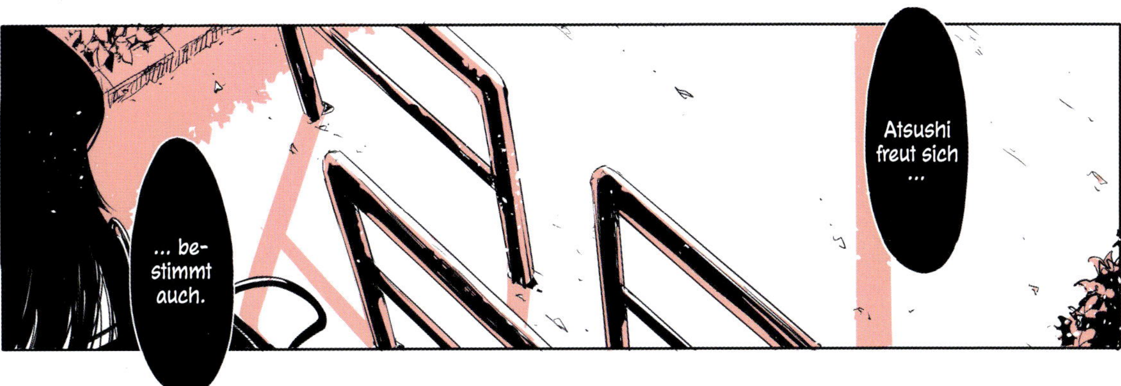

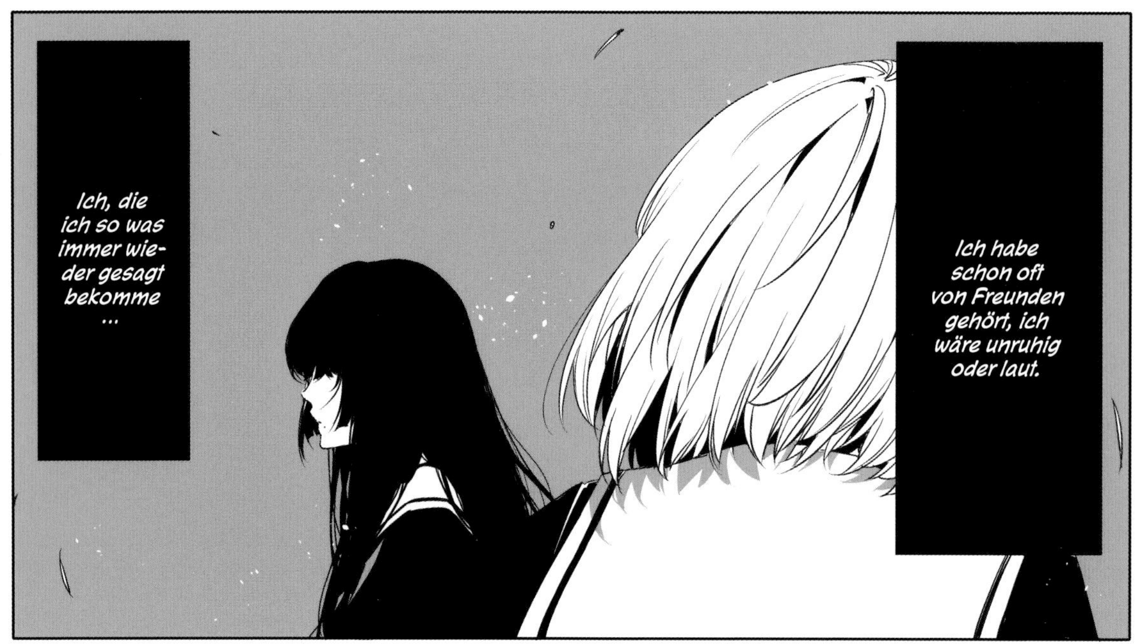

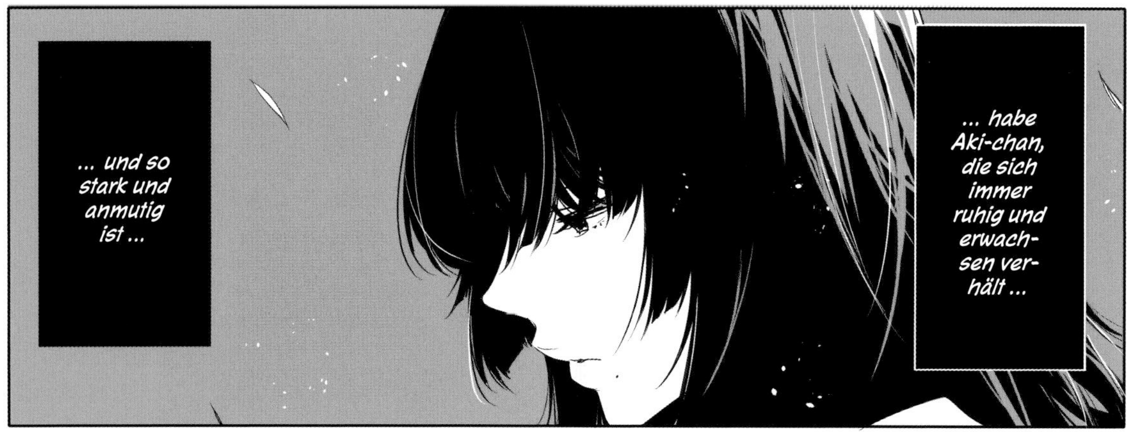

Aki-chan und ein Dankeschön

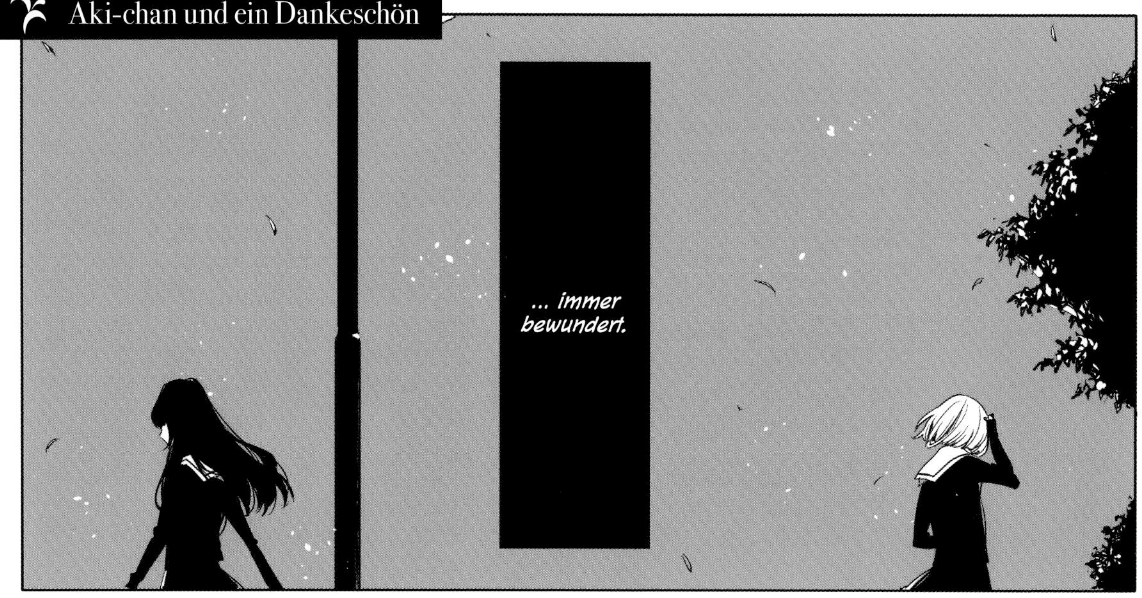

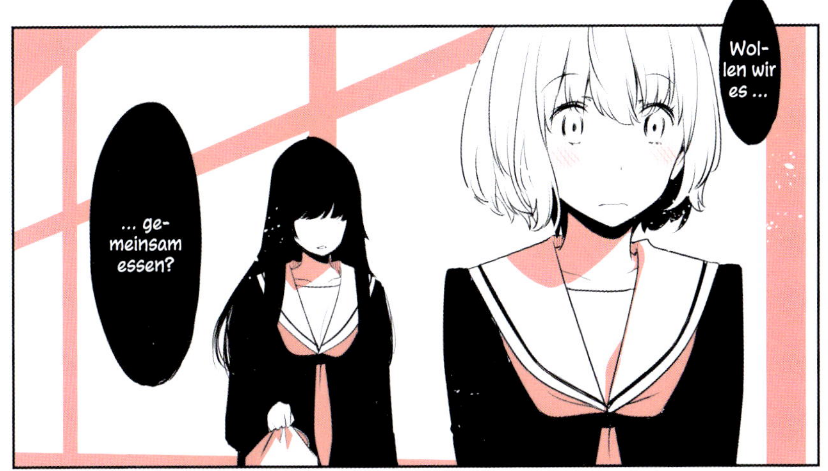
Wollen wir es ...
... gemeinsam essen?

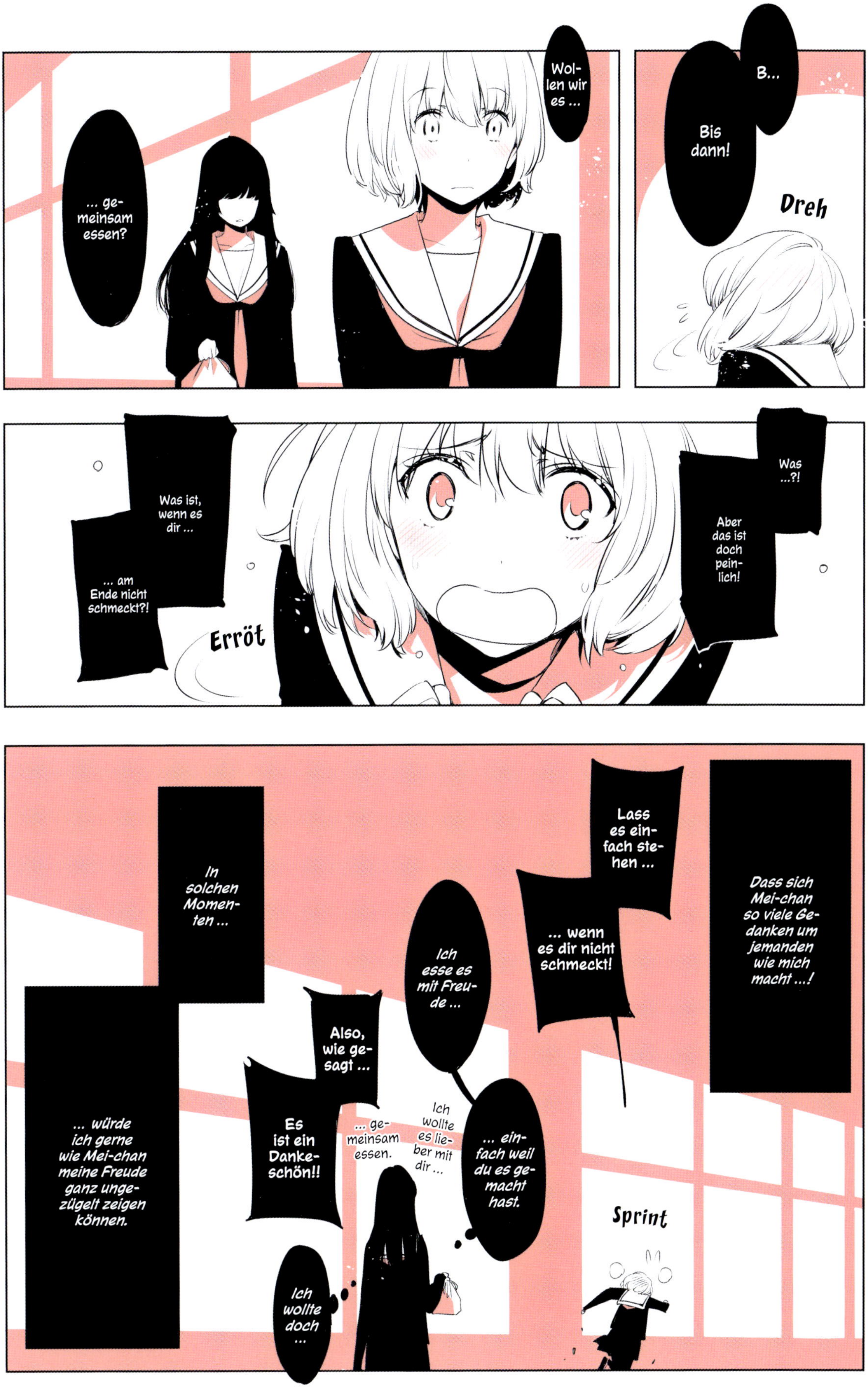

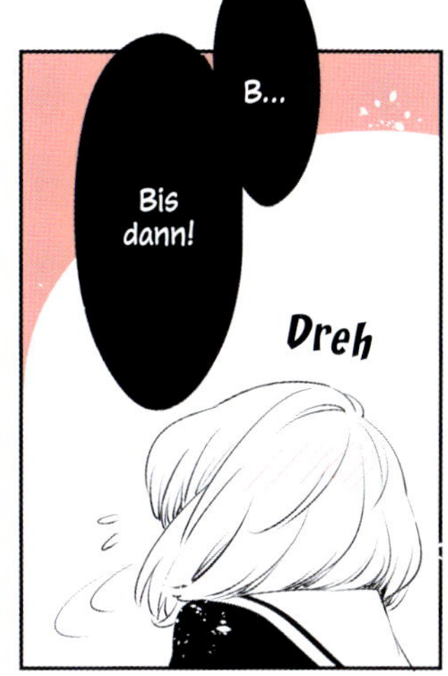
B...
Bis dann!
Dreh

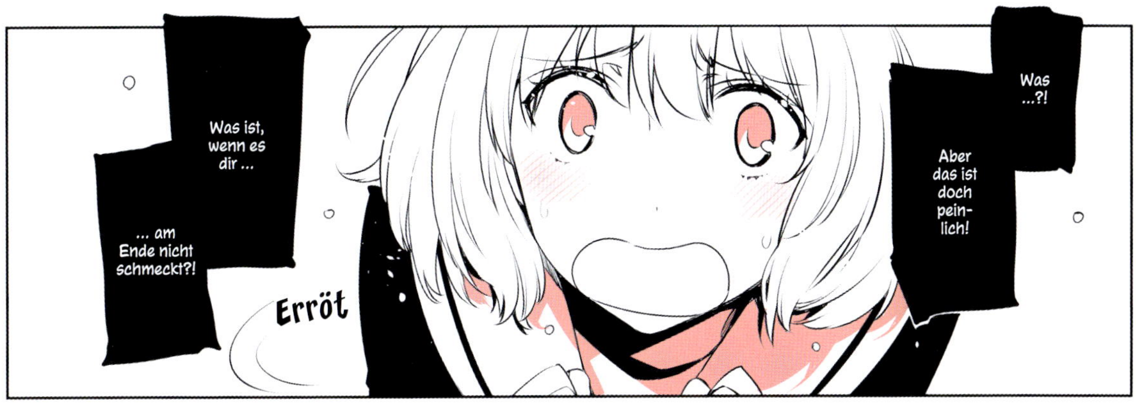
Was ...?!
Aber das ist doch peinlich!
Erröt
Was ist, wenn es dir ...
... am Ende nicht schmeckt?!

Dass sich Mei-chan so viele Gedanken um jemanden wie mich macht ...!
Lass es einfach stehen ...
... wenn es dir nicht schmeckt!
Ich esse es mit Freude ...
... einfach weil du es gemacht hast.
Also, wie gesagt ...
Es ist ein Dankeschön!!
Sprint
Ich wollte es lieber mit dir ...
... gemeinsam essen.
Ich wollte doch ...
In solchen Momenten ...
... würde ich gerne wie Mei-chan meine Freude ganz ungezügelt zeigen können.

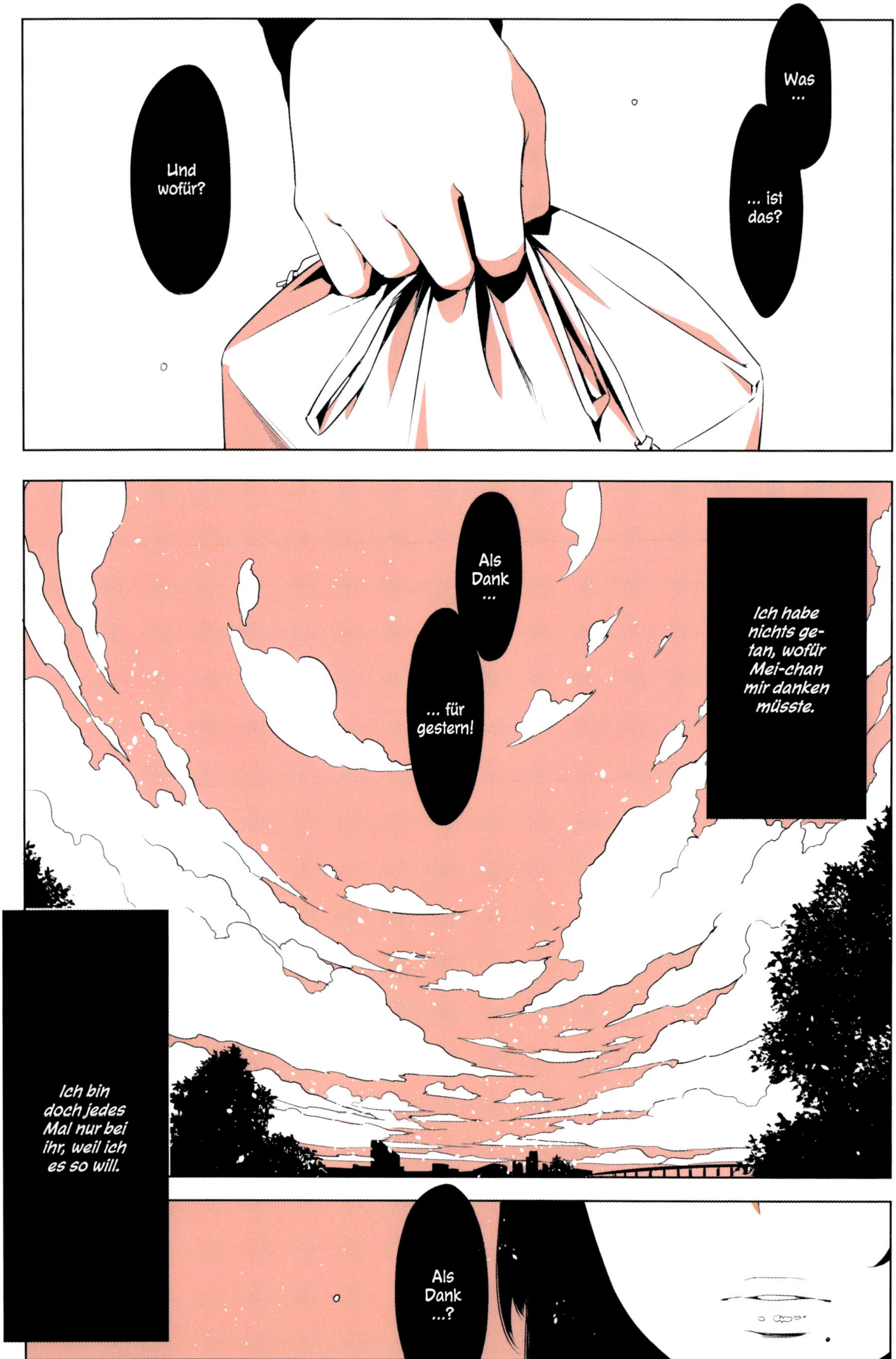

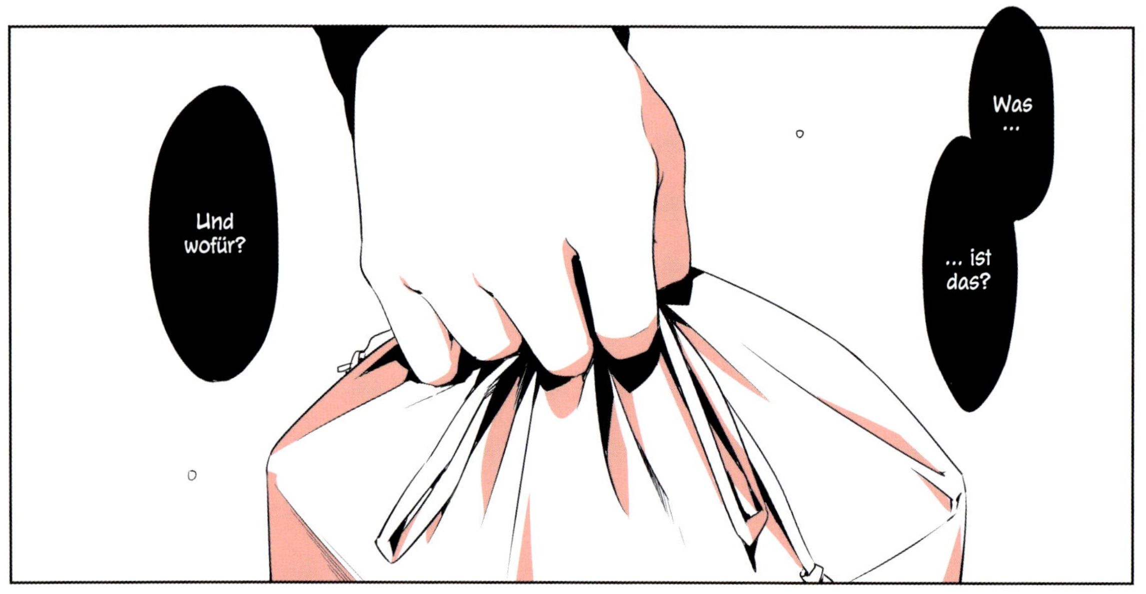

Ich habe nichts getan, wofür Mei-chan mir danken müsste.

Als Dank …

… für gestern!

Als Dank …?

Ich bin doch jedes Mal nur bei ihr, weil ich es so will.

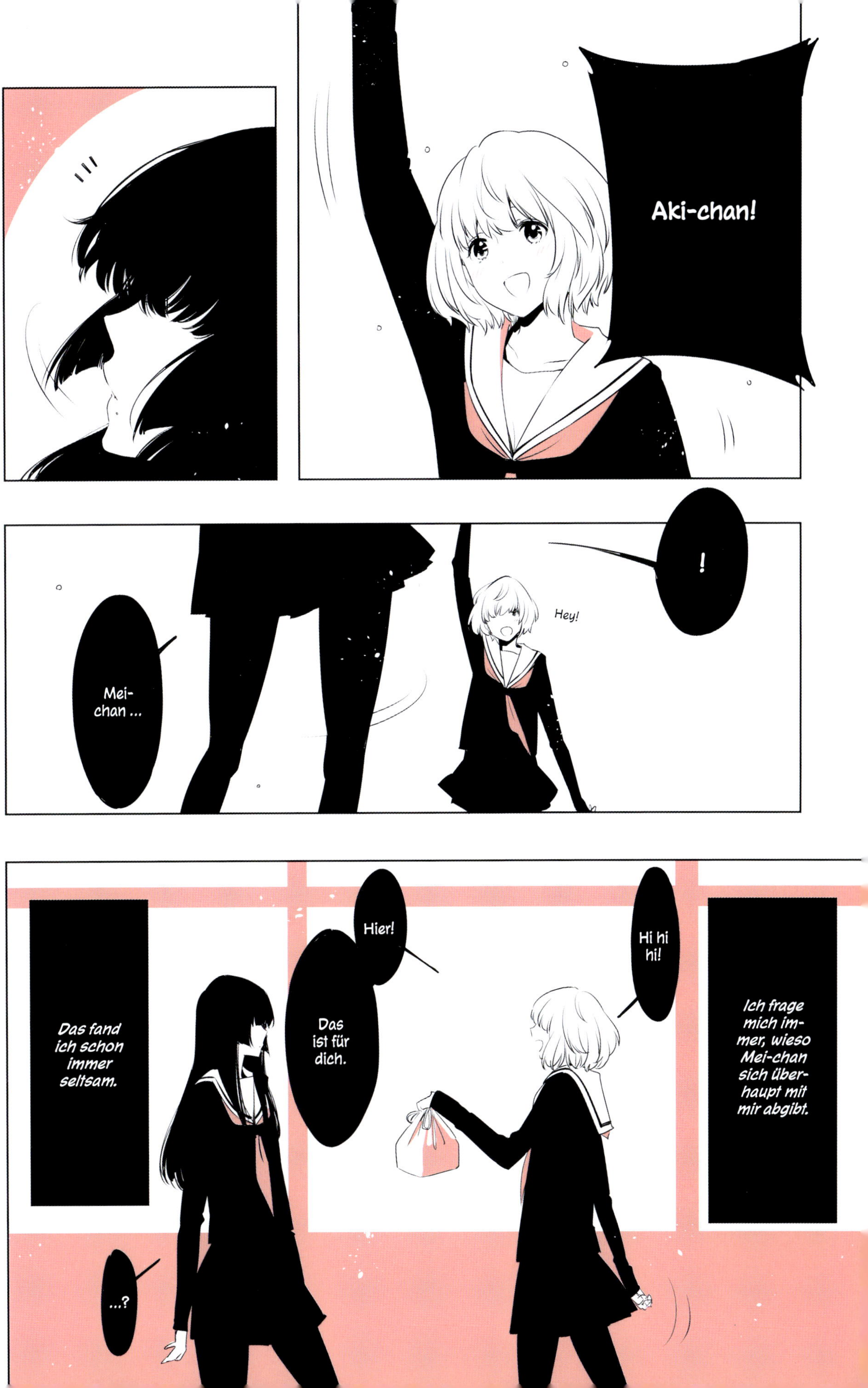

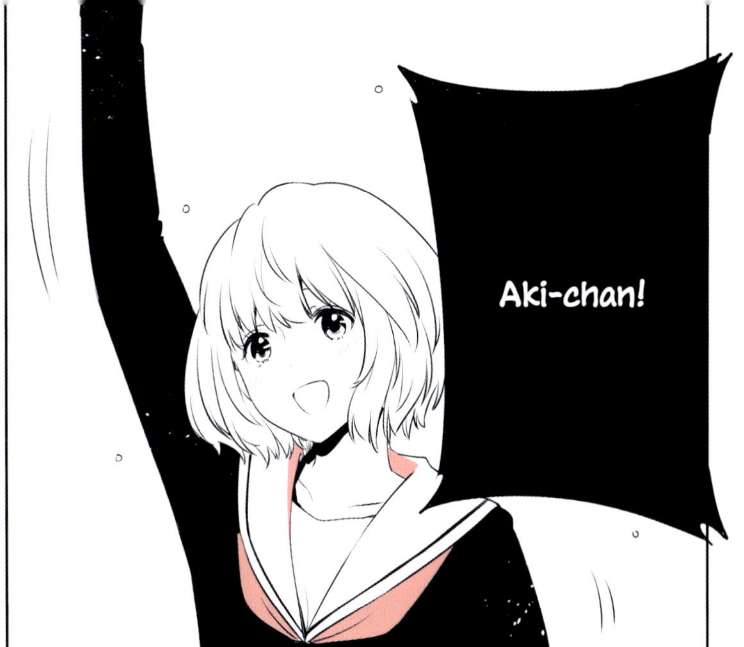
Aki-chan!

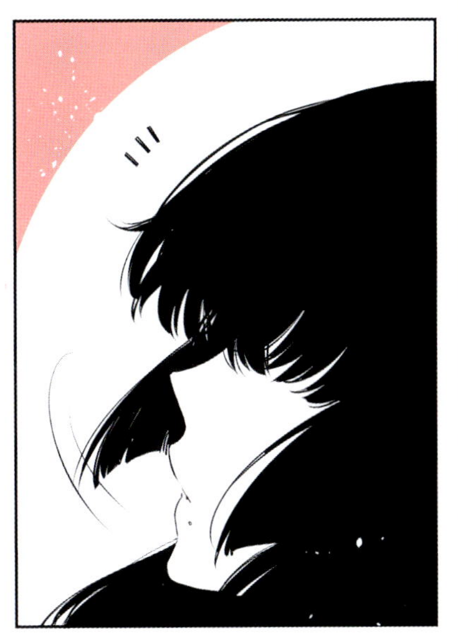

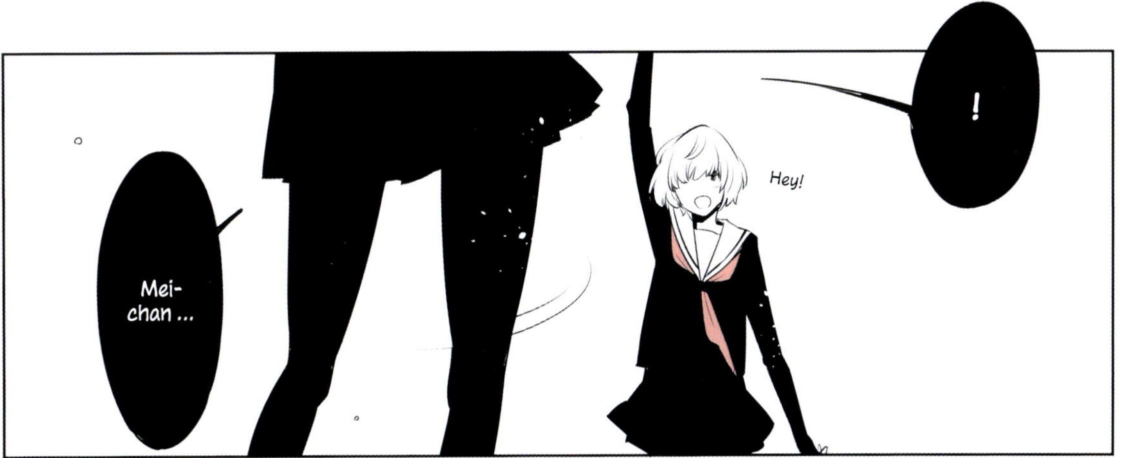
!
Hey!
Mei-chan ...

Ich frage mich immer, wieso Mei-chan sich überhaupt mit mir abgibt.
Hi hi hi!
Hier!
Das ist für dich.
Das fand ich schon immer seltsam.
...?

Mei-chan und ein Dankeschön

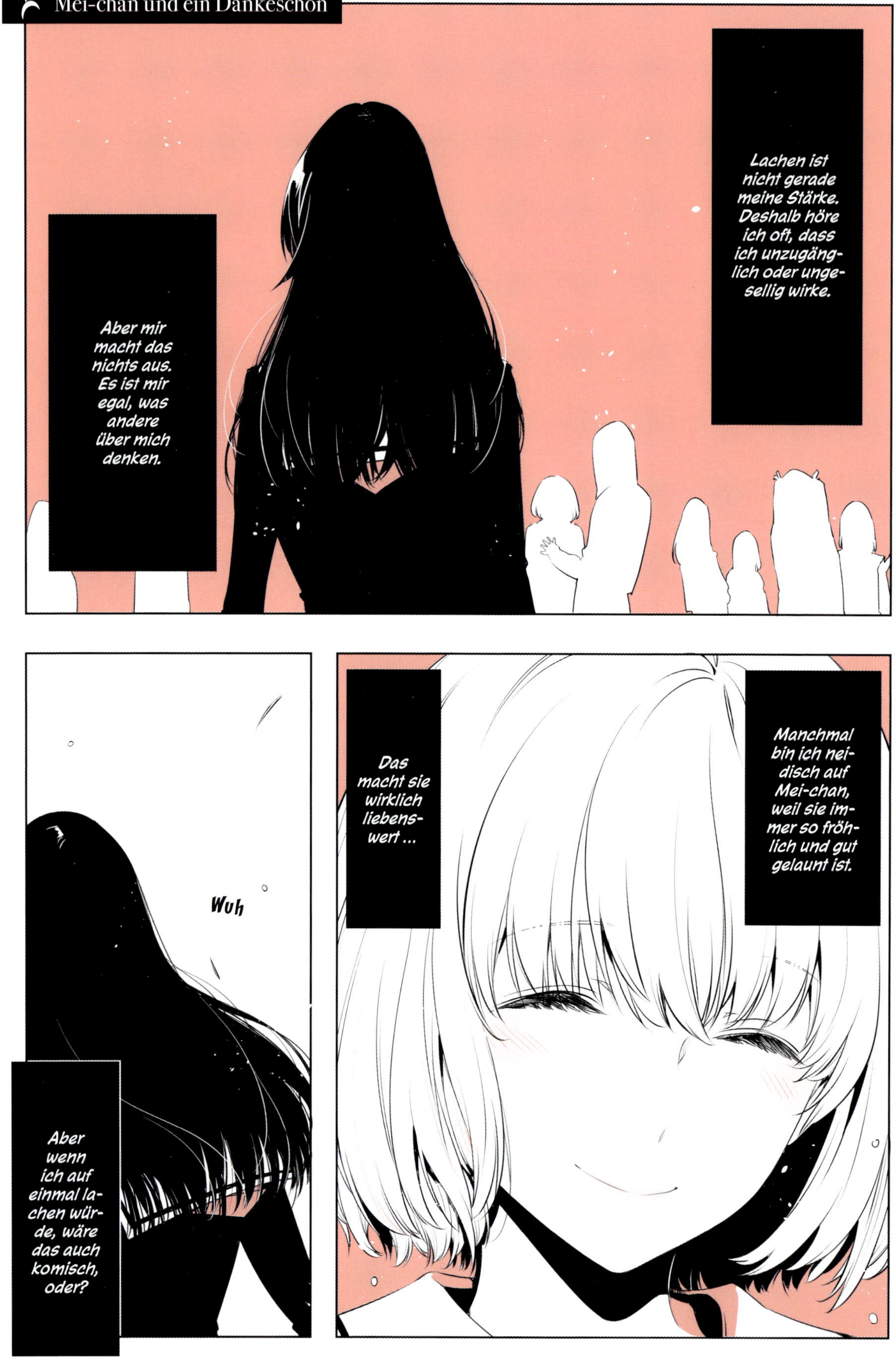

Lachen ist nicht gerade meine Stärke. Deshalb höre ich oft, dass ich unzugänglich oder ungesellig wirke.

Aber mir macht das nichts aus. Es ist mir egal, was andere über mich denken.

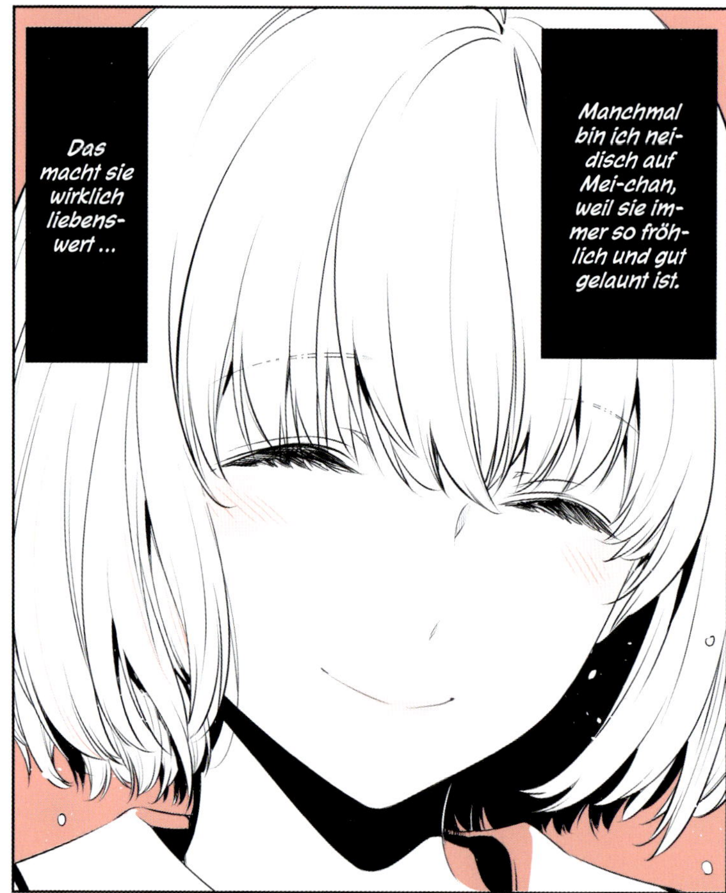

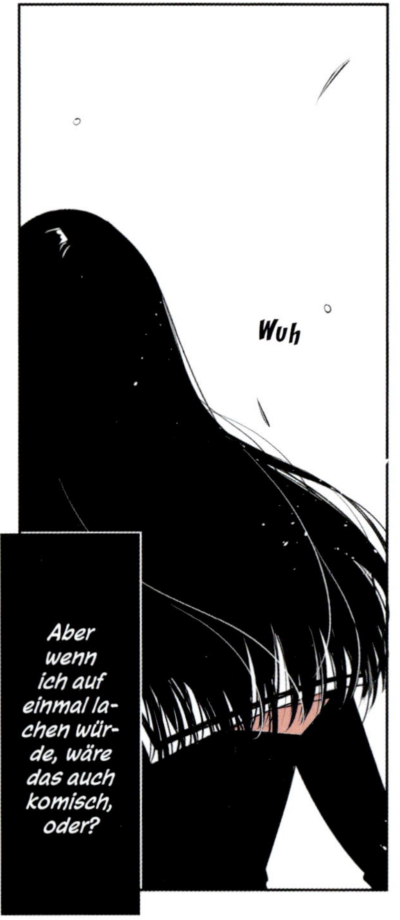

Lilium Terrarium 080

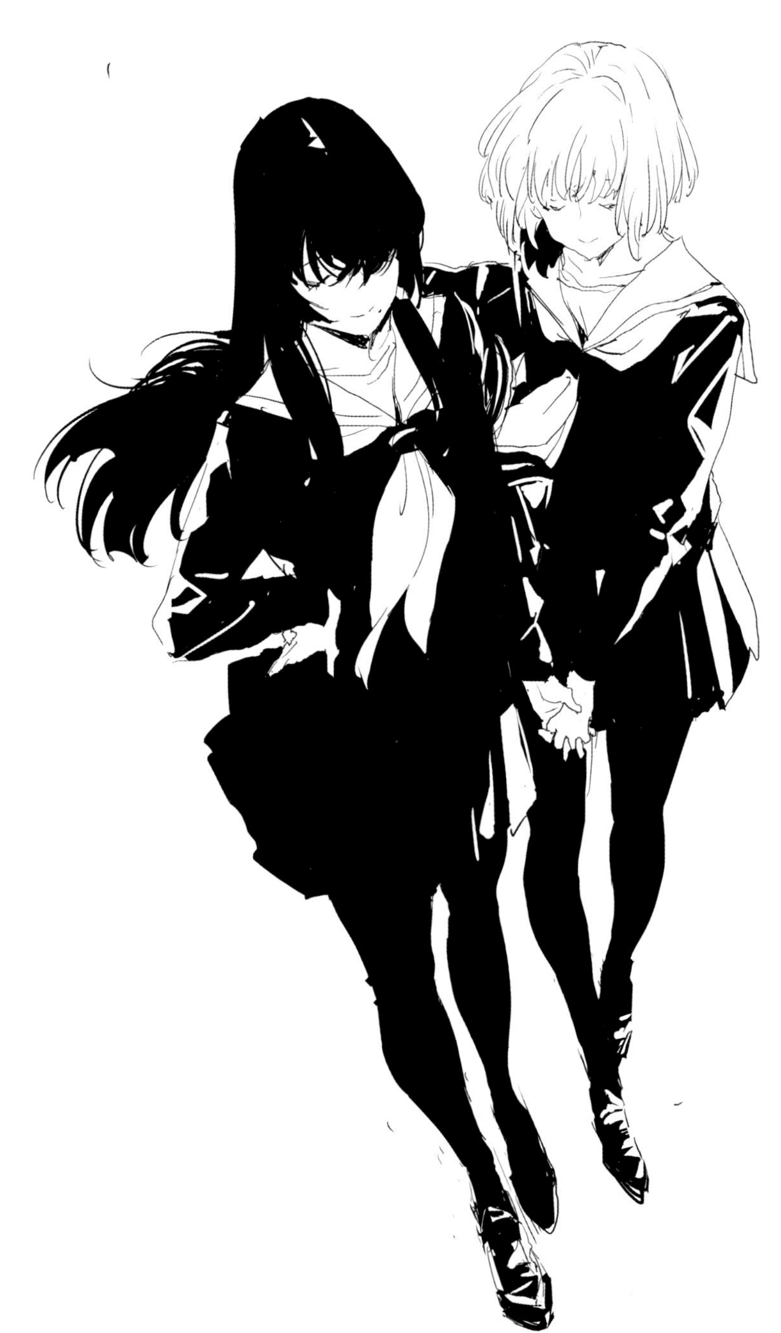

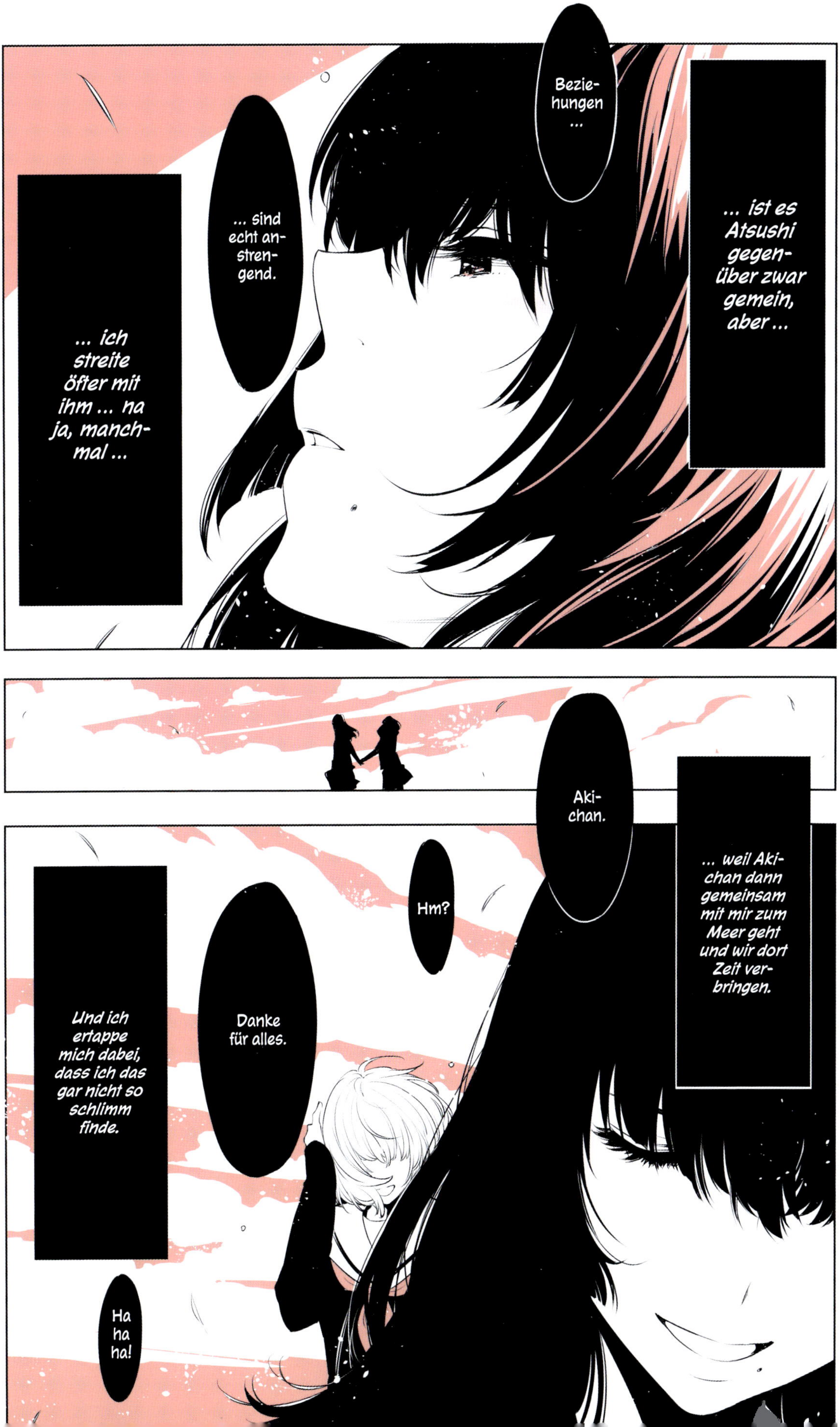

... ist es Atsushi gegenüber zwar gemein, aber ...

Beziehungen ...

... sind echt anstrengend.

... ich streite öfter mit ihm ... na ja, manchmal ...

Aki-chan.

... weil Aki-chan dann gemeinsam mit mir zum Meer geht und wir dort Zeit verbringen.

Hm?

Danke für alles.

Und ich ertappe mich dabei, dass ich das gar nicht so schlimm finde.

Ha ha ha!

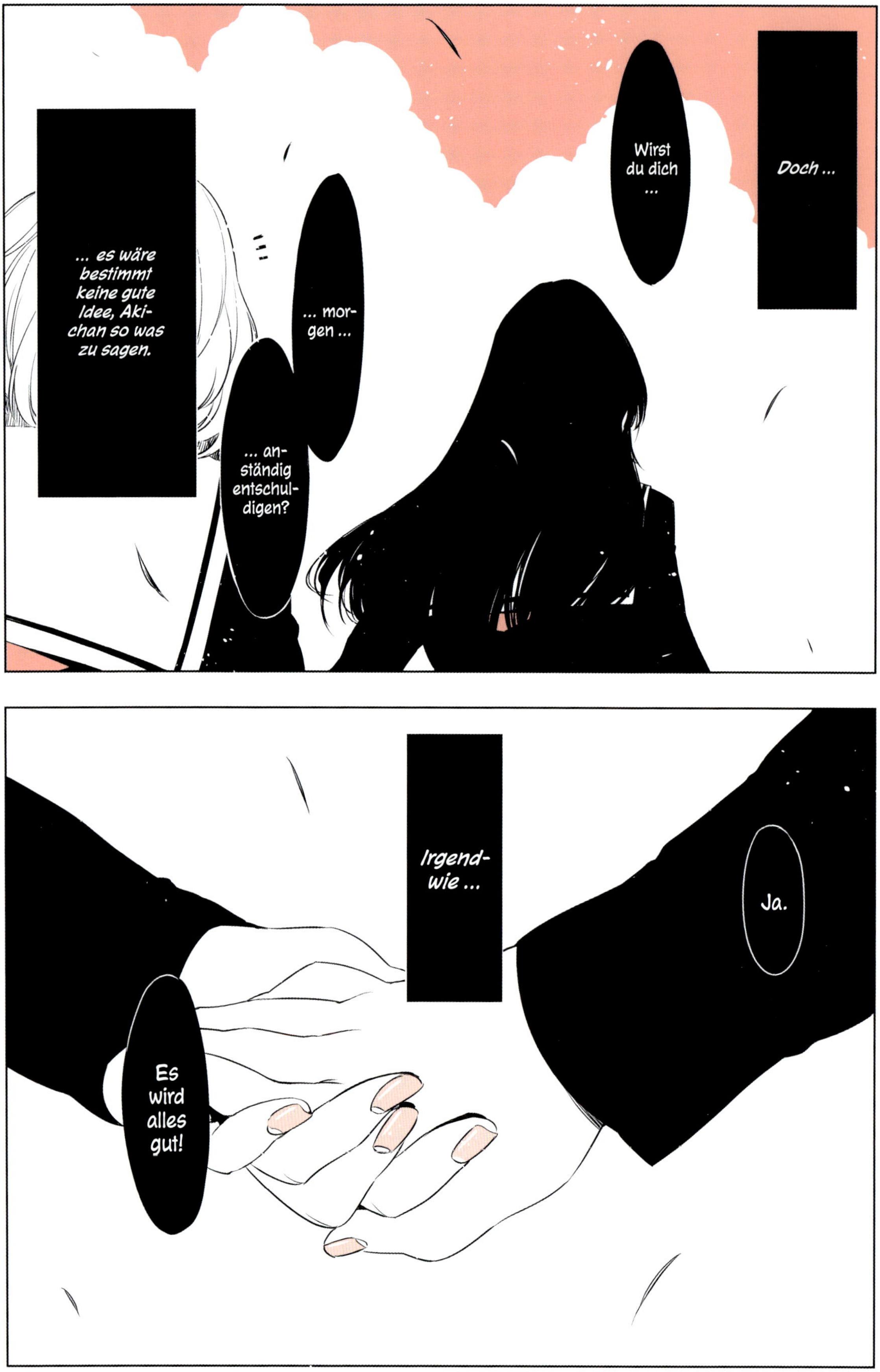

Doch ...

Wirst du dich ...

... morgen ...

... anständig entschuldigen?

... es wäre bestimmt keine gute Idee, Aki-chan so was zu sagen.

Ja.

Irgendwie ...

Es wird alles gut!

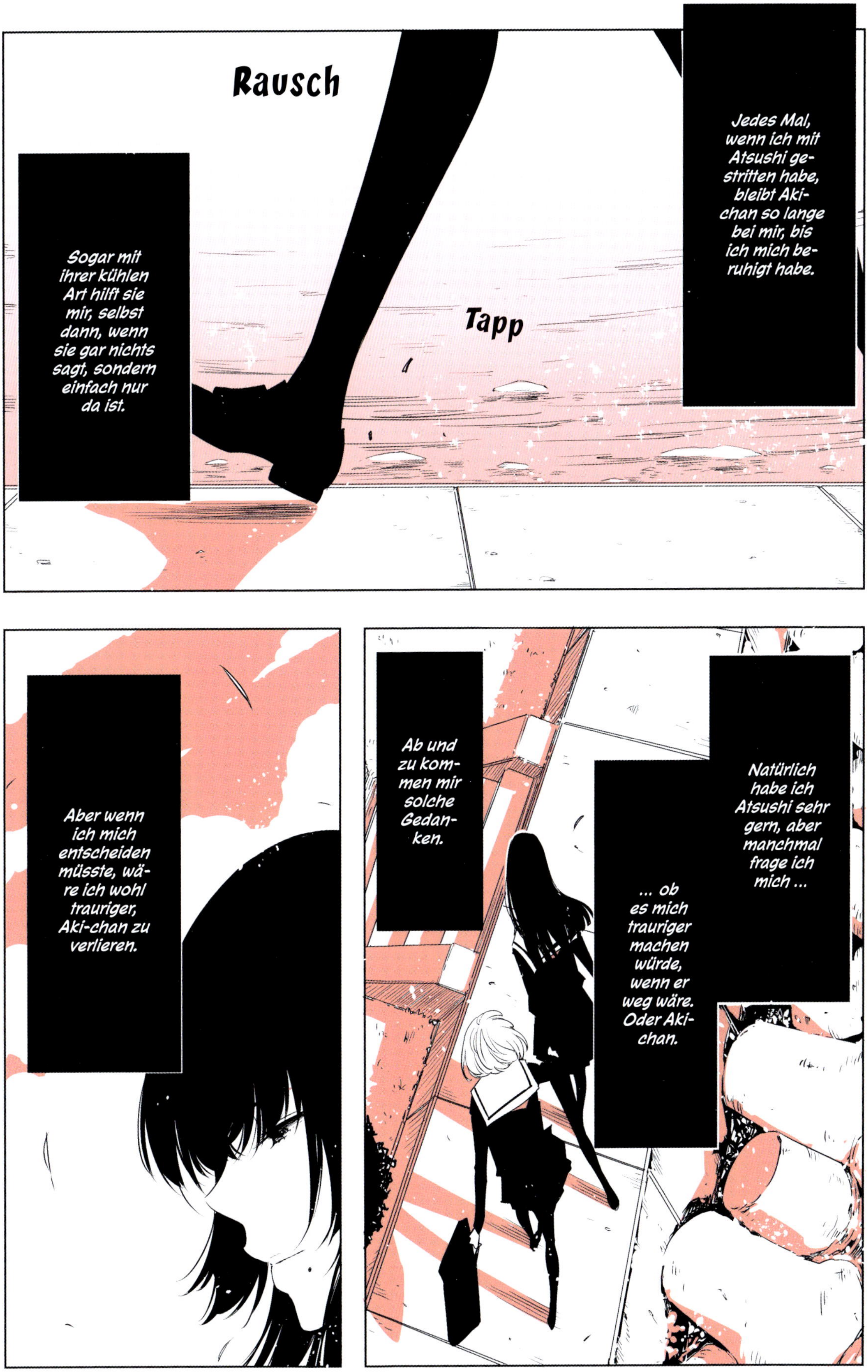

Jedes Mal, wenn ich mit Atsushi gestritten habe, bleibt Aki-chan so lange bei mir, bis ich mich beruhigt habe.

Rausch

Tapp

Sogar mit ihrer kühlen Art hilft sie mir, selbst dann, wenn sie gar nichts sagt, sondern einfach nur da ist.

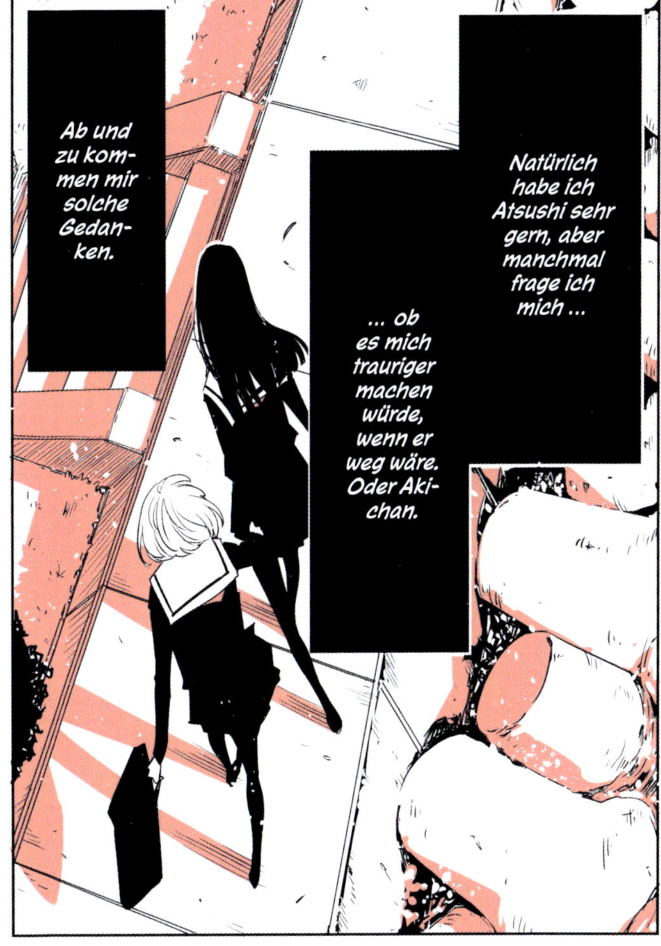

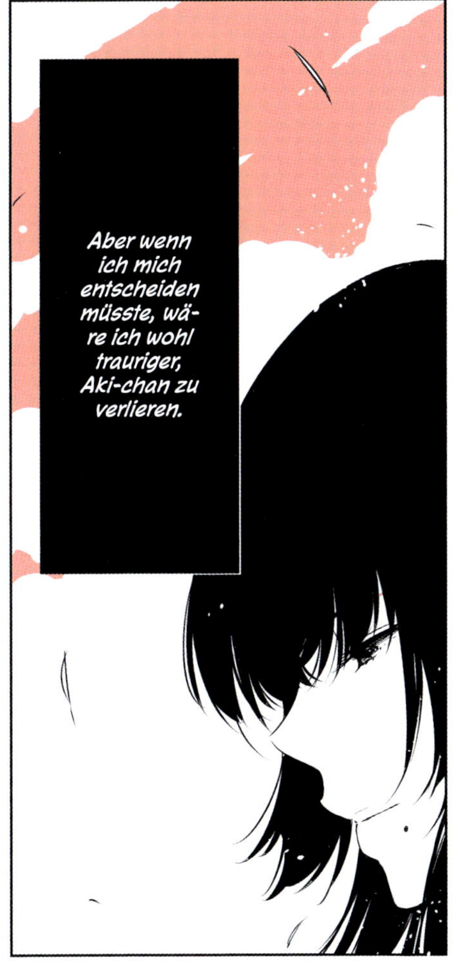

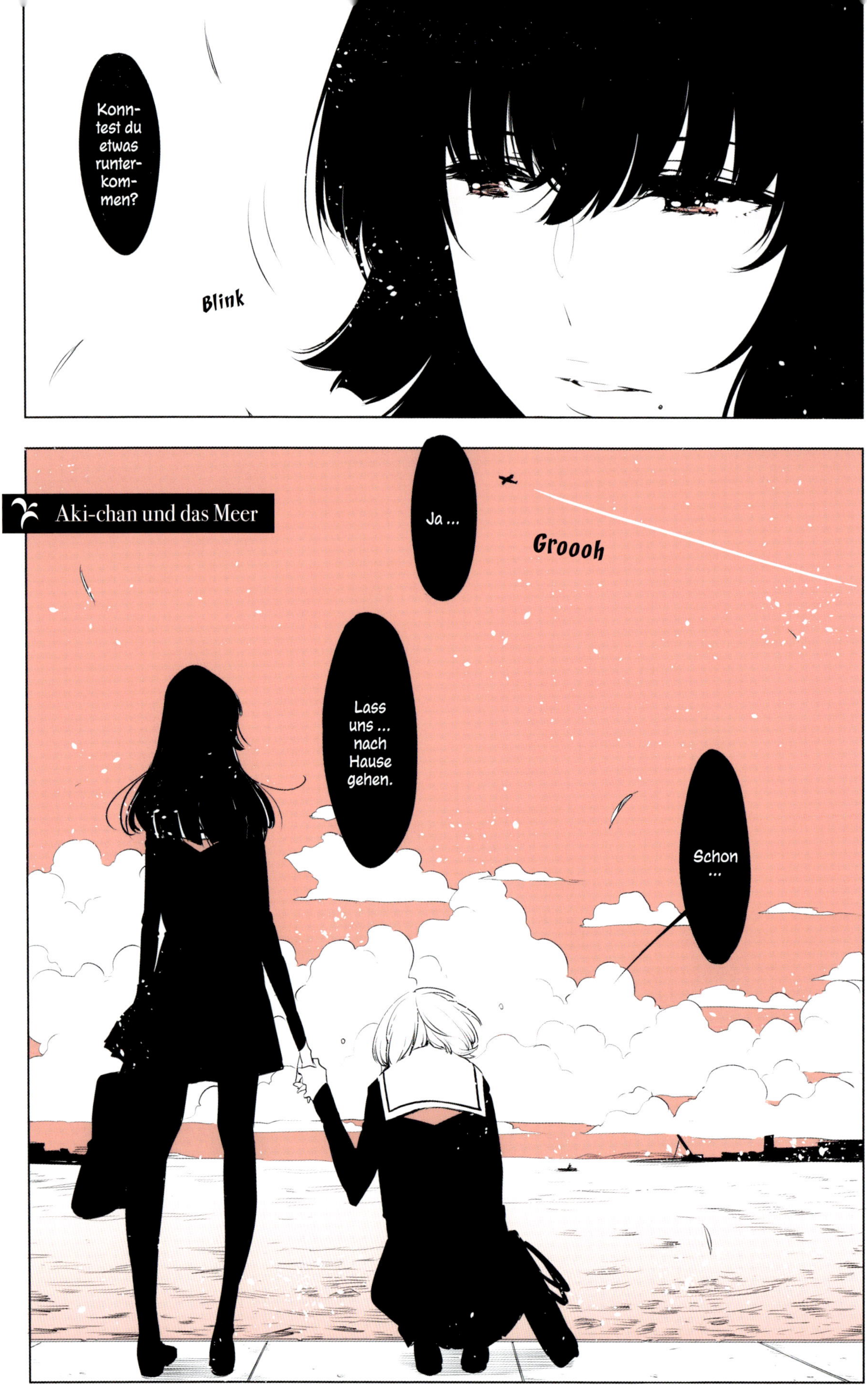

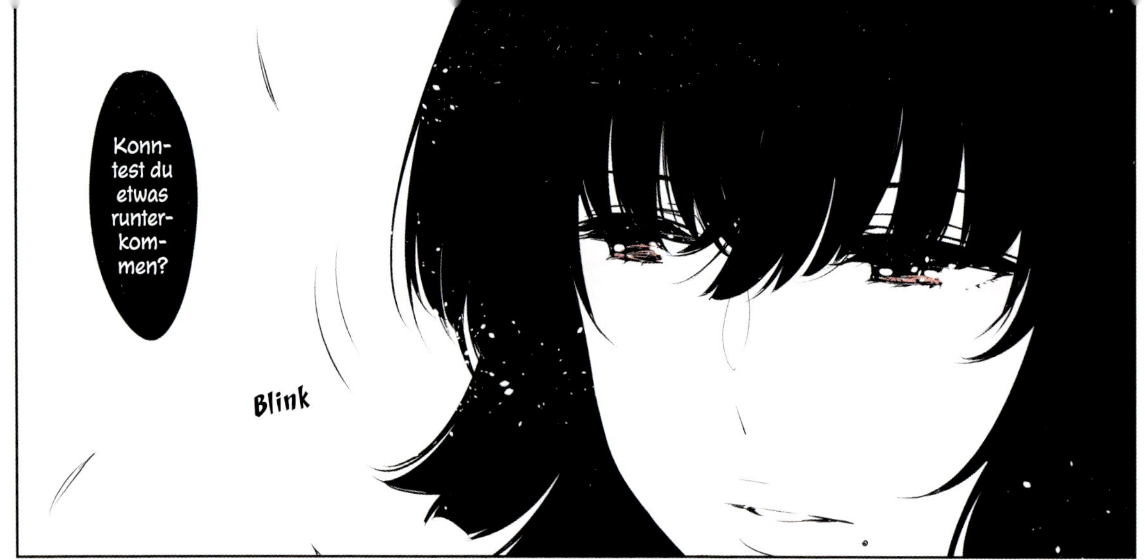

Aki-chan und das Meer

Ja ...

Groooh

Lass uns ... nach Hause gehen.

Schon ...

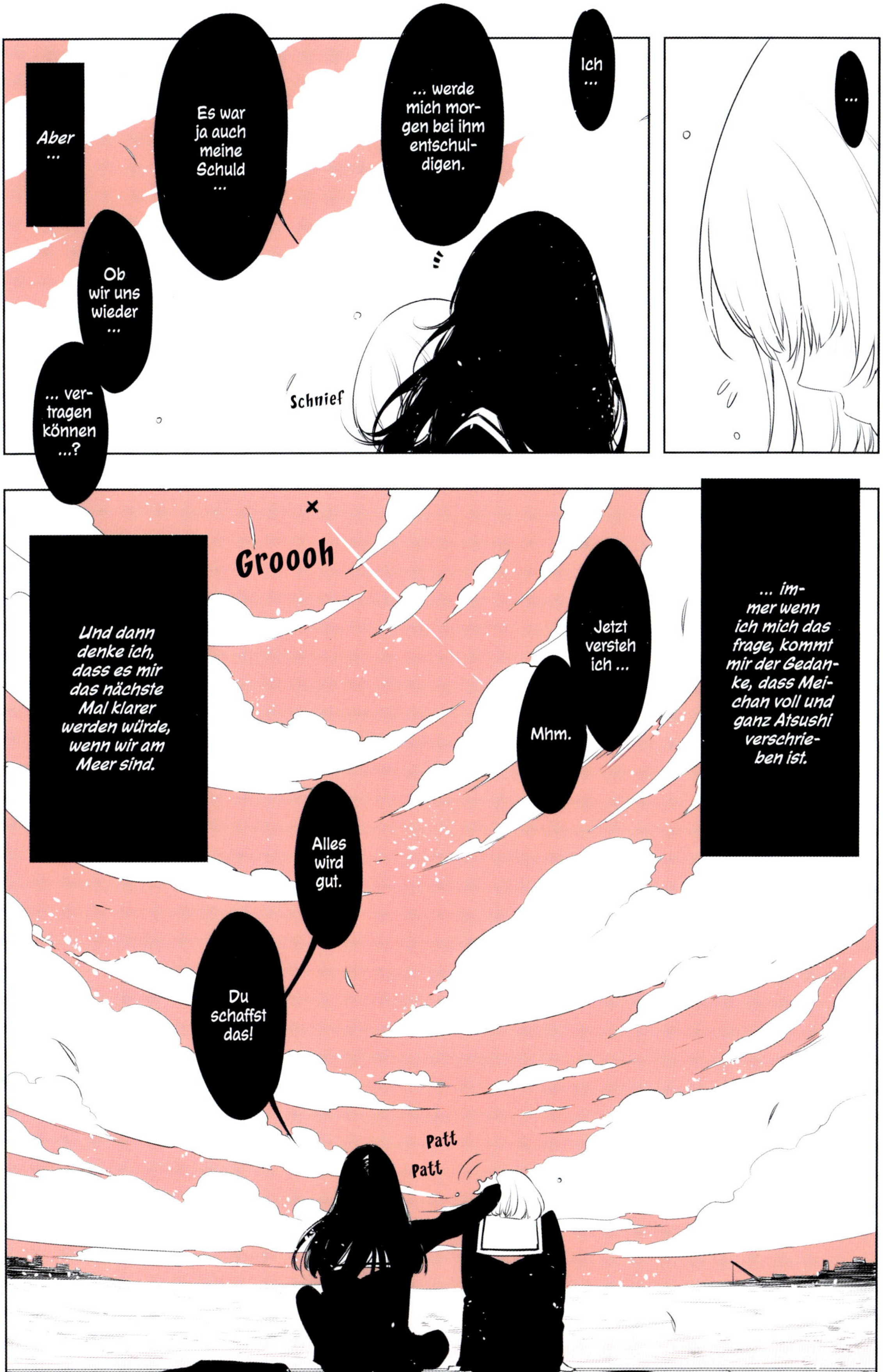

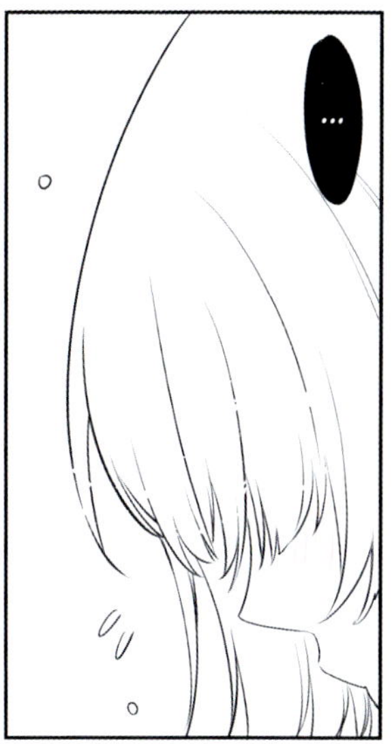

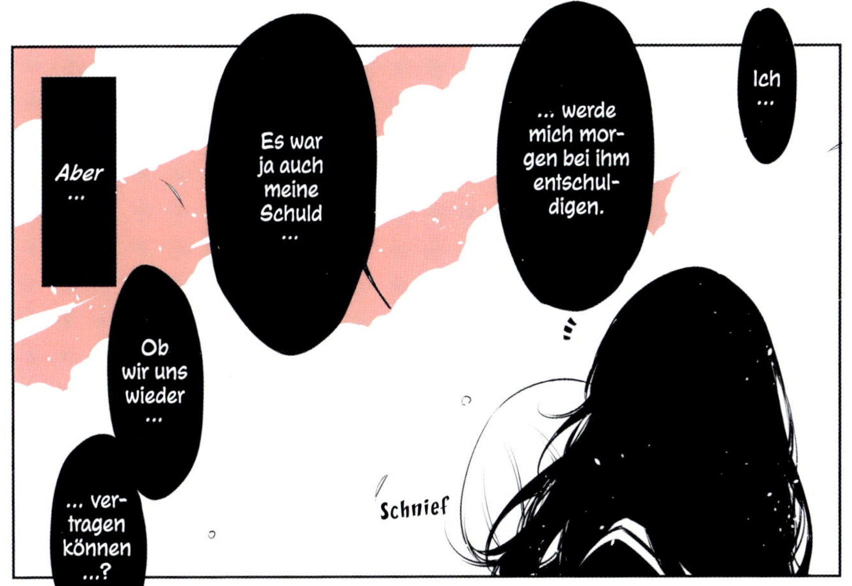

... immer wenn ich mich das frage, kommt mir der Gedanke, dass Meichan voll und ganz Atsushi verschrieben ist.

Jetzt versteh ich ...

Mhm.

Groooh

Und dann denke ich, dass es mir das nächste Mal klarer werden würde, wenn wir am Meer sind.

Alles wird gut.

Du schaffst das!

Patt

Patt

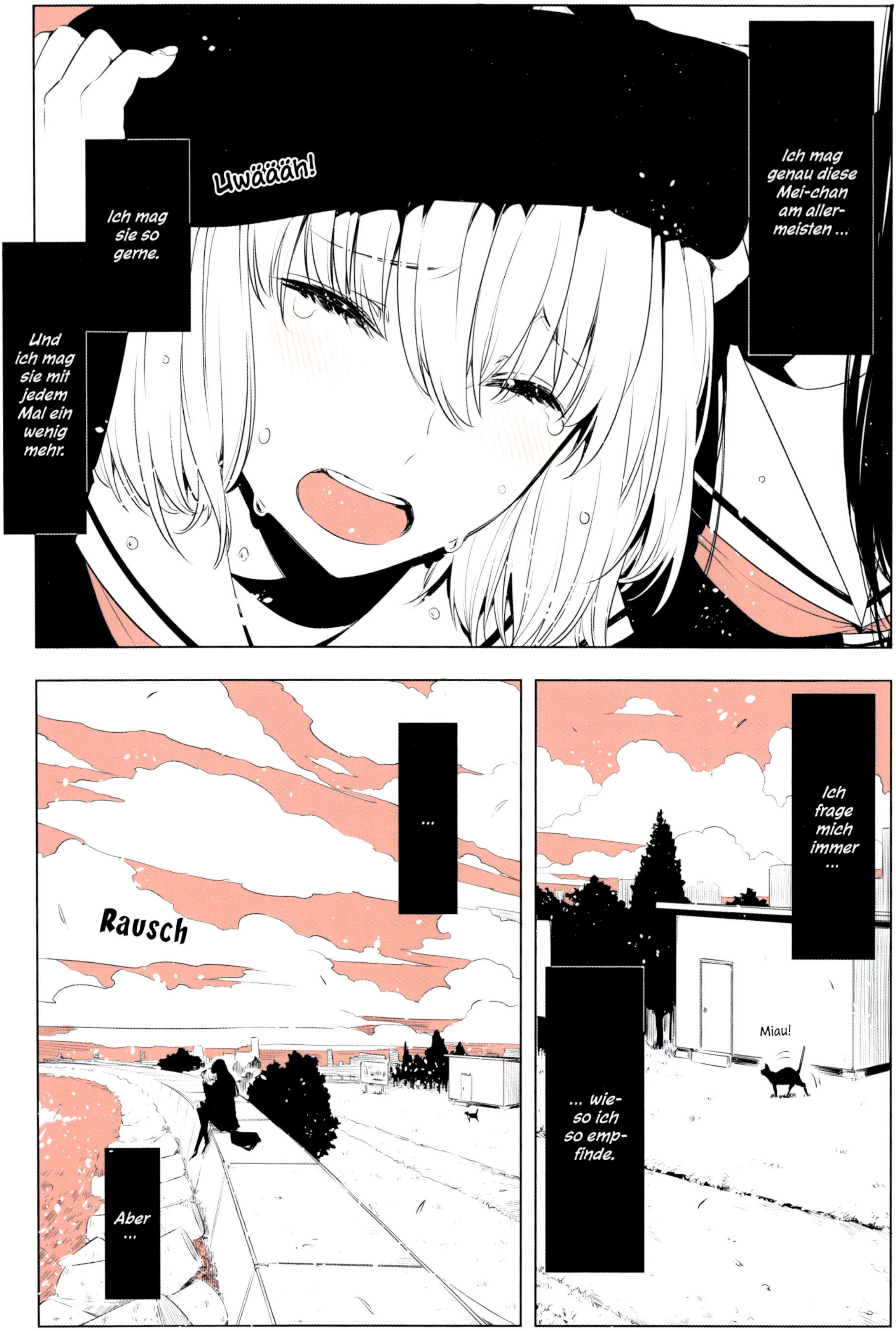

Ich mag genau diese Mei-chan am allermeisten ...

Uwäääh!

Ich mag sie so gerne.

Und ich mag sie mit jedem Mal ein wenig mehr.

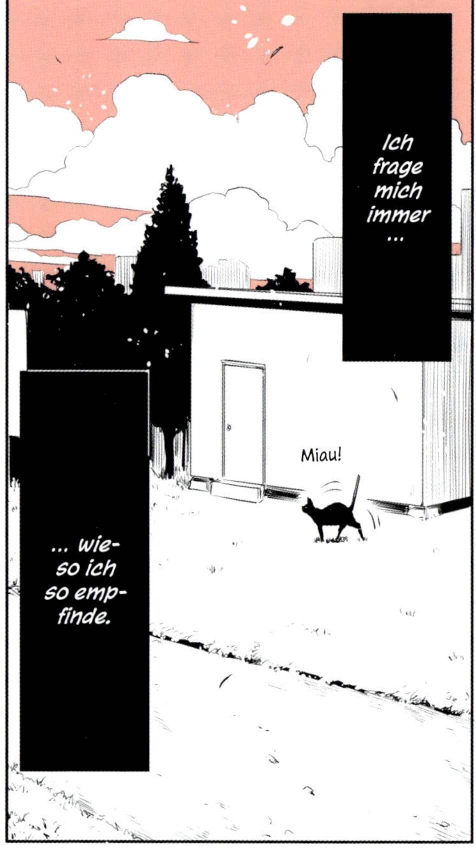

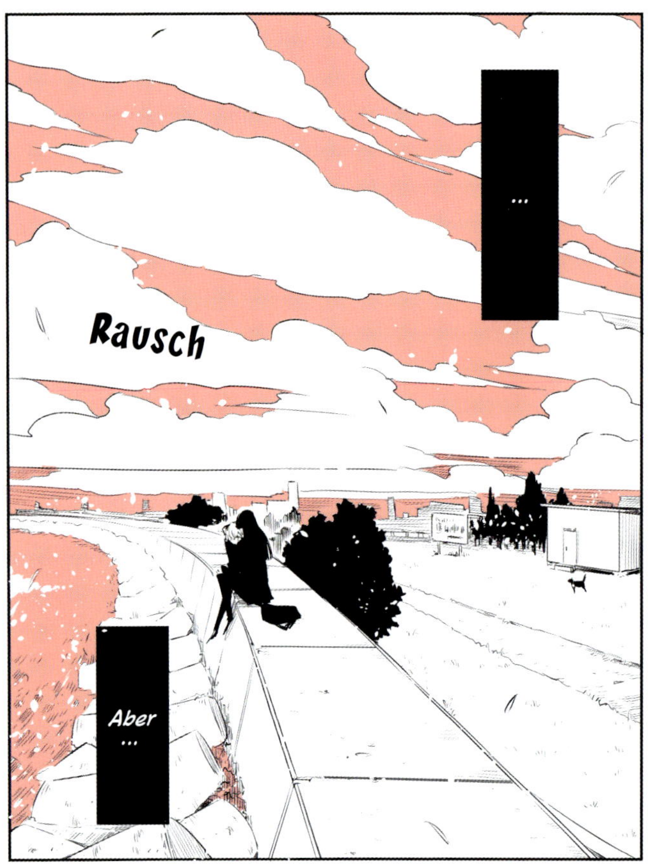

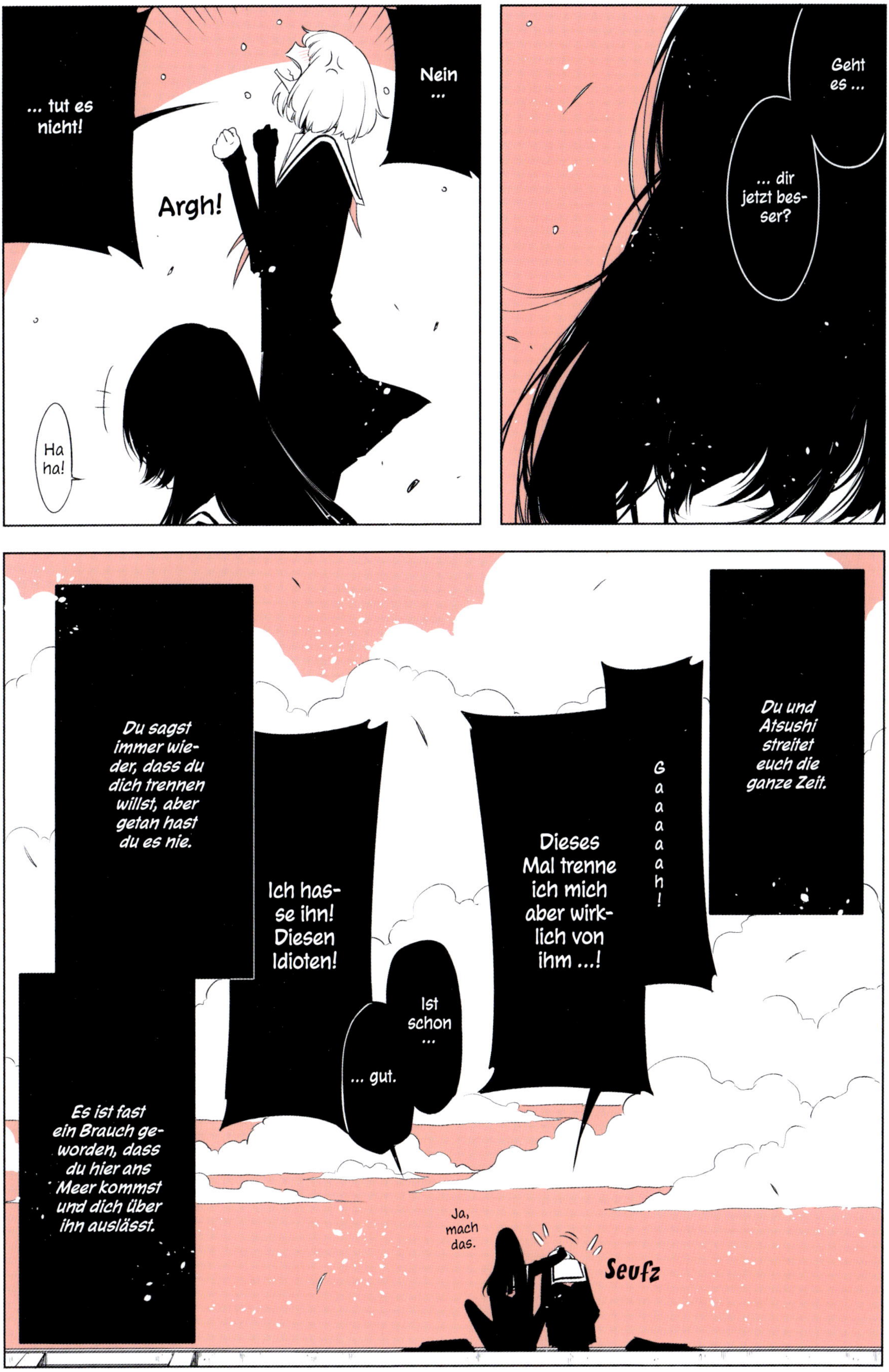

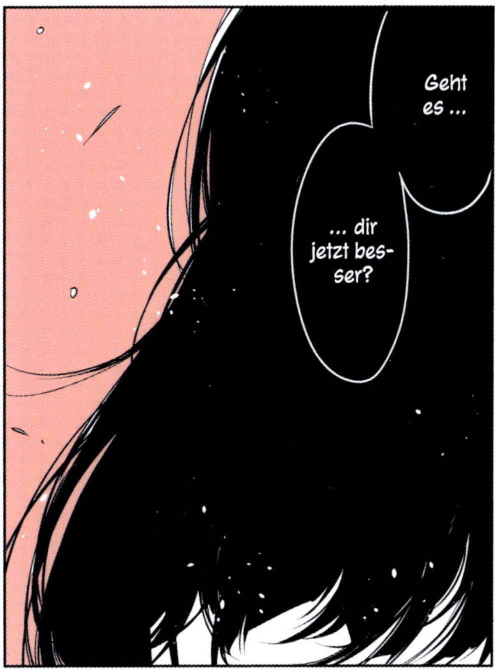

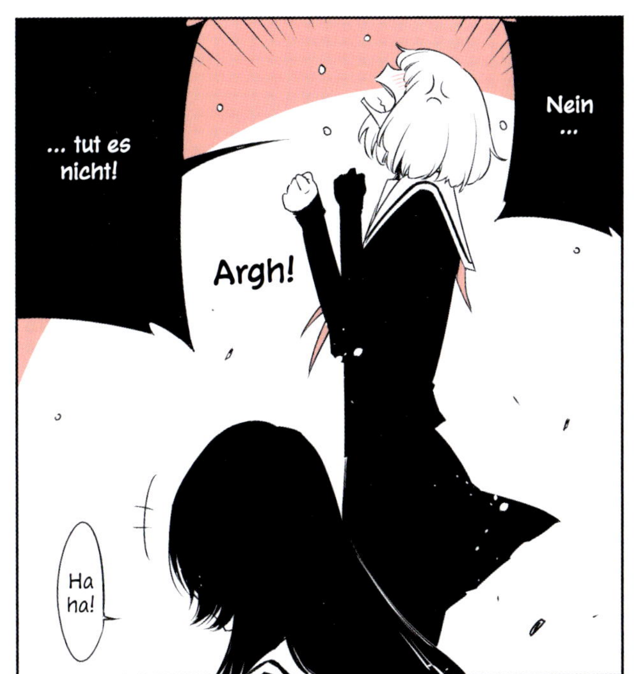

Du und Atsushi streitet euch die ganze Zeit.

Gaaaaah!

Dieses Mal trenne ich mich aber wirklich von ihm ...!

Ich hasse ihn! Diesen Idioten!

Ist schon ...

... gut.

Du sagst immer wieder, dass du dich trennen willst, aber getan hast du es nie.

Es ist fast ein Brauch geworden, dass du hier ans Meer kommst und dich über ihn auslässt.

Ja, mach das.

Seufz

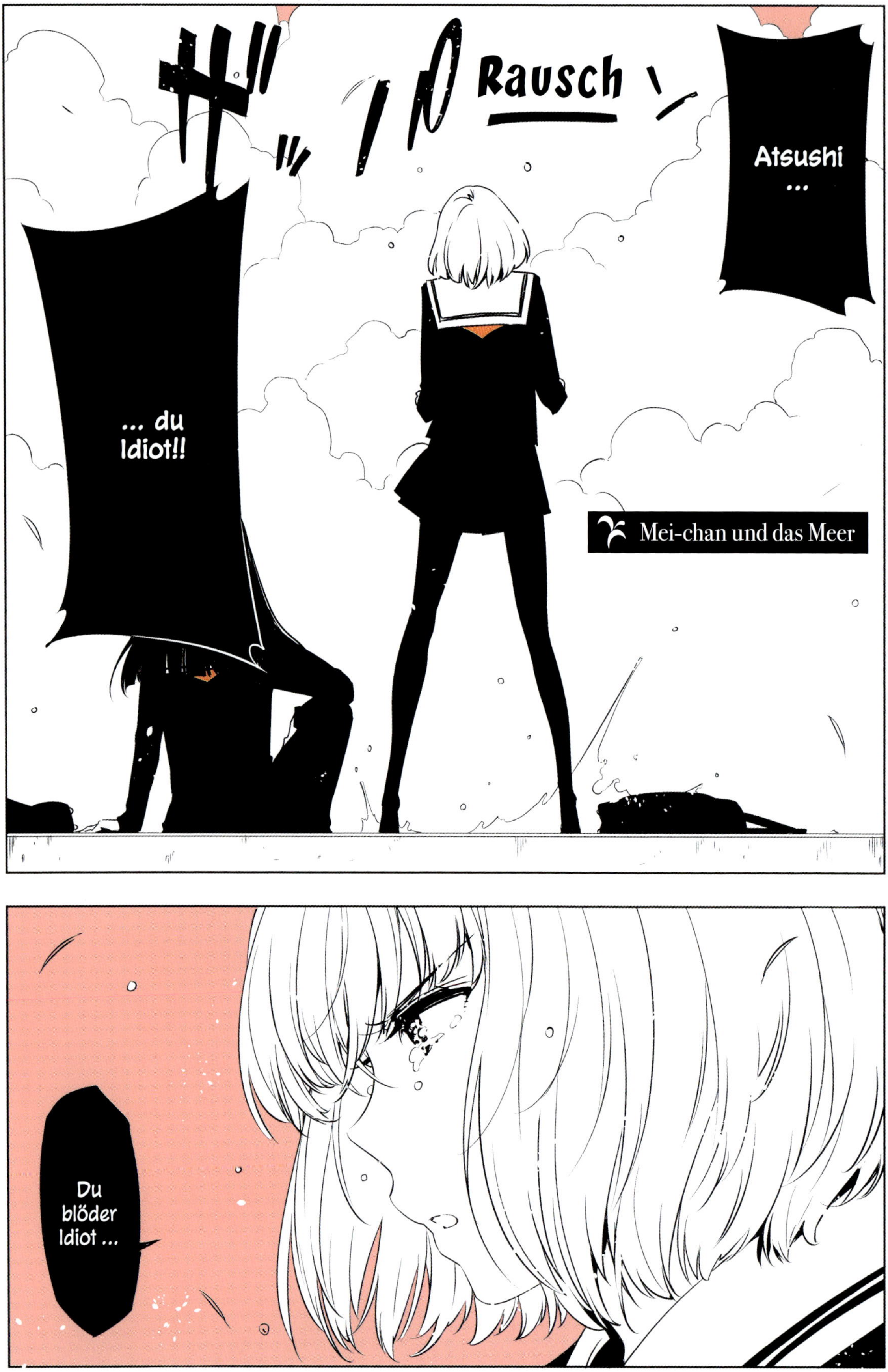

Rausch

Atsushi ...

... du Idiot!!

Mei-chan und das Meer

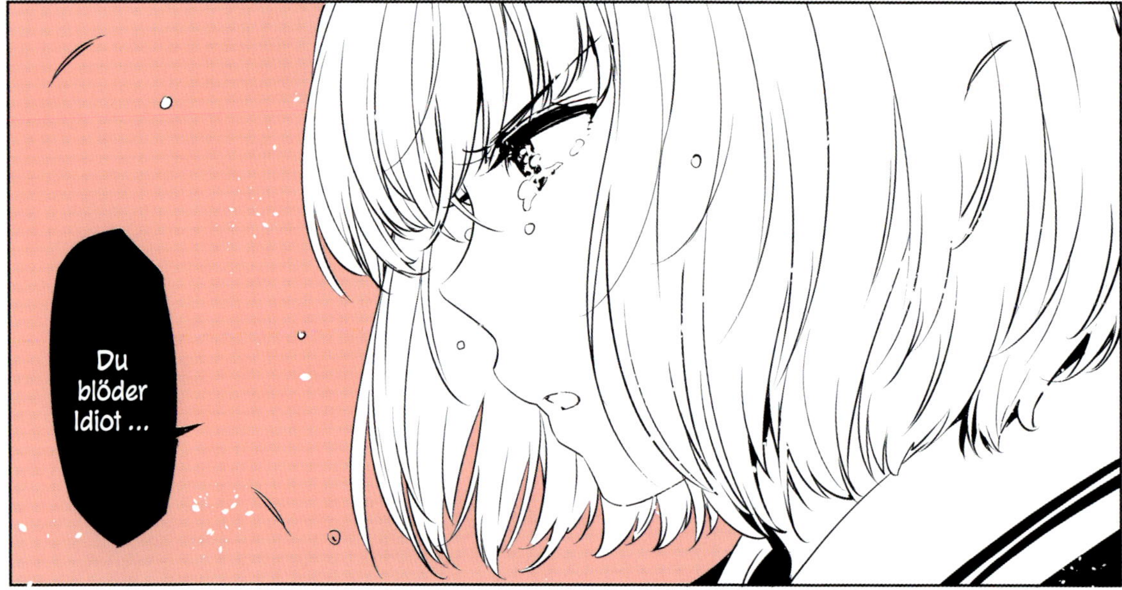

Lilium Terrarium 070

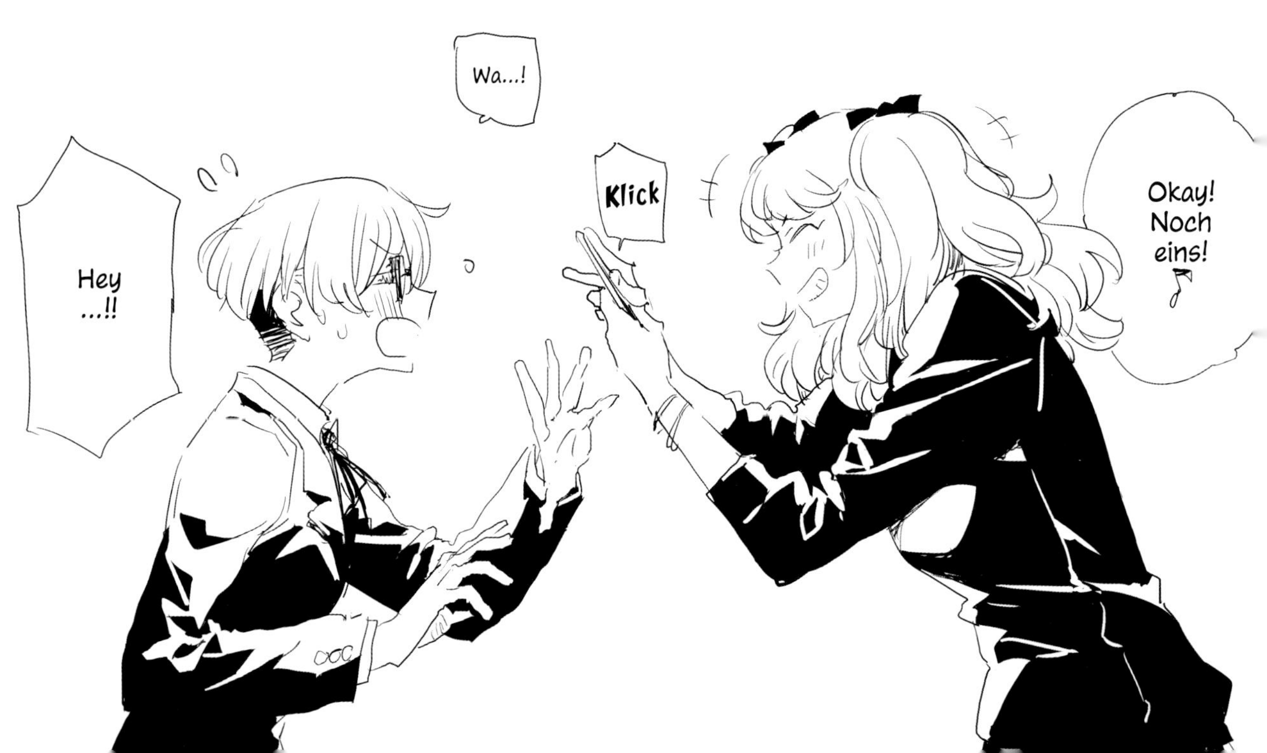
Okay! Noch eins!
Klick
Wa...!
Hey ...!!

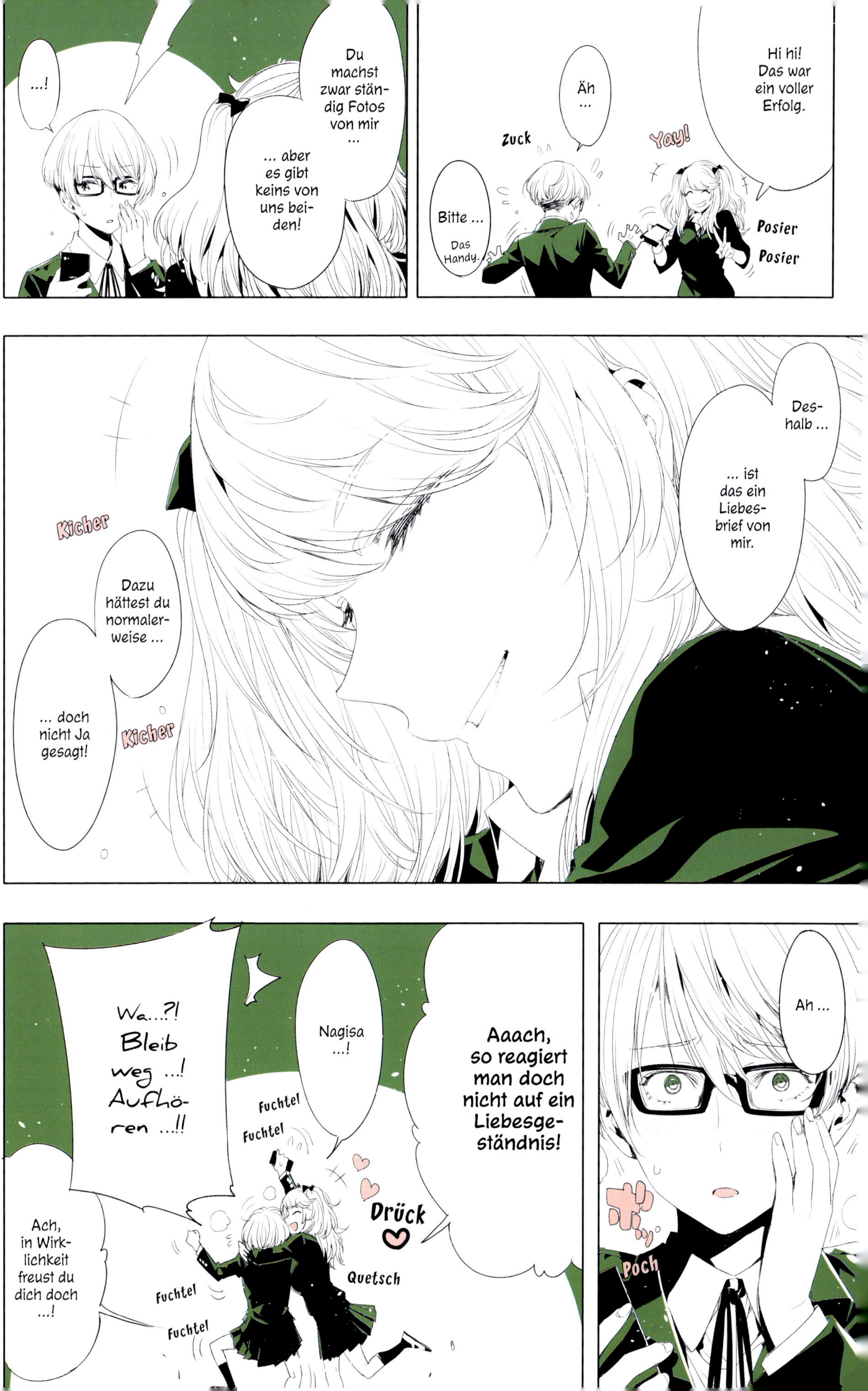

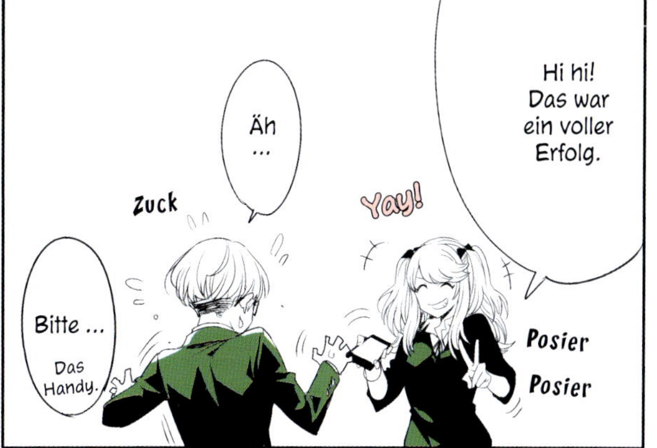

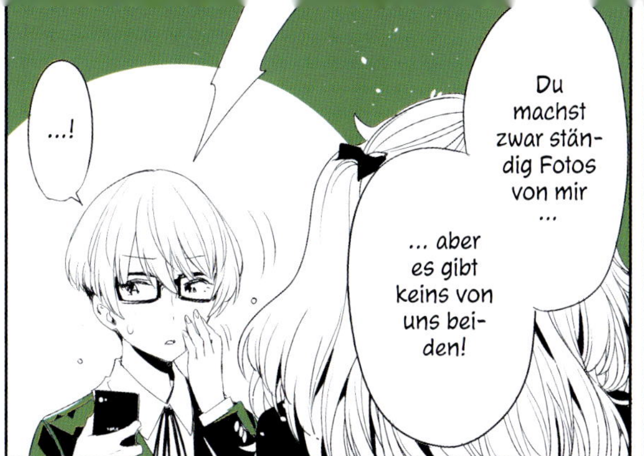

Deshalb ...

... ist das ein Liebesbrief von mir.

Kicher

Dazu hättest du normalerweise ...

... doch nicht Ja gesagt!

Kicher

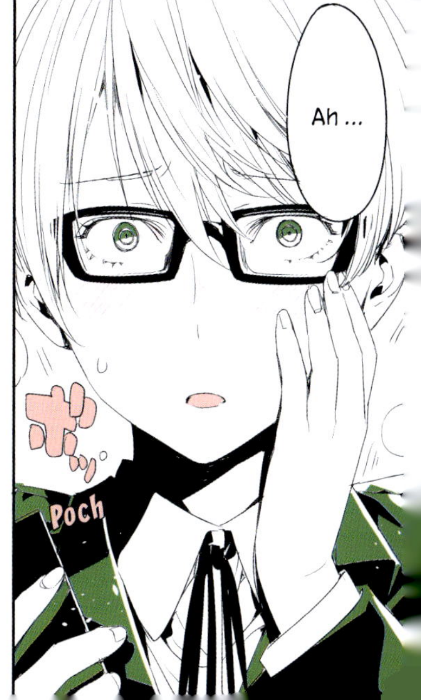

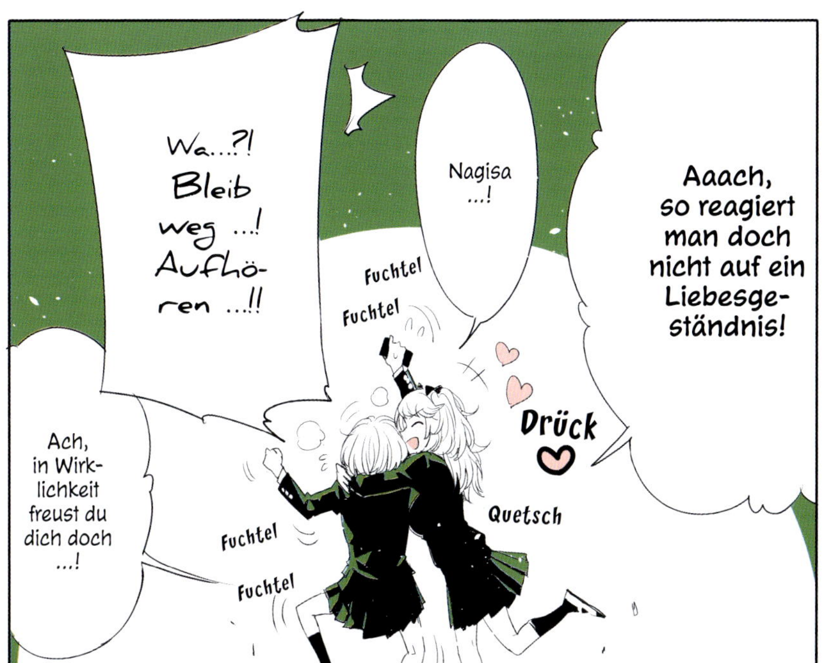

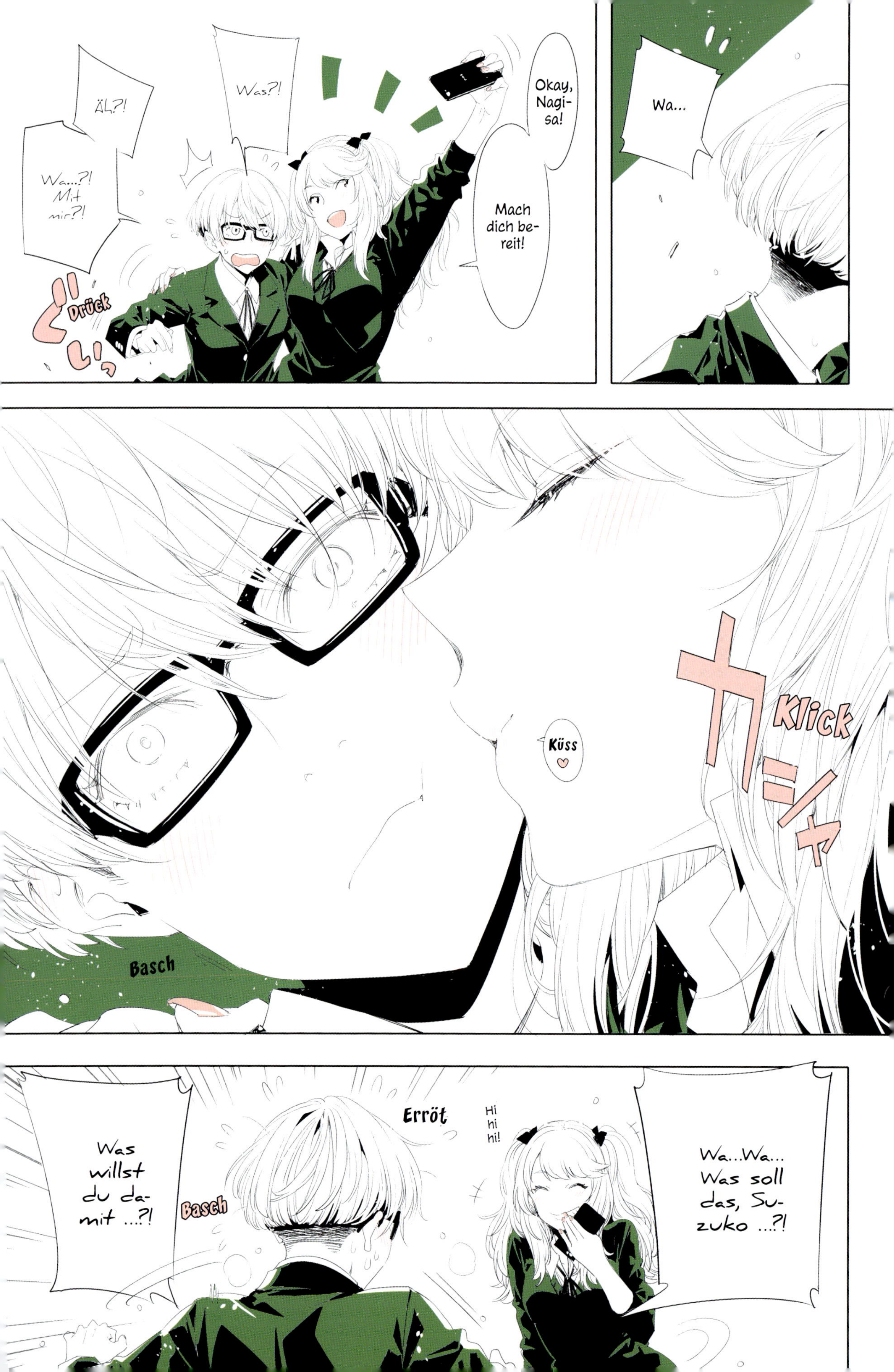

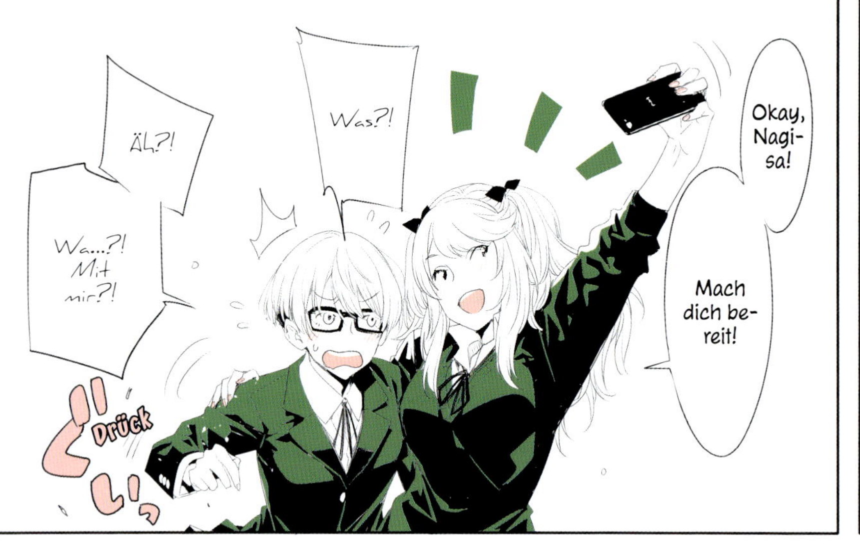

Okay, Nagisa!
Mach dich bereit!
Wa...?! Mit mir?!
Was?!
Äh?!
Drück

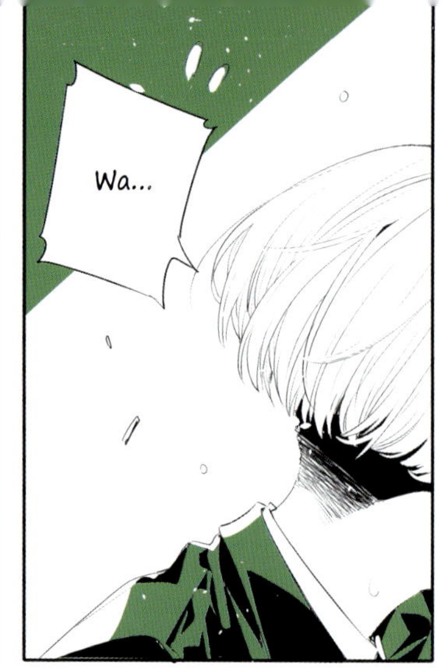

Wa...

Basch
Küss
Klick

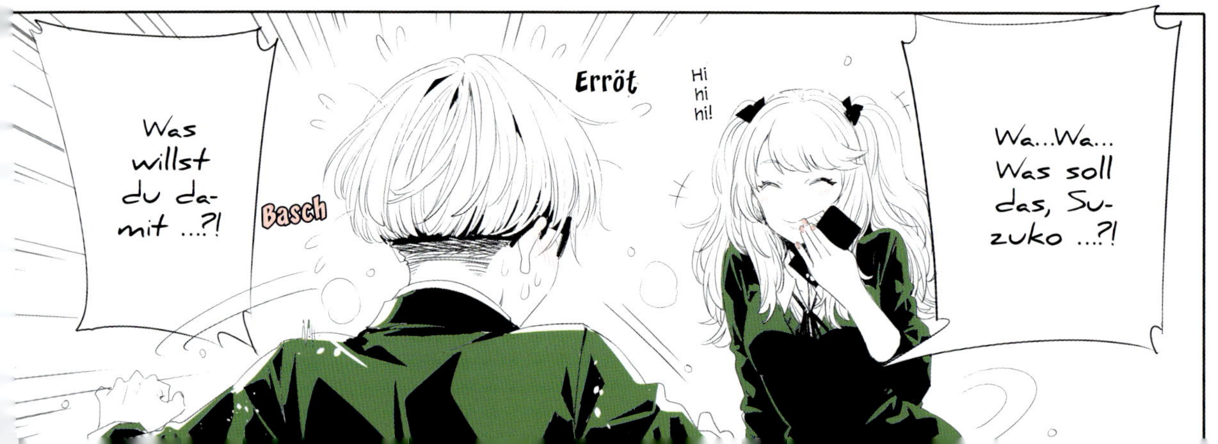

Was willst du damit ...?!
Basch
Erröt
Hi hi hi!
Wa...Wa... Was soll das, Suzuko ...?!

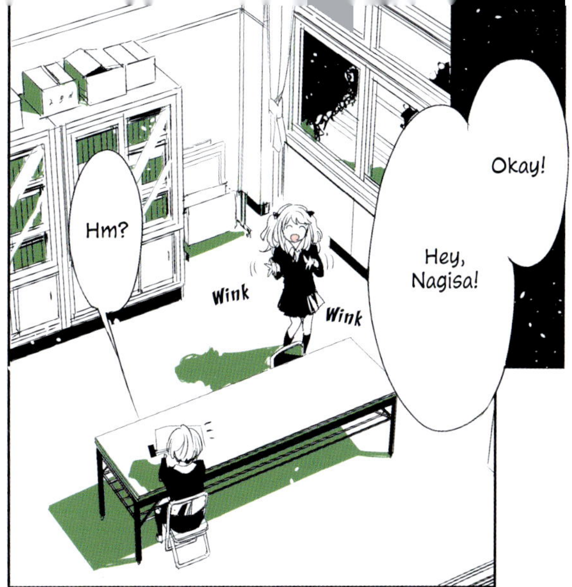
Okay!
Hey, Nagisa!
Wink
Wink
Hm?

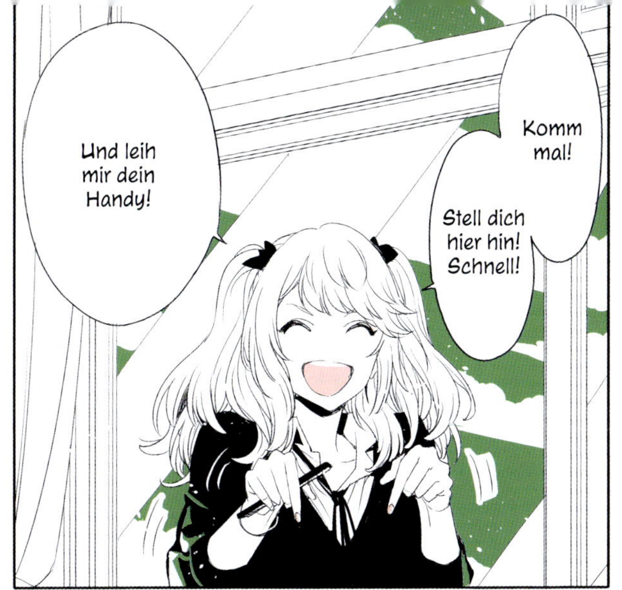
Komm mal!
Stell dich hier hin! Schnell!
Und leih mir dein Handy!

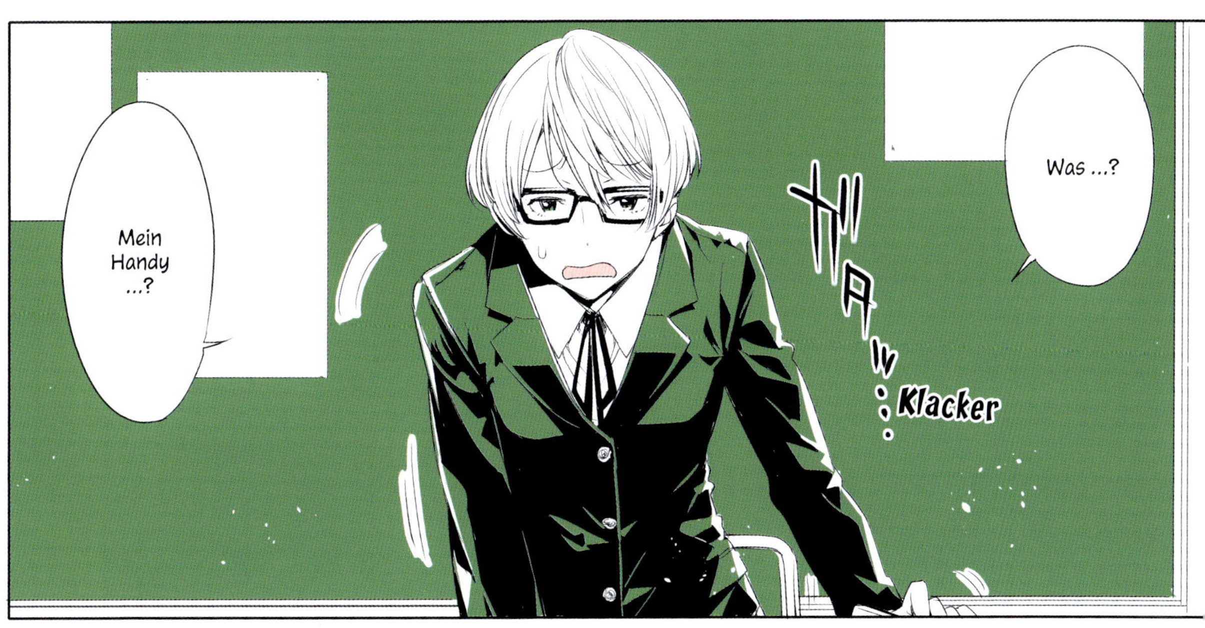
Was ...?
Klacker
Mein Handy ...?

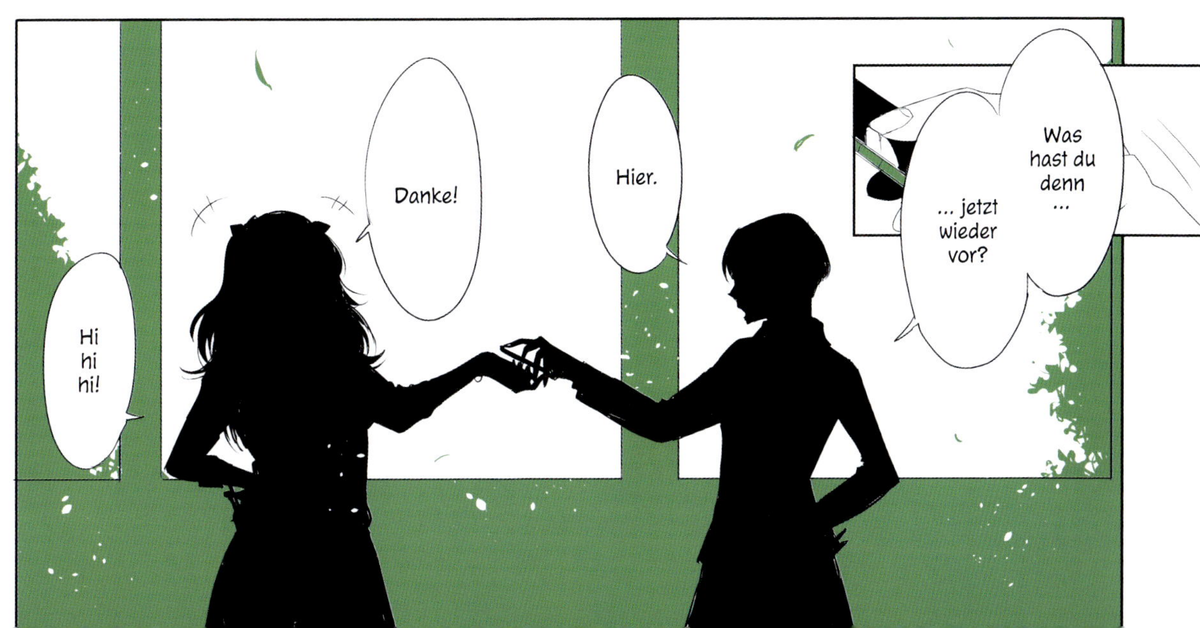
Was hast du denn ...
... jetzt wieder vor?
Hier.
Danke!
Hi hi hi!

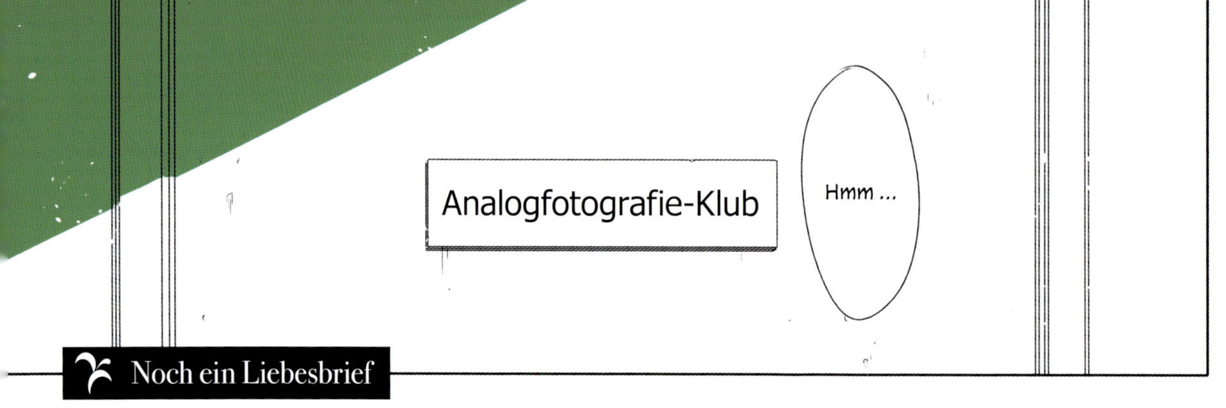

Noch ein Liebesbrief

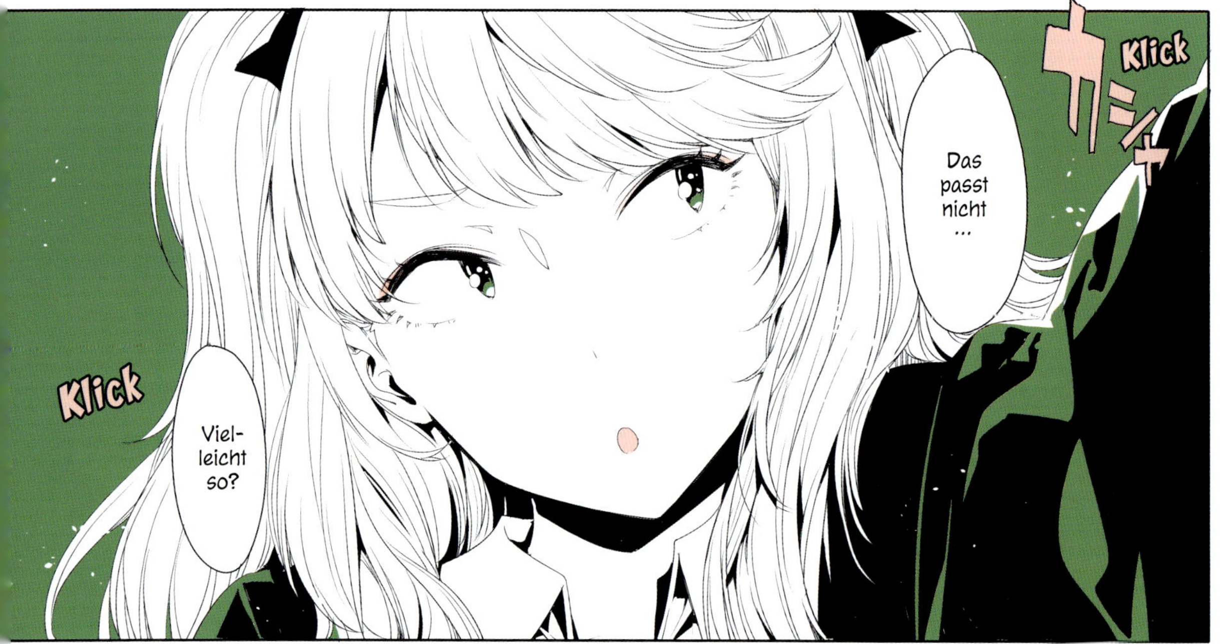

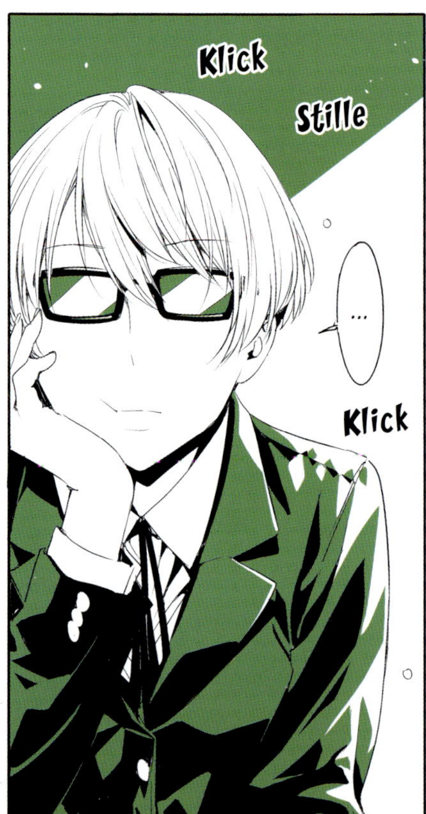

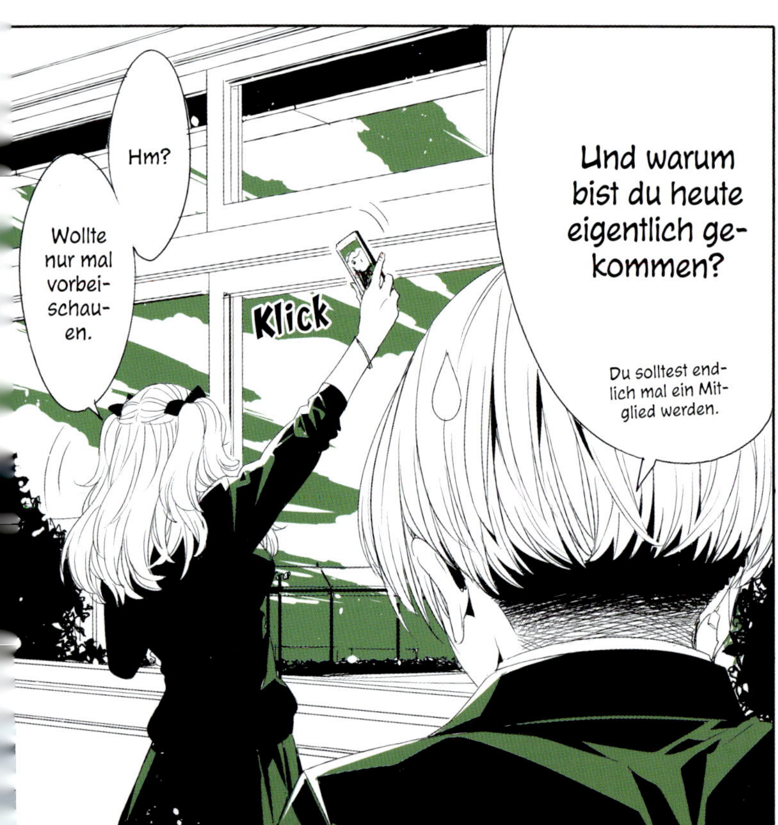

Lilium Terrarium 064

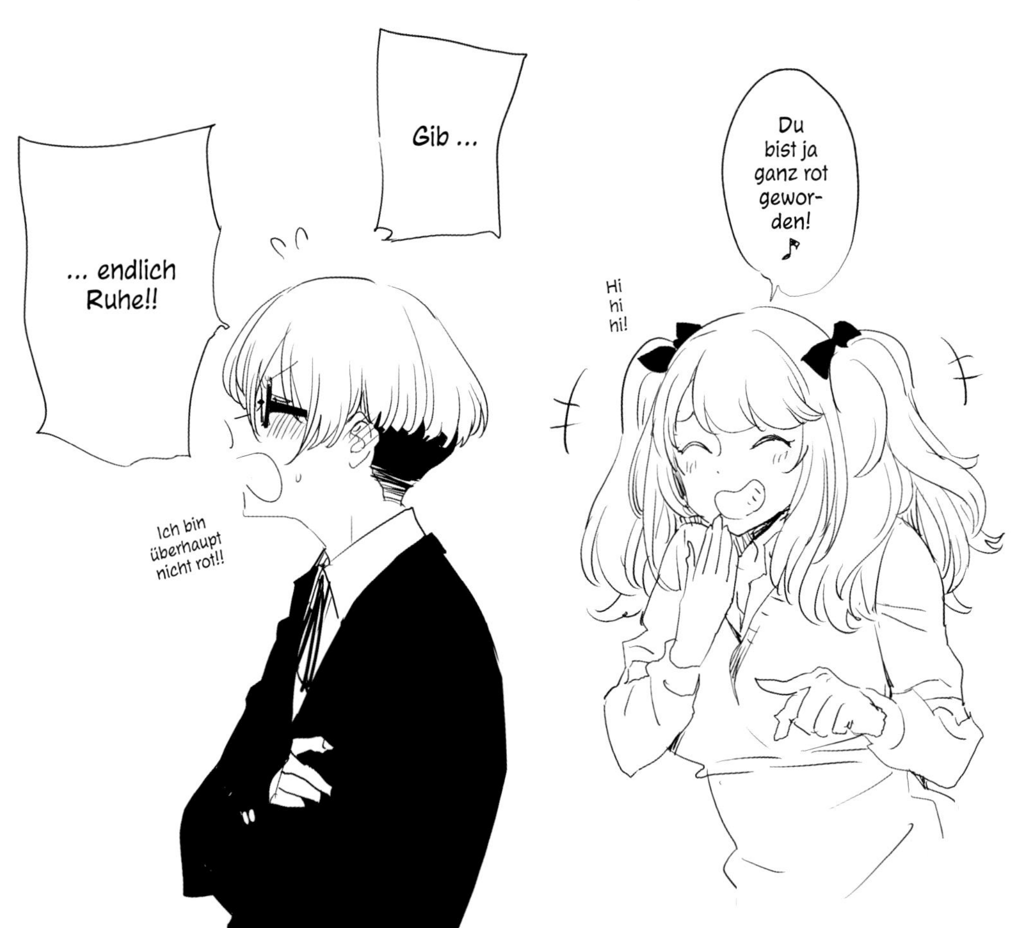
Du bist ja ganz rot geworden! ♪
Hi hi hi!
Gib …
… endlich Ruhe!!
Ich bin überhaupt nicht rot!!

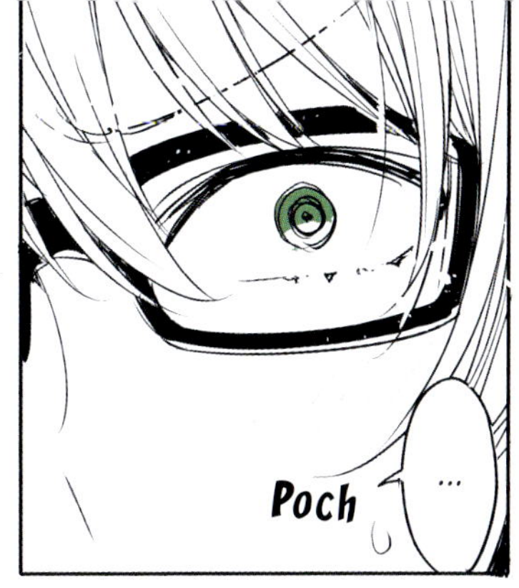
...
Poch

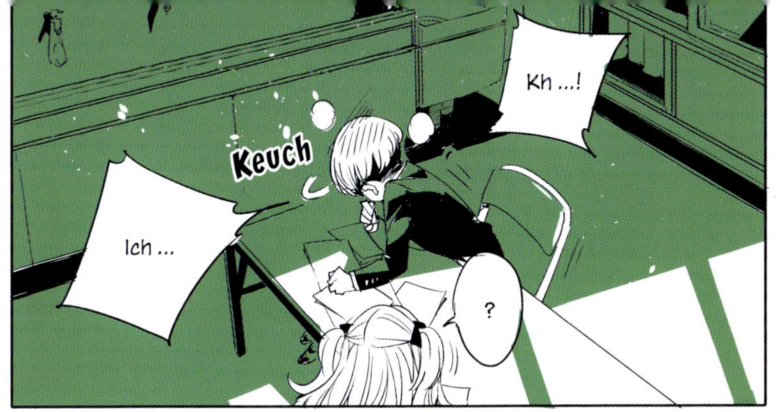
Kh ...!
Keuch
?
Ich ...

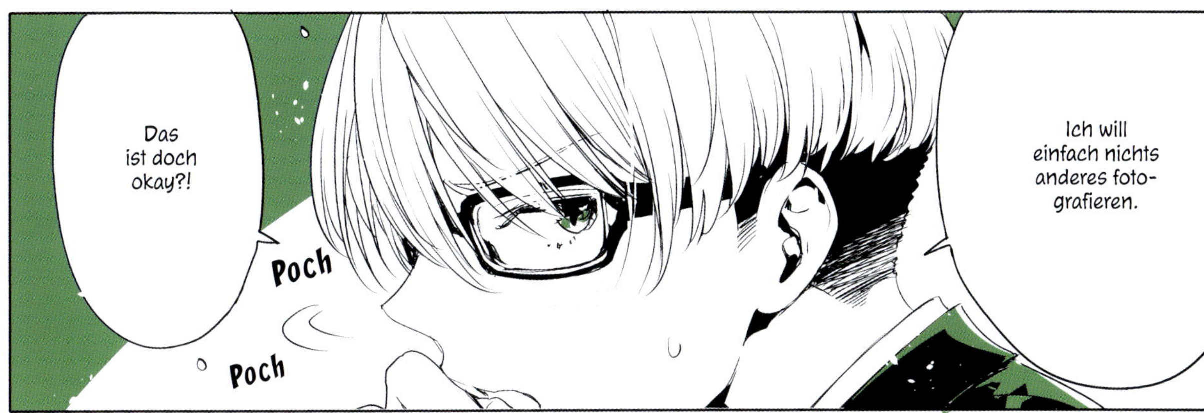
Ich will einfach nichts anderes foto-grafieren.
Poch
Poch
Das ist doch okay?!

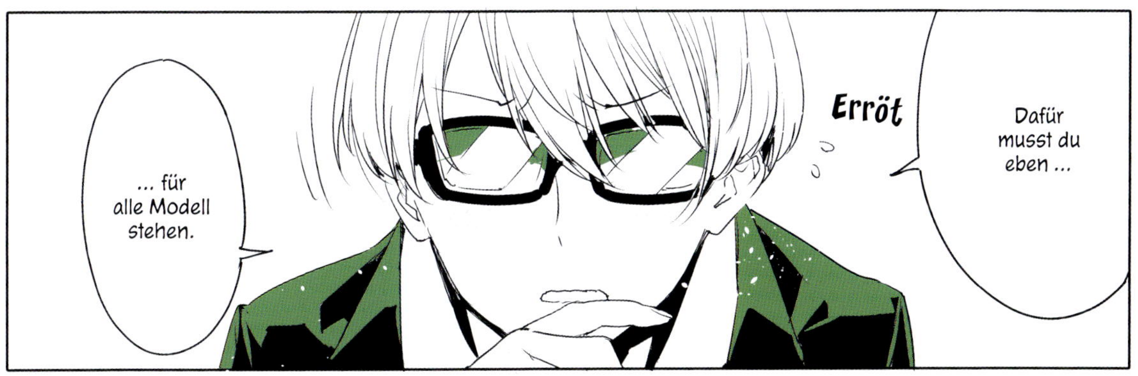
Dafür musst du eben ...
Errötet
... für alle Modell stehen.

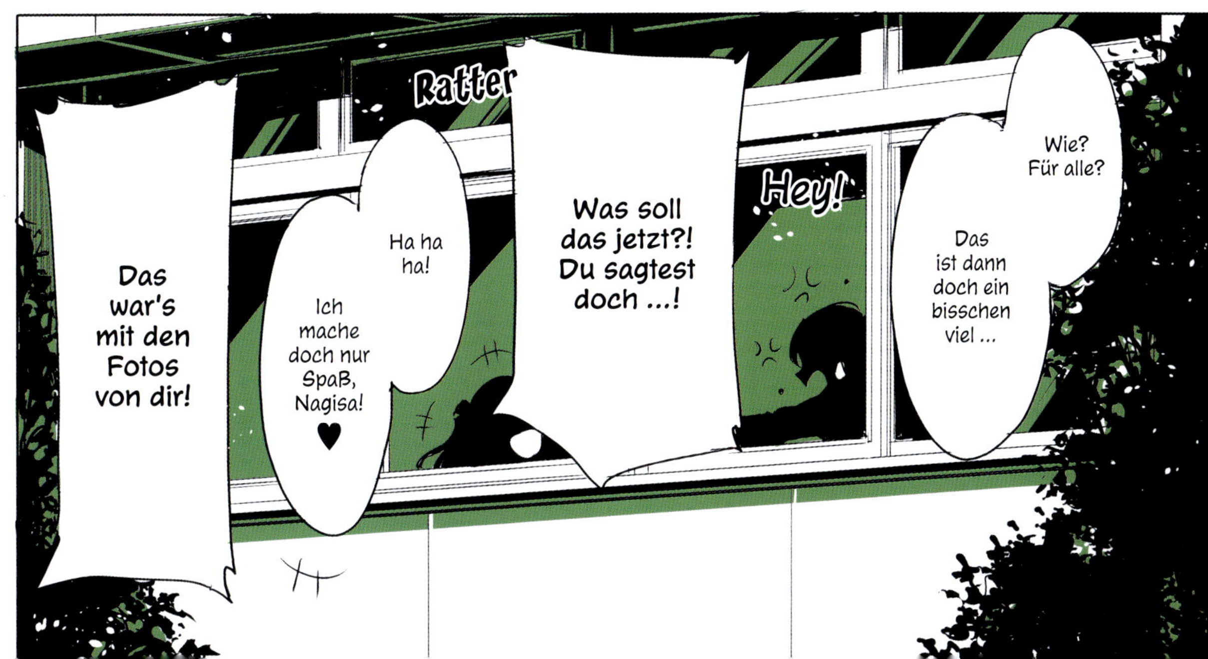
Wie? Für alle?
Das ist dann doch ein bisschen viel ...
Hey!
Was soll das jetzt?! Du sagtest doch ...!
Ratter
Ha ha ha!
Ich mache doch nur Spaß, Nagisa! ♥
Das war's mit den Fotos von dir!

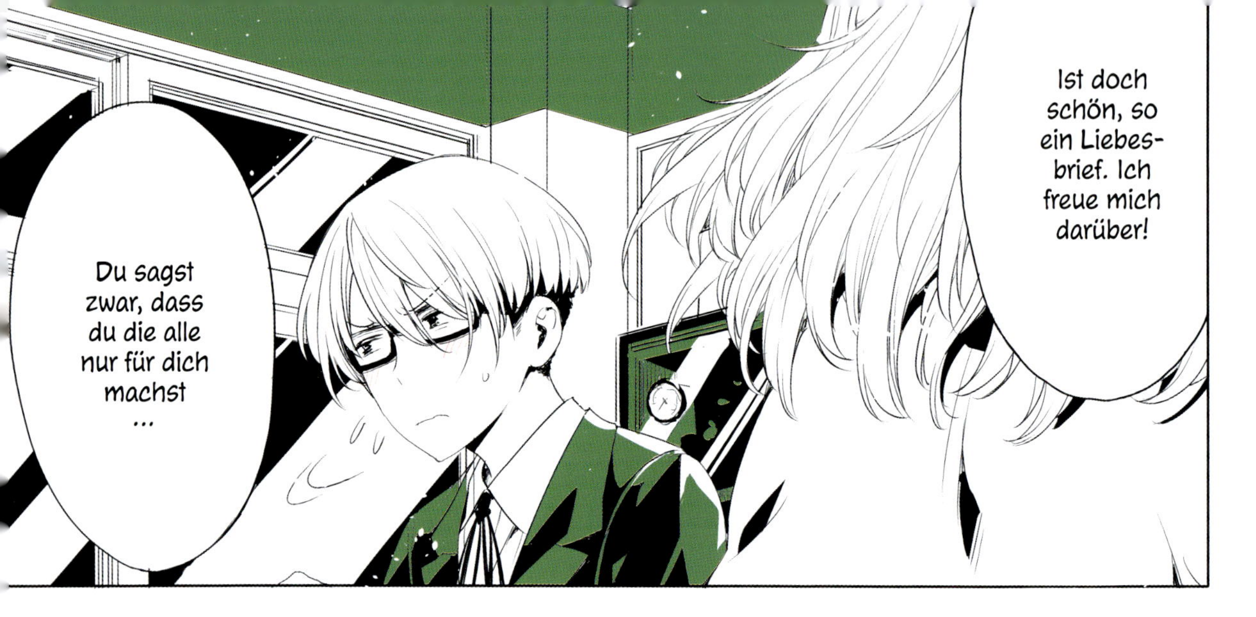

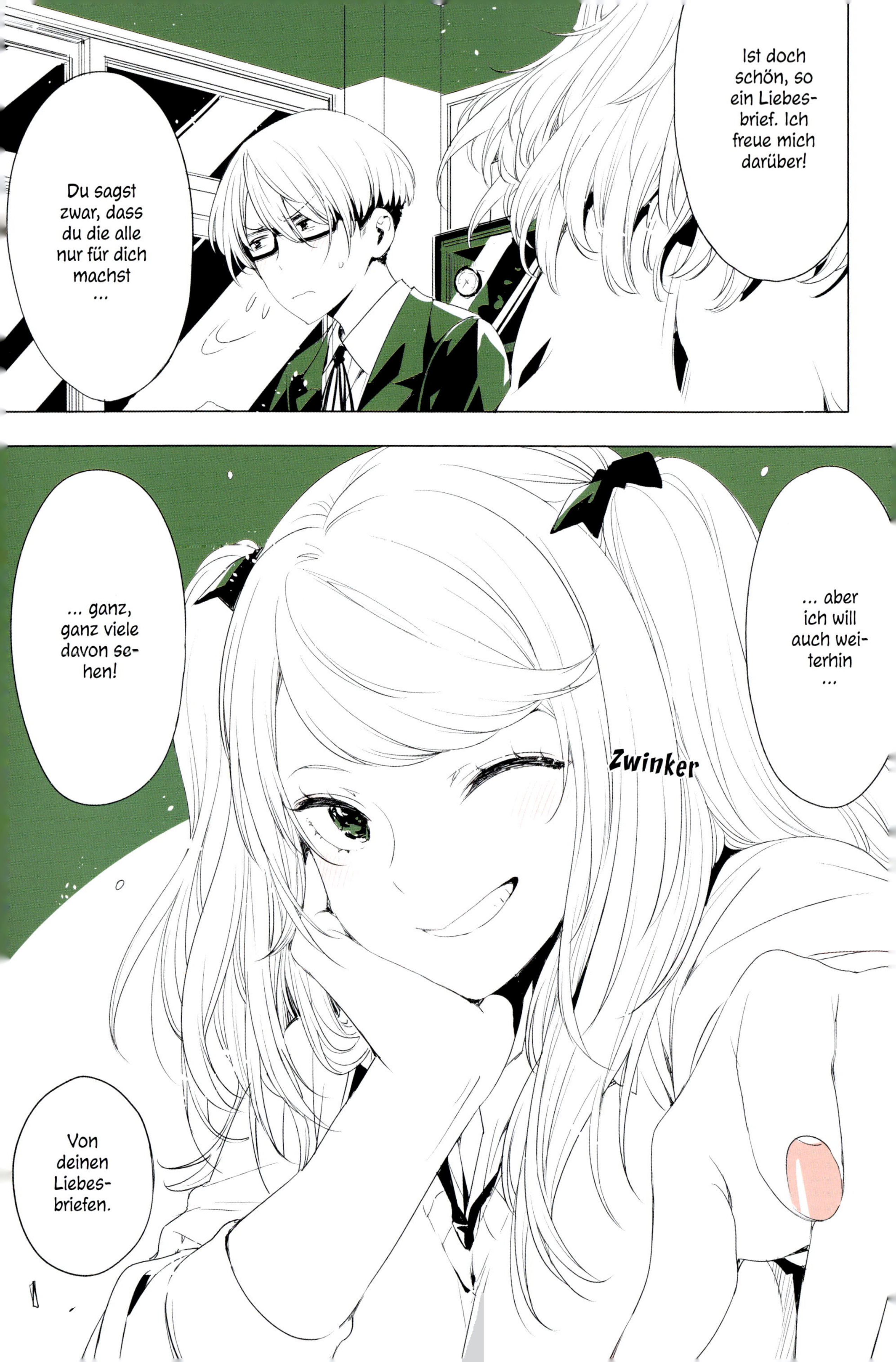

... aber ich will auch weiterhin ...

Zwinker

... ganz, ganz viele davon sehen!

Von deinen Liebesbriefen.

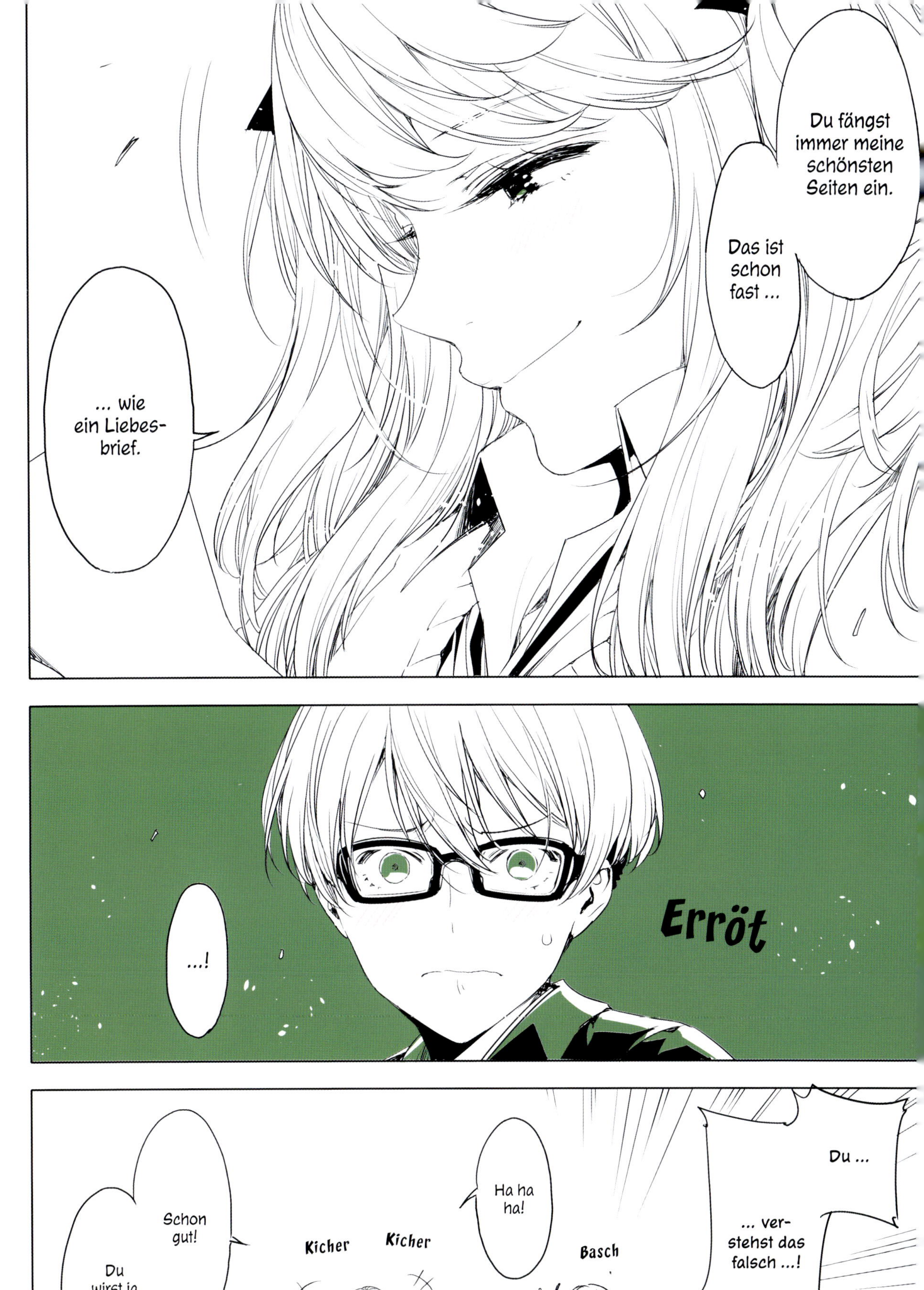
Du fängst immer meine schönsten Seiten ein.
Das ist schon fast ...
... wie ein Liebes-brief.
Erröt
...!
Du ...
... ver-stehst das falsch ...!
Basch
Dreh
Ha ha ha!
Kicher
Kicher
Schon gut!
Du wirst ja ganz rot.

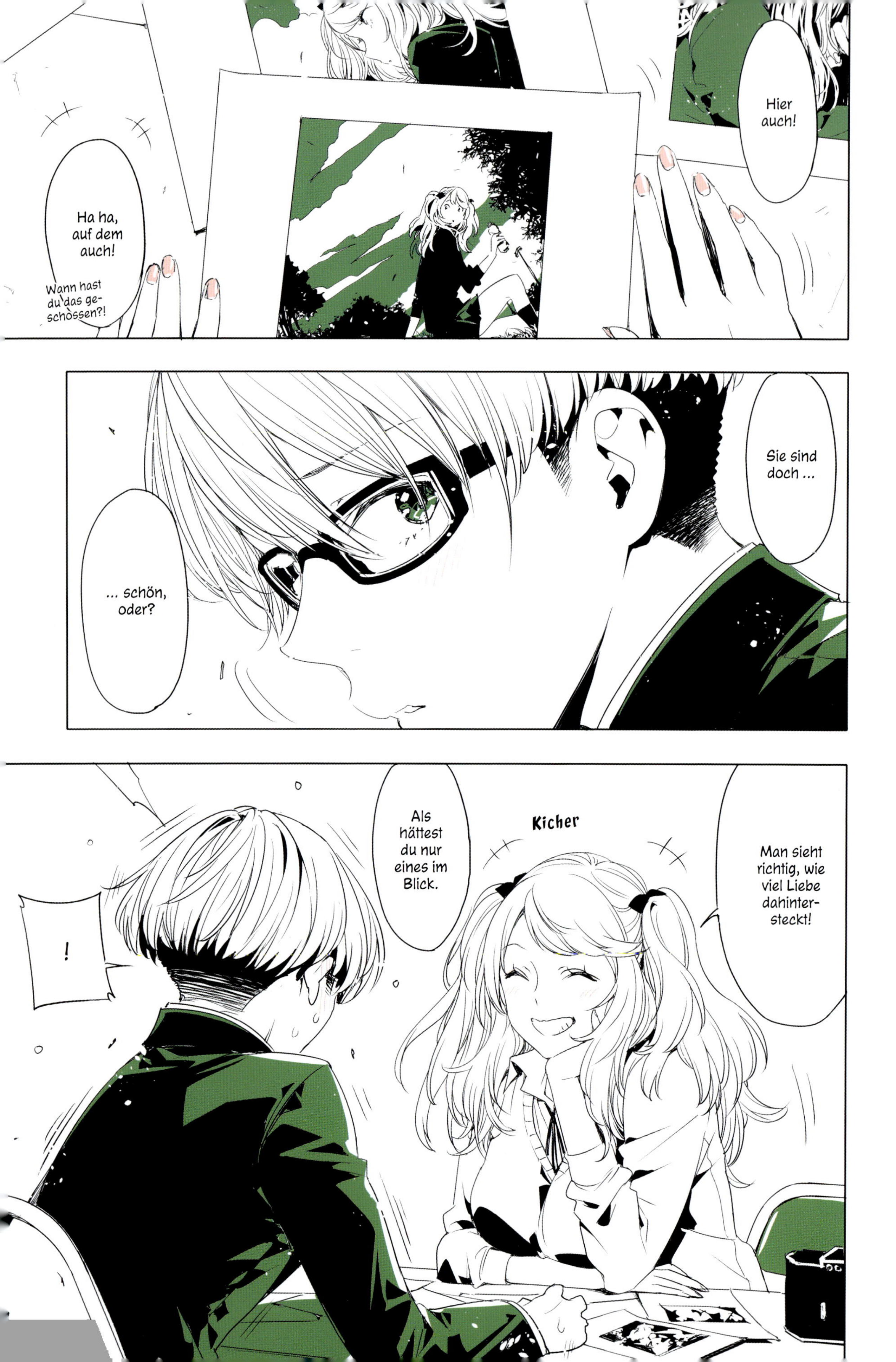

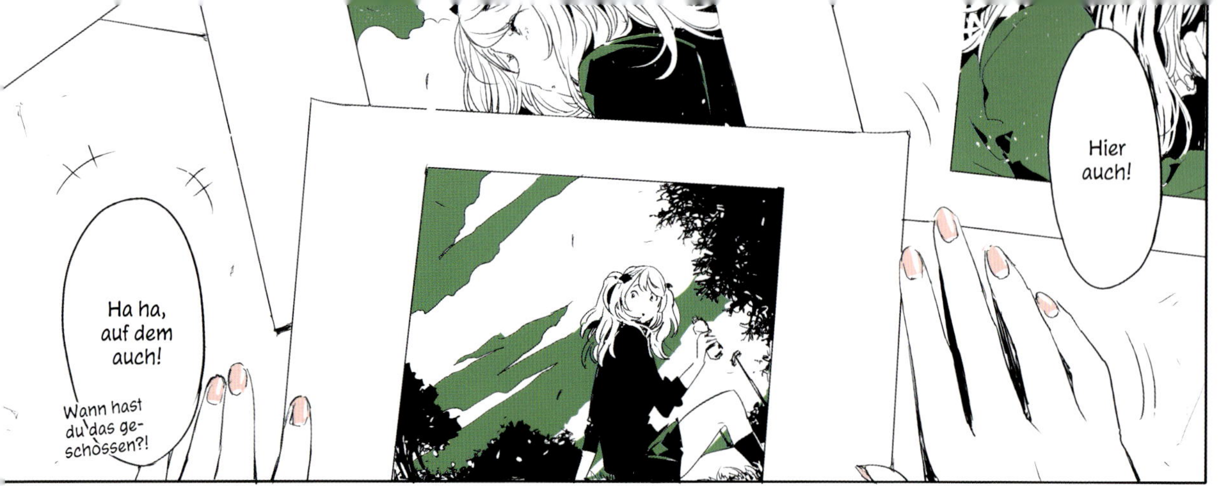

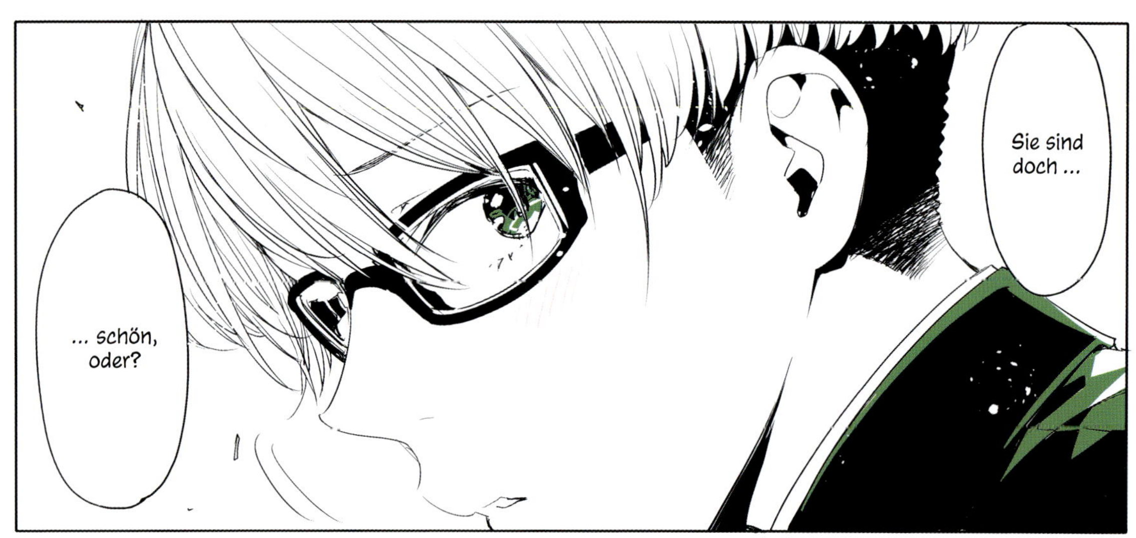

Man sieht richtig, wie viel Liebe dahintersteckt!

Kicher

Als hättest du nur eines im Blick.

!

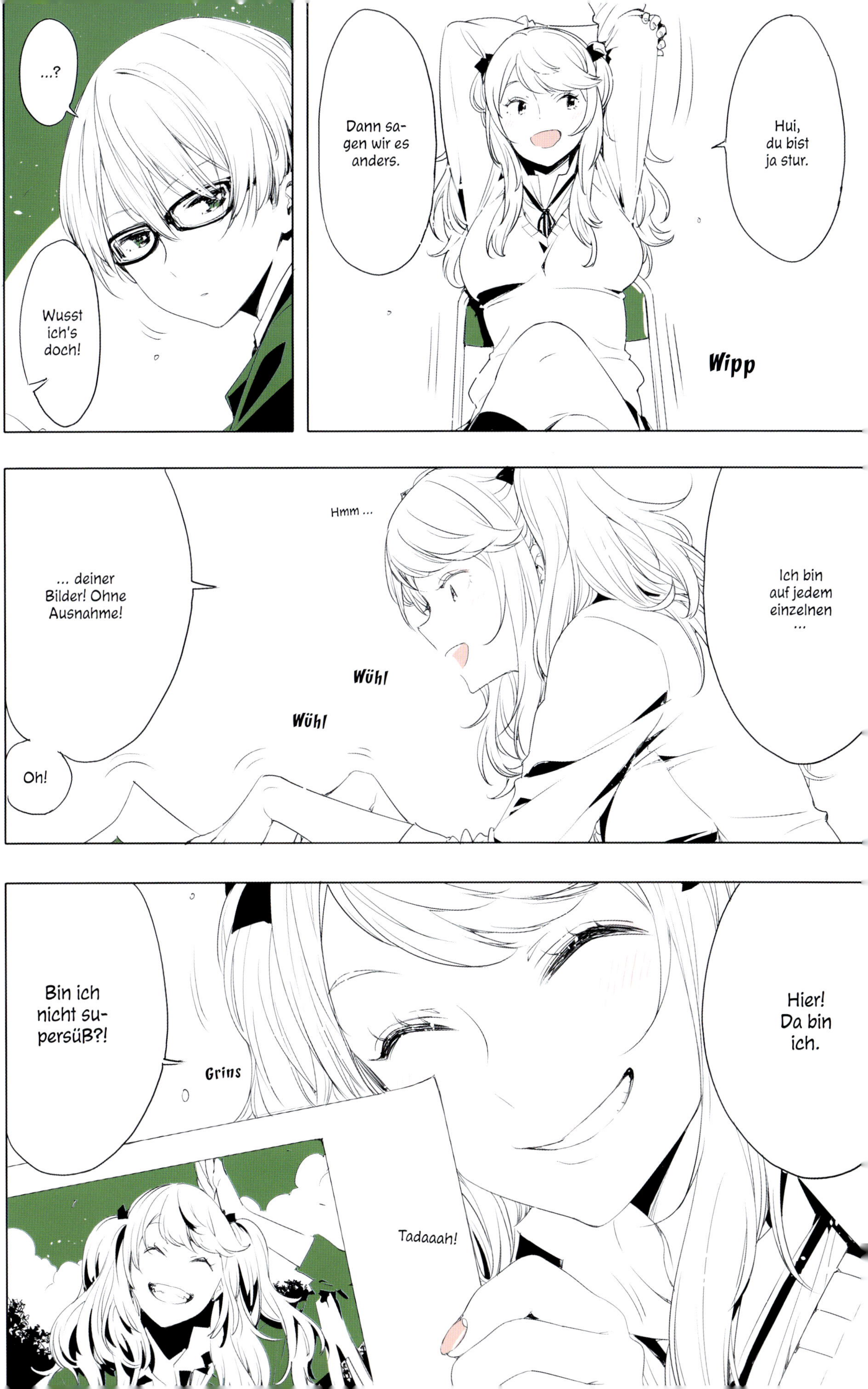

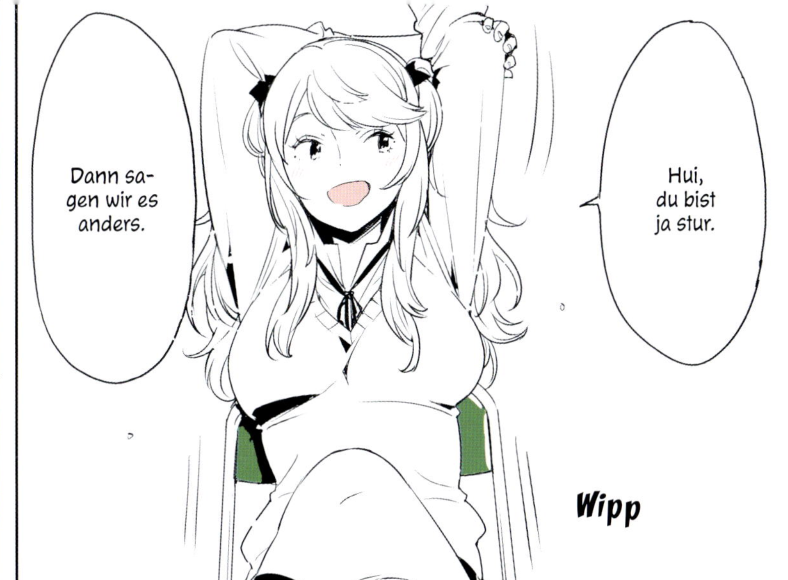
Hui, du bist ja stur.
Wipp
Dann sagen wir es anders.

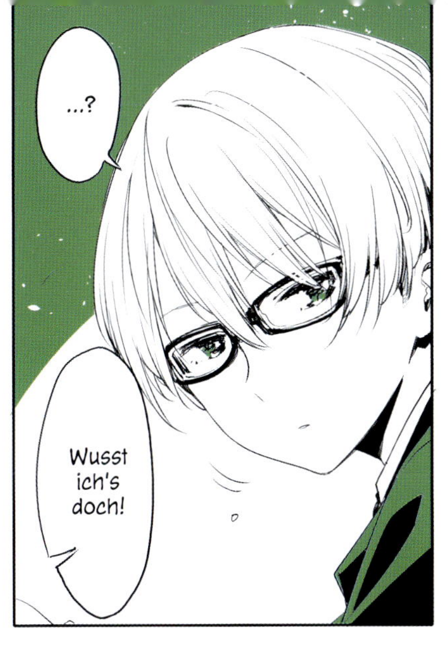
...?
Wusst ich's doch!

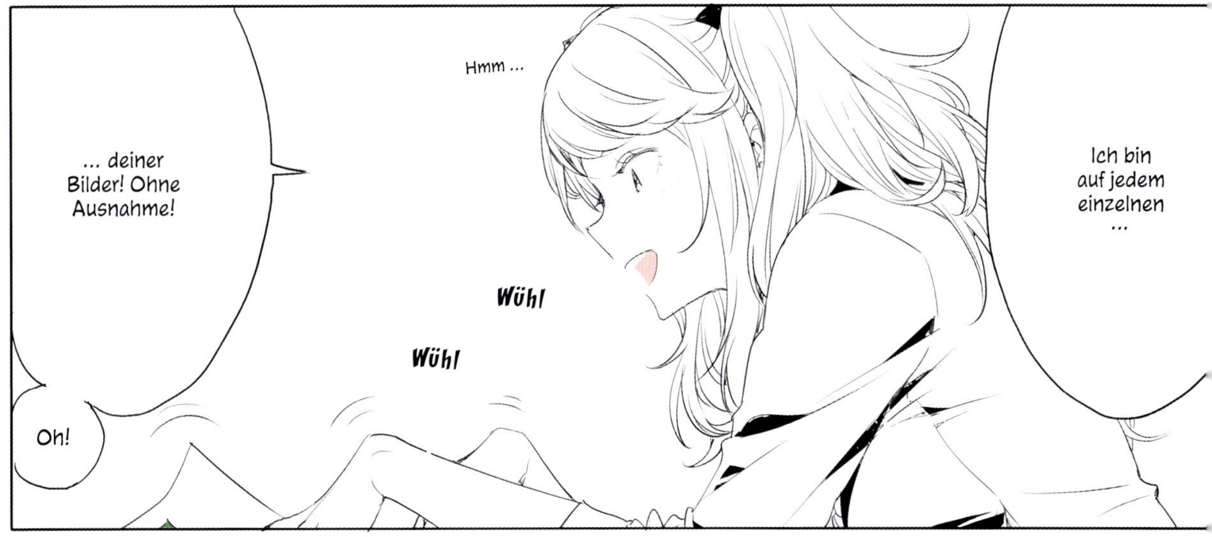
Ich bin auf jedem einzelnen ...
Hmm ...
Wühl
Wühl
... deiner Bilder! Ohne Ausnahme!
Oh!

Hier! Da bin ich.
Tadaaah!
Grins
Bin ich nicht supersüß?!

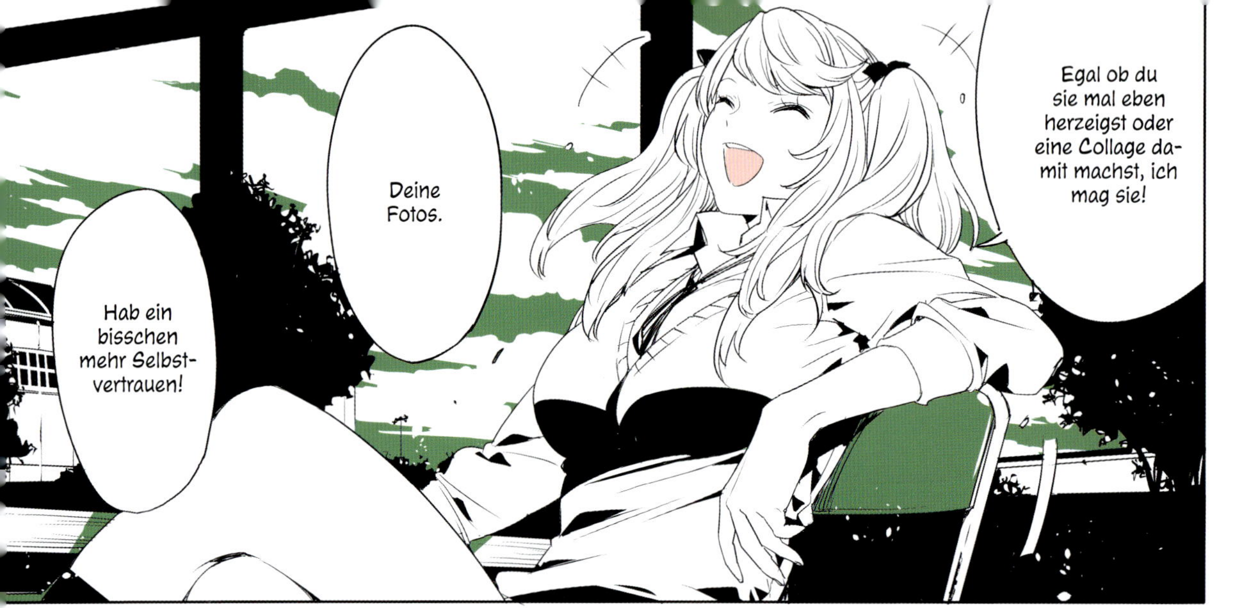

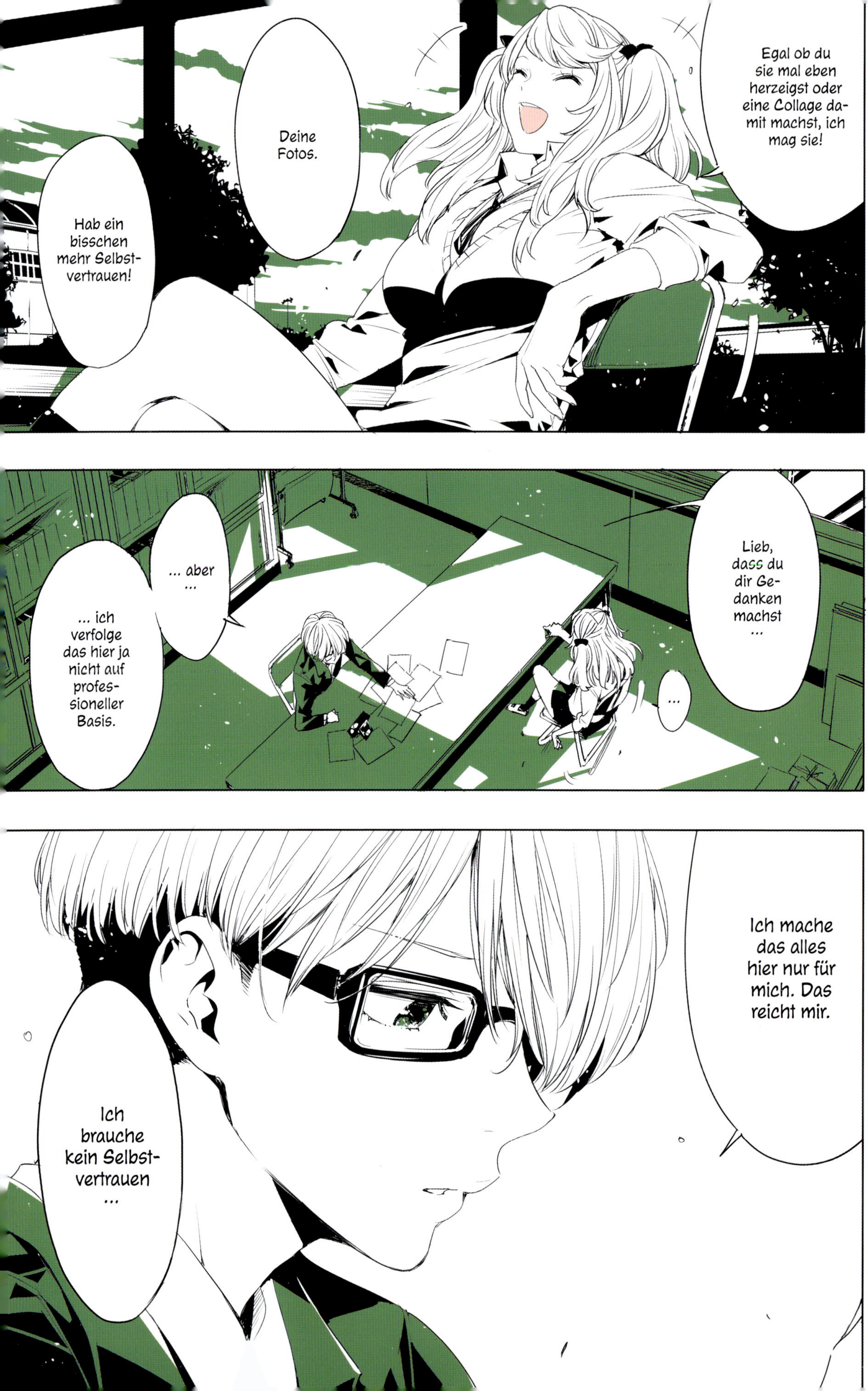

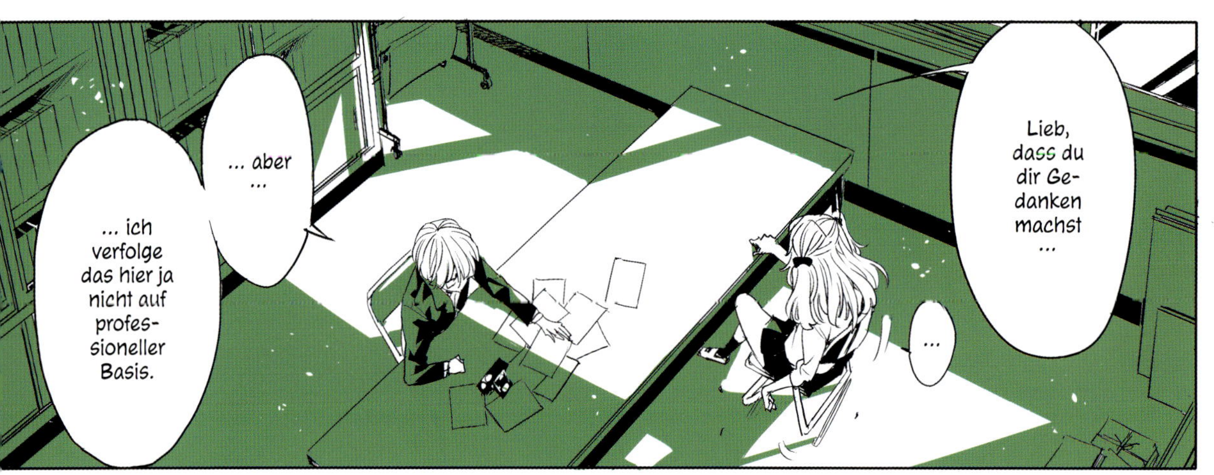

Ich mache das alles hier nur für mich. Das reicht mir.

Ich brauche kein Selbstvertrauen ...

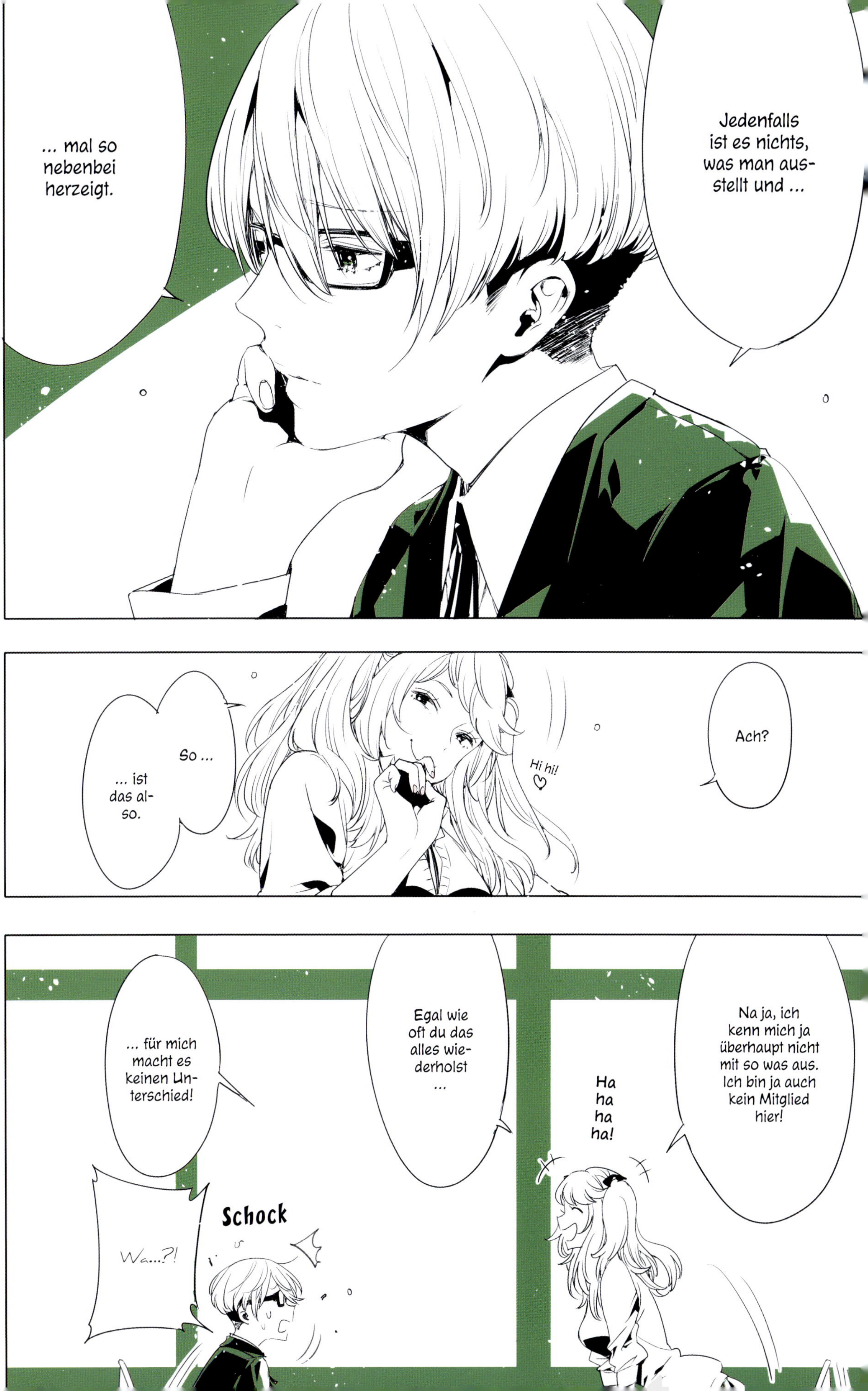

Jedenfalls ist es nichts, was man ausstellt und ...

... mal so nebenbei herzeigt.

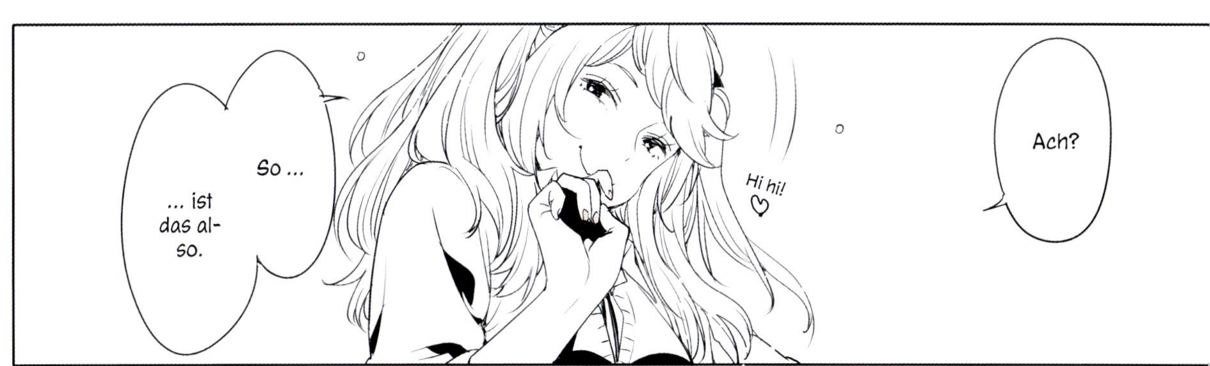

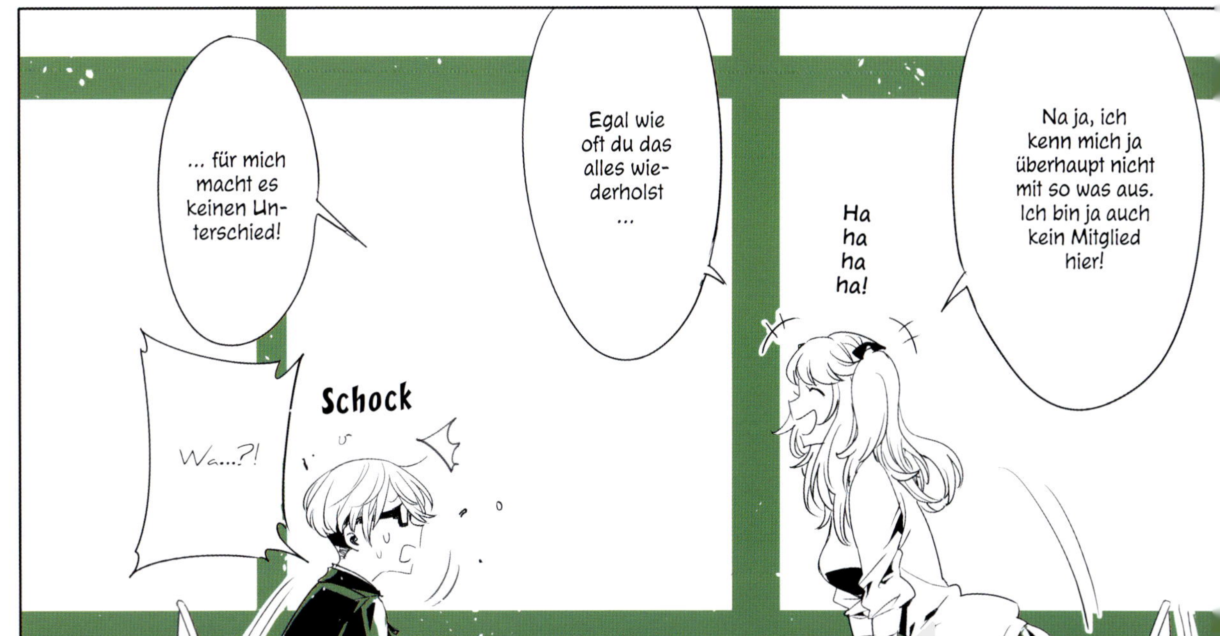

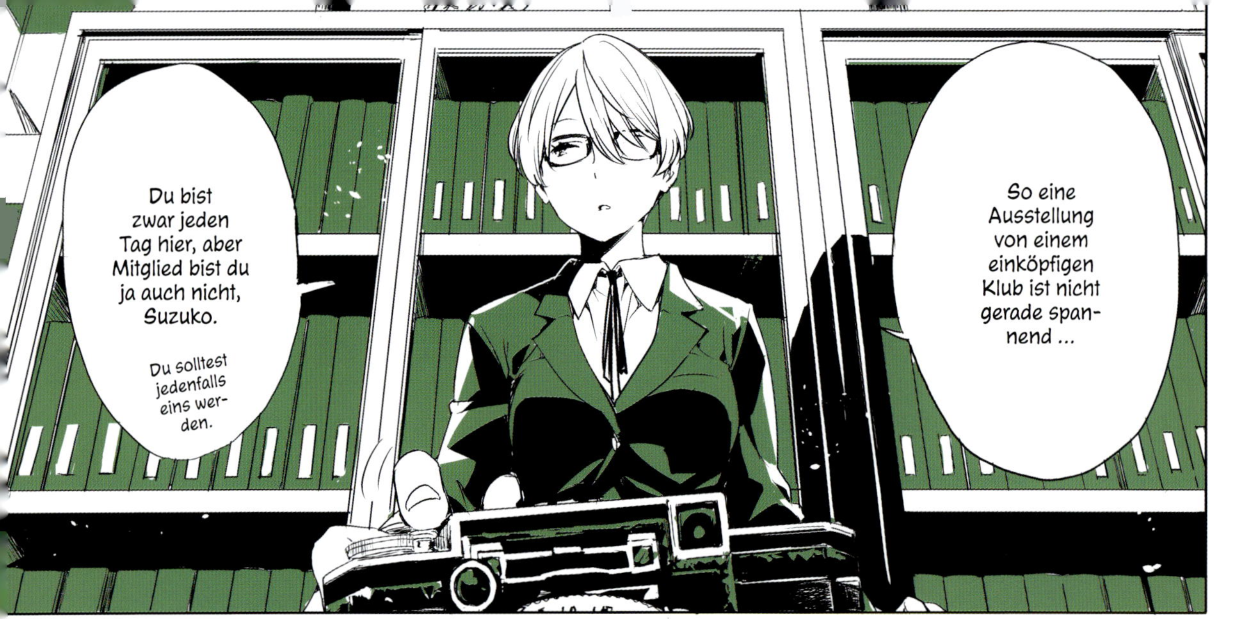
So eine Ausstellung von einem einköpfigen Klub ist nicht gerade spannend ...
Du bist zwar jeden Tag hier, aber Mitglied bist du ja auch nicht, Suzuko.
Du solltest jedenfalls eins werden.

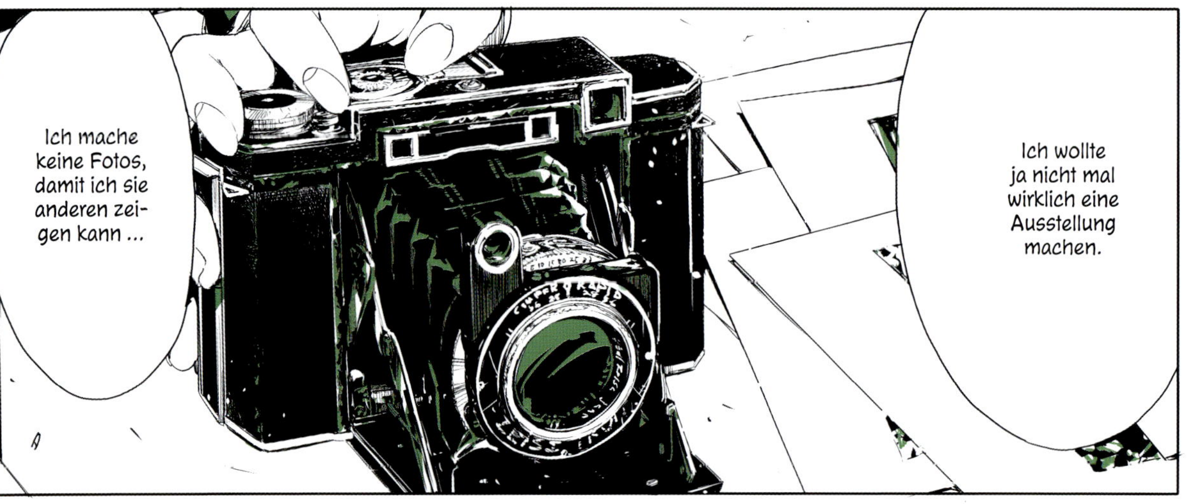
Ich wollte ja nicht mal wirklich eine Ausstellung machen.
Ich mache keine Fotos, damit ich sie anderen zeigen kann ...

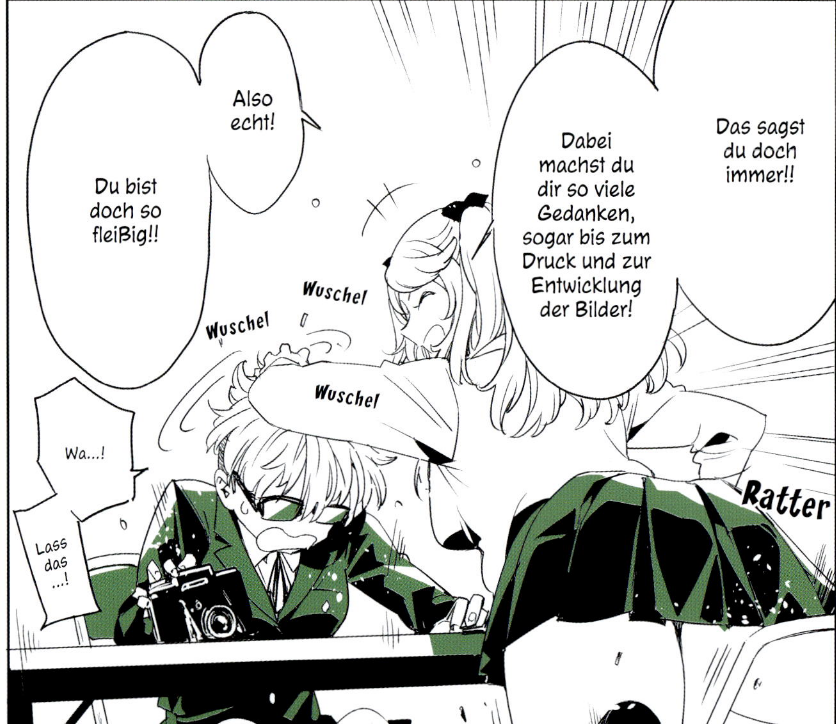
Das sagst du doch immer!!
Dabei machst du dir so viele Gedanken, sogar bis zum Druck und zur Entwicklung der Bilder!
Also echt!
Du bist doch so fleißig!!
Wuschel
Wuschel
Wuschel
Ratter
Wa...!
Lass das ...!

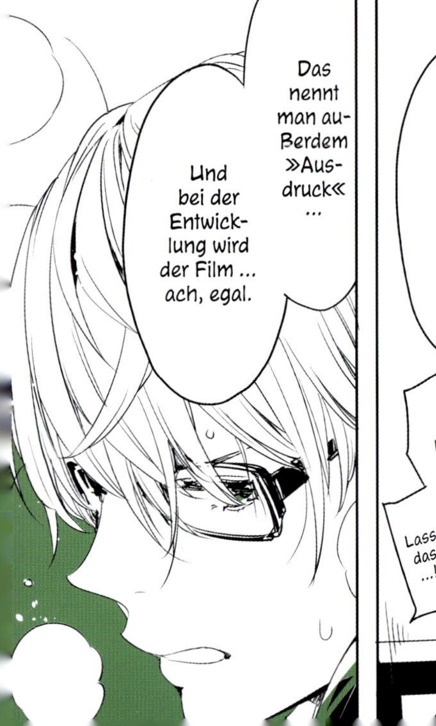
Das nennt man außerdem »Ausdruck« ...
Und bei der Entwicklung wird der Film ... ach, egal.

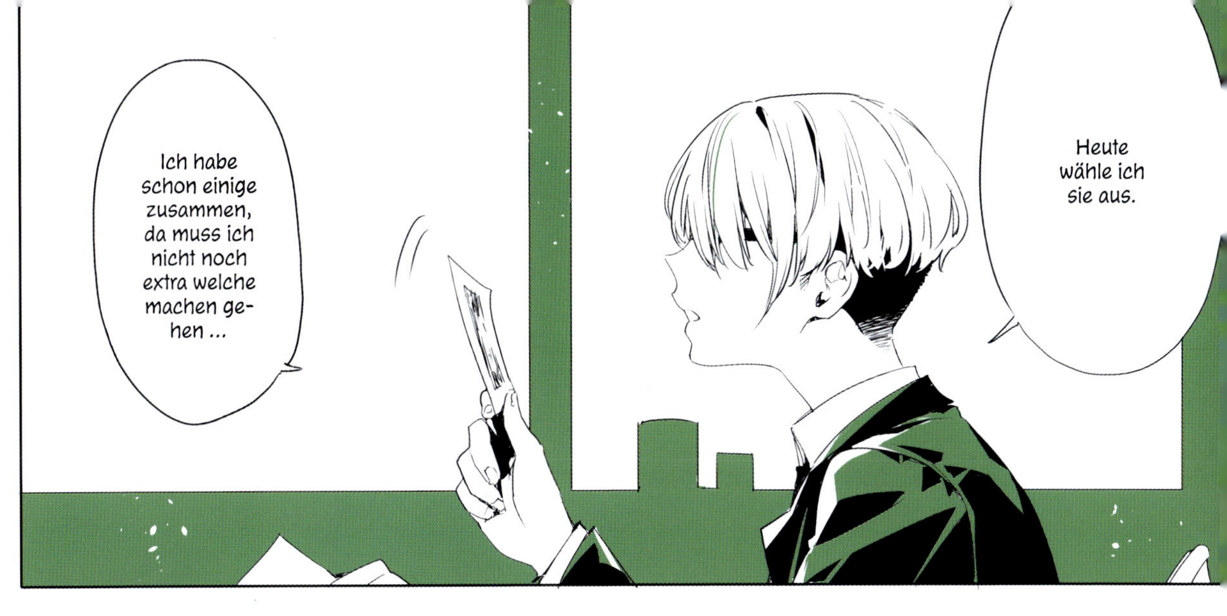
Heute wähle ich sie aus.
Ich habe schon einige zusammen, da muss ich nicht noch extra welche machen ge-hen ...

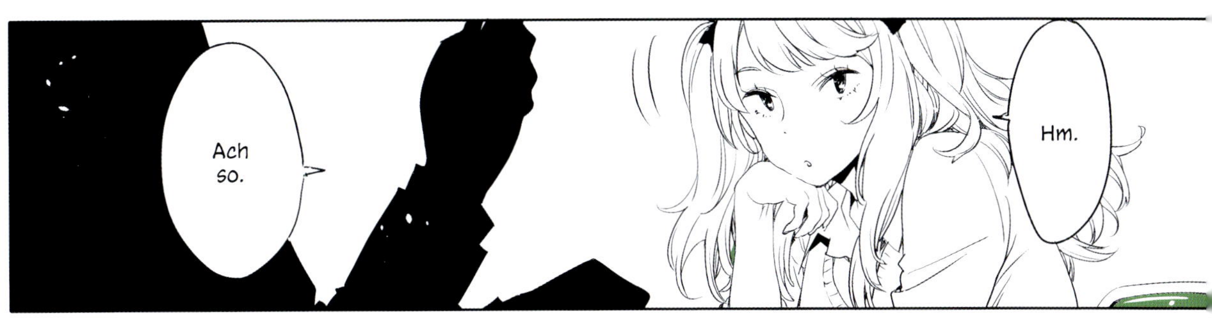
Hm.
Ach so.

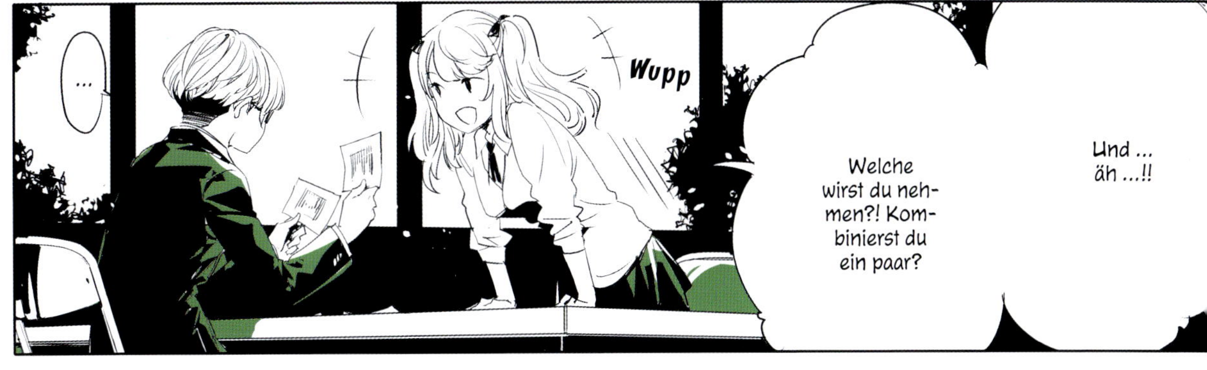
Und ... äh ...!!
Welche wirst du neh-men?! Kom-binierst du ein paar?
Wupp
...

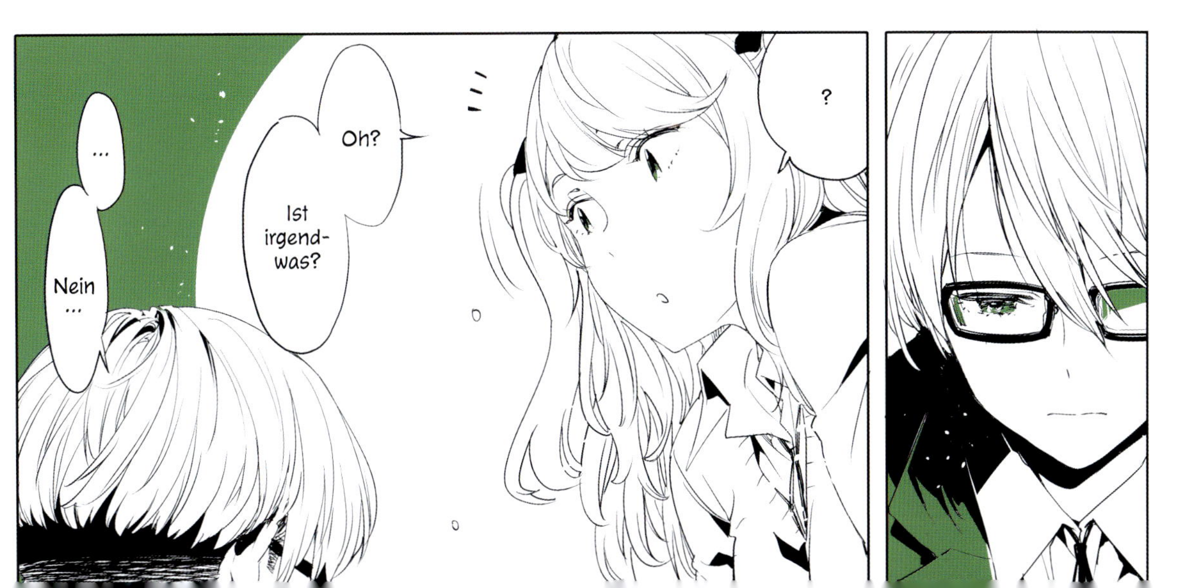
?
Oh?
Ist irgend-was?
...
Nein ...

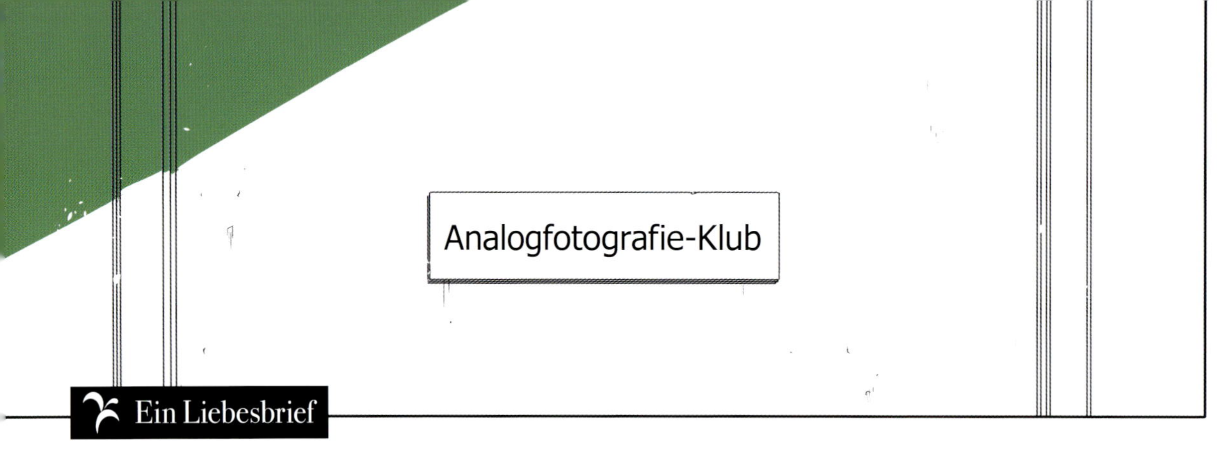
Analogfotografie-Klub
Ein Liebesbrief

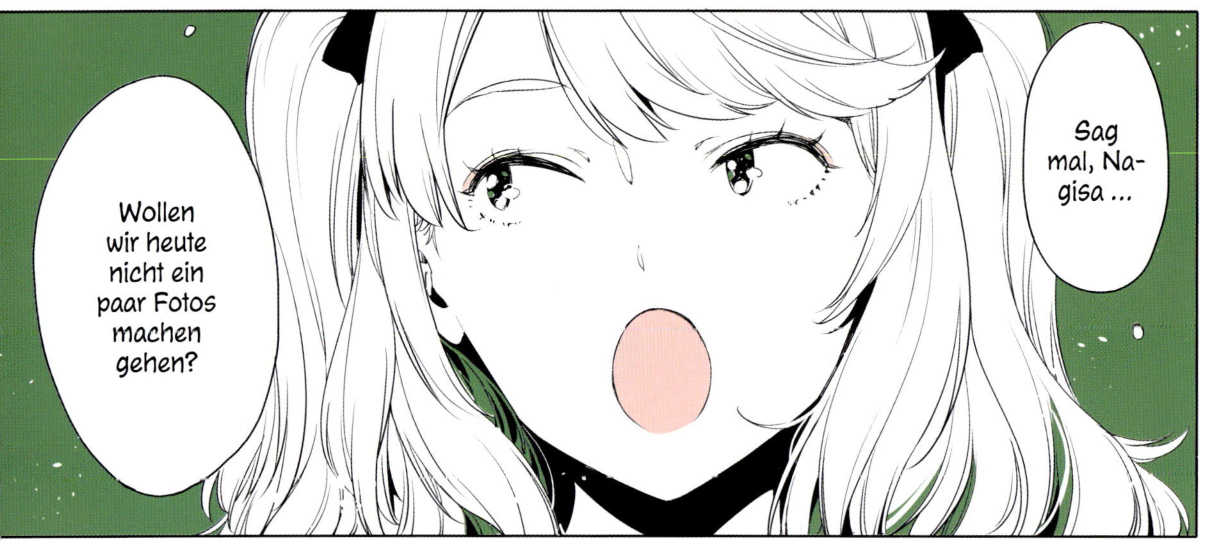
Sag mal, Nagisa …
Wollen wir heute nicht ein paar Fotos machen gehen?

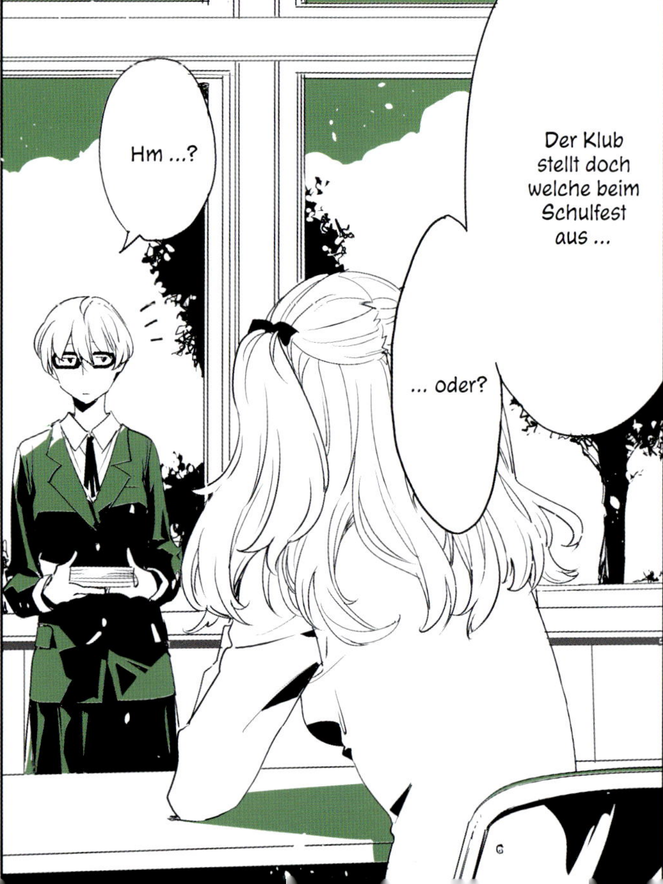
Der Klub stellt doch welche beim Schulfest aus …
… oder?
Hm …?

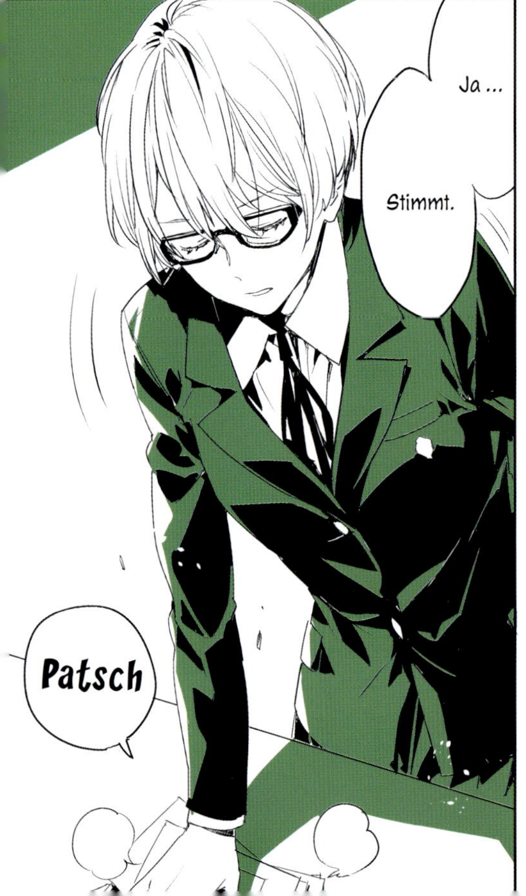
Ja …
Stimmt.
Patsch

Lilium Terrarium 052

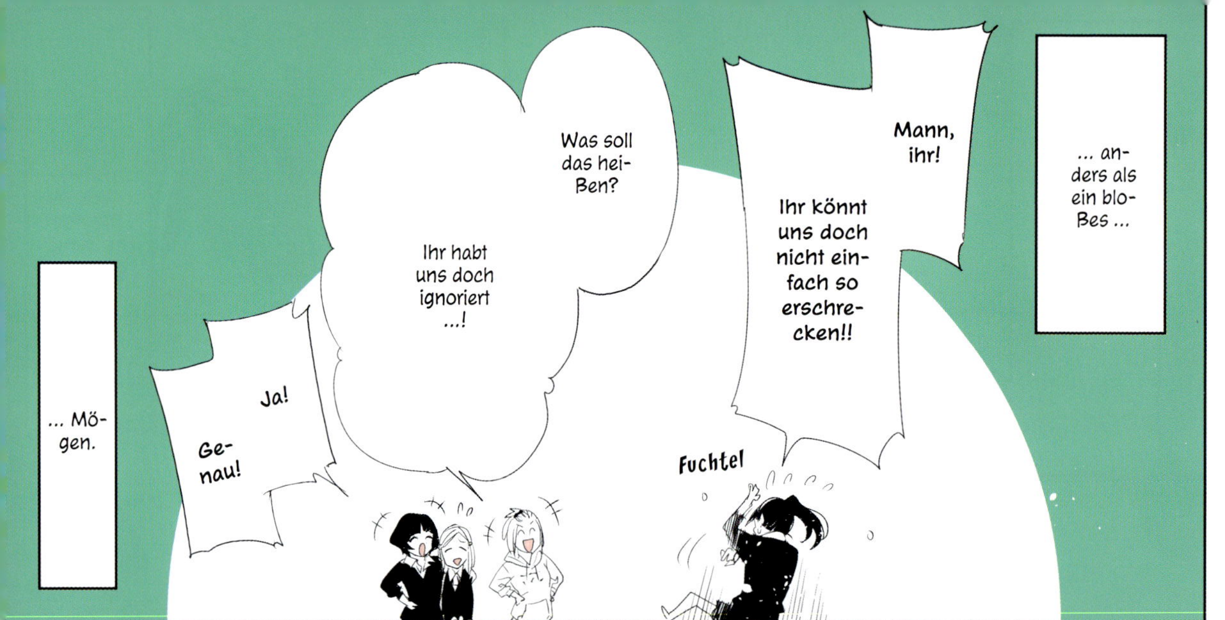

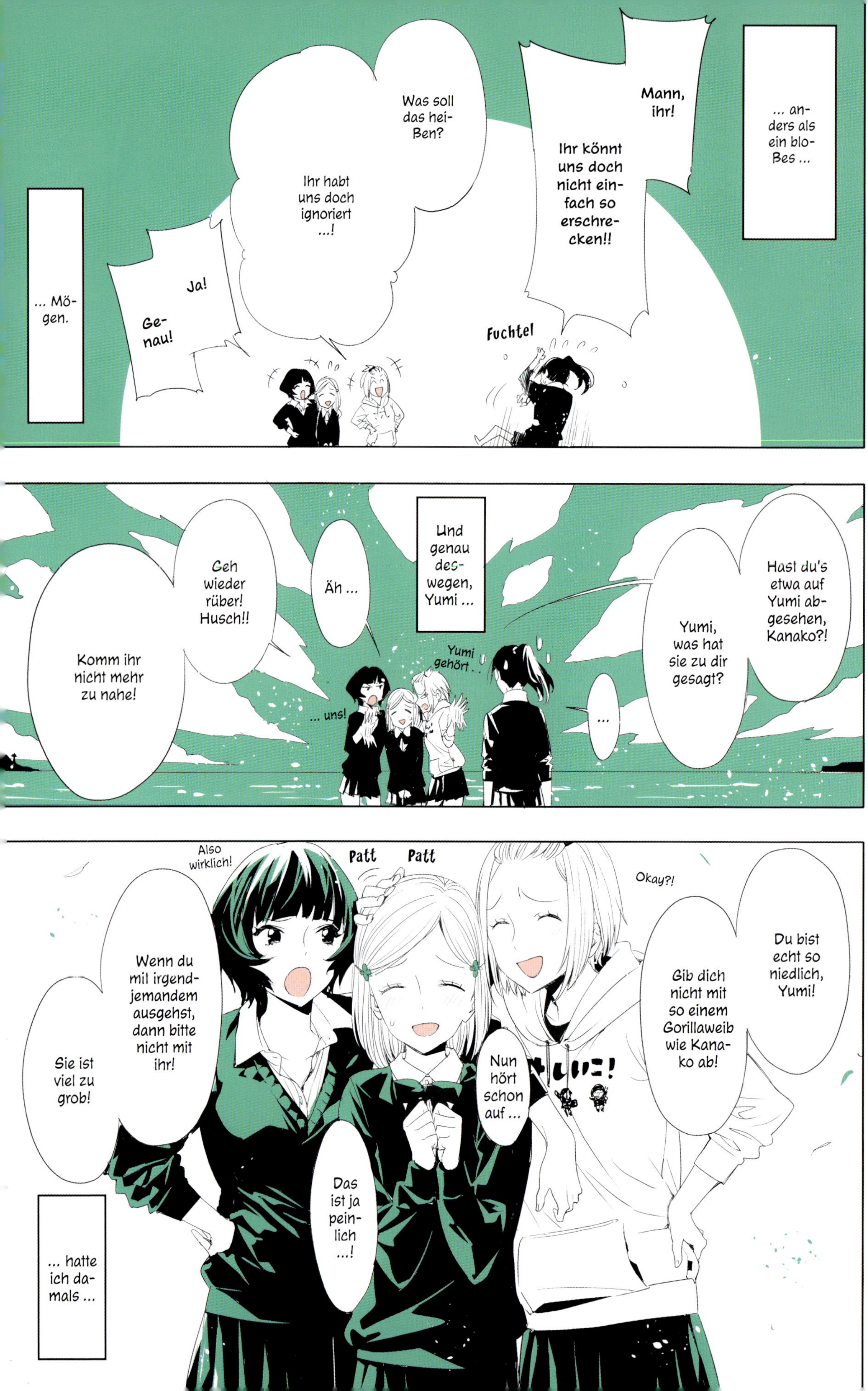

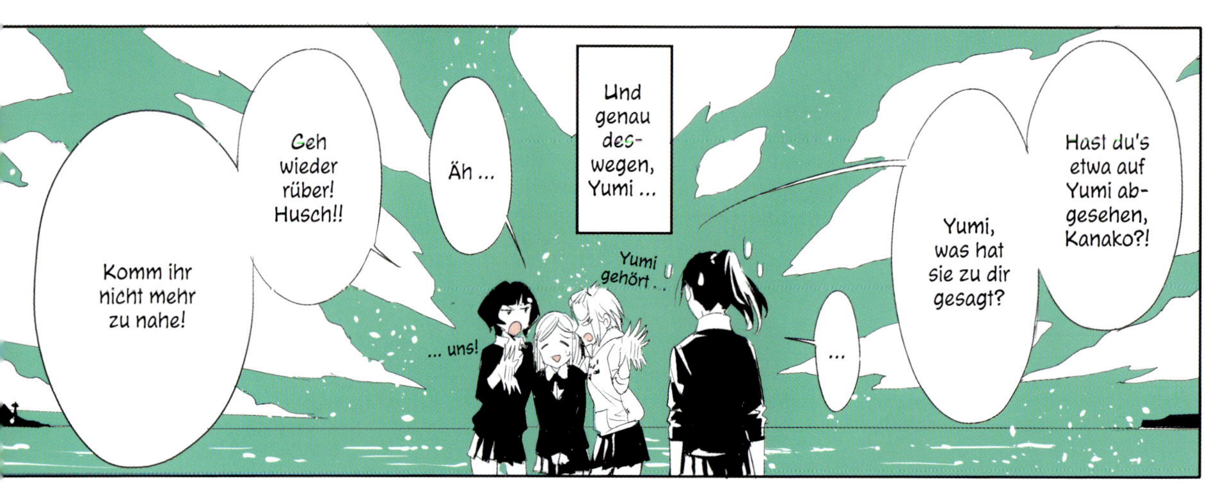

Du bist echt so niedlich, Yumi!
Okay?!
Gib dich nicht mit so einem Gorillaweib wie Kanako ab!
Patt Patt
Nun hört schon auf ...
Das ist ja peinlich ...!
Also wirklich!
Wenn du mit irgendjemandem ausgehst, dann bitte nicht mit ihr!
Sie ist viel zu grob!
... hatte ich damals ...

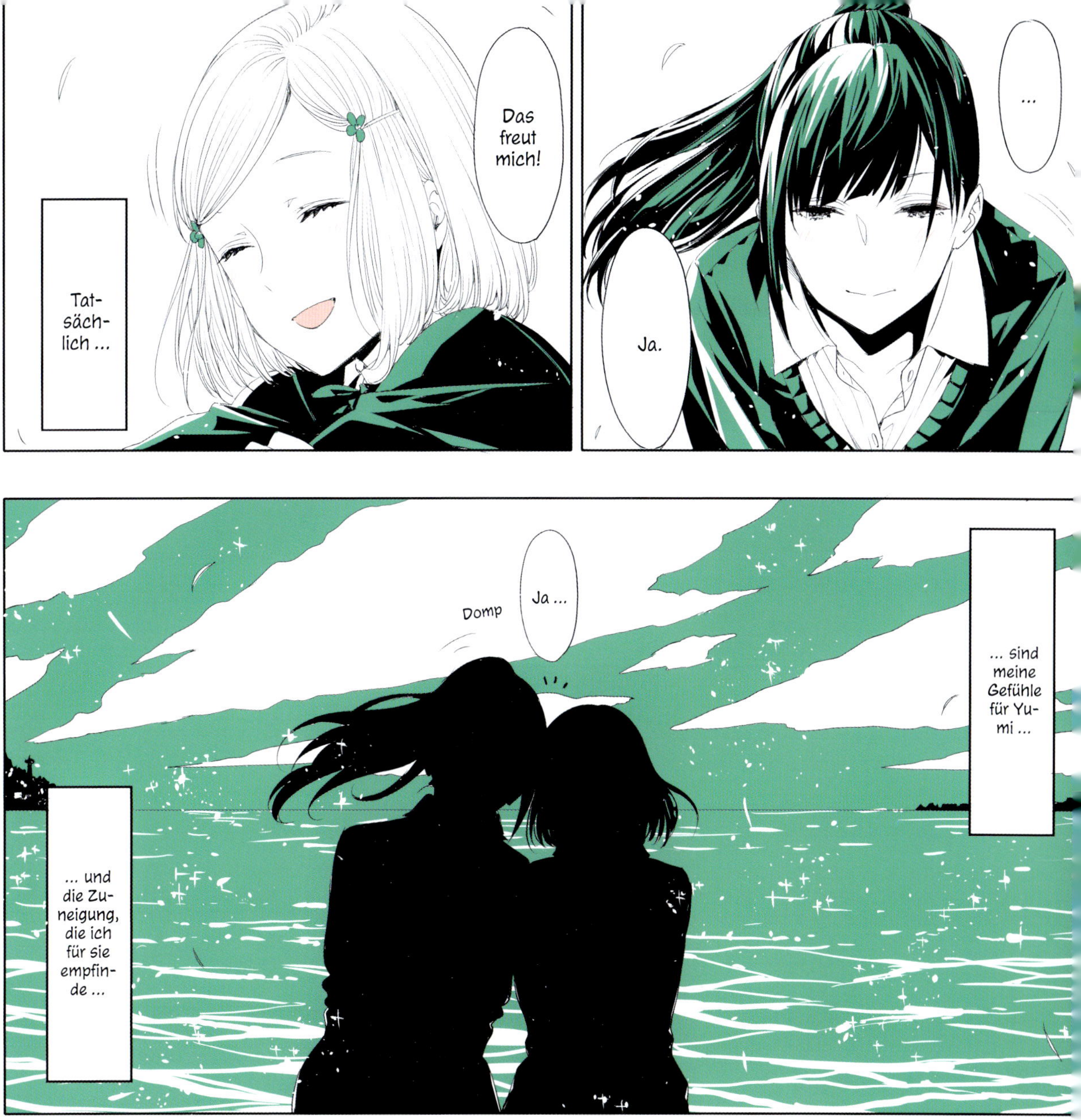

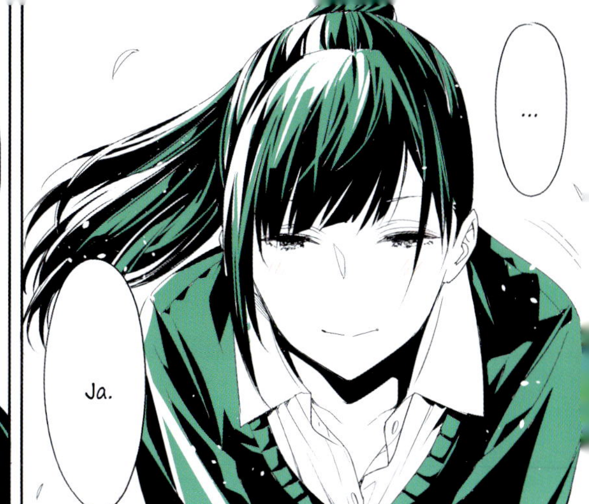

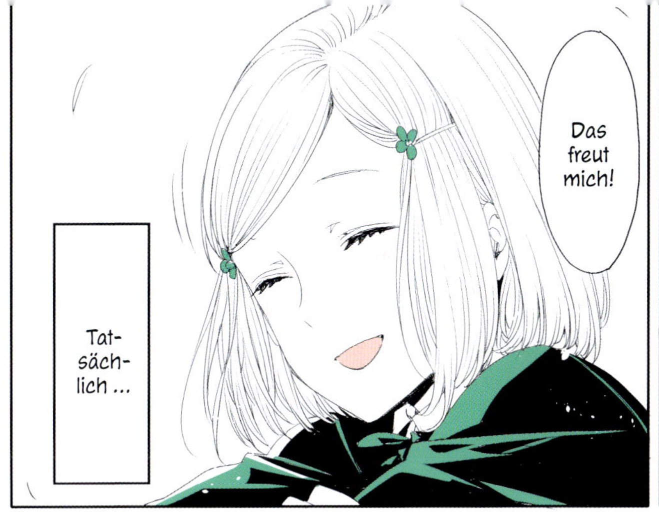

... sind meine Gefühle für Yumi ...

Ja ...

Domp

... und die Zuneigung, die ich für sie empfinde ...

*Lasst uns Sushi essen gehen!

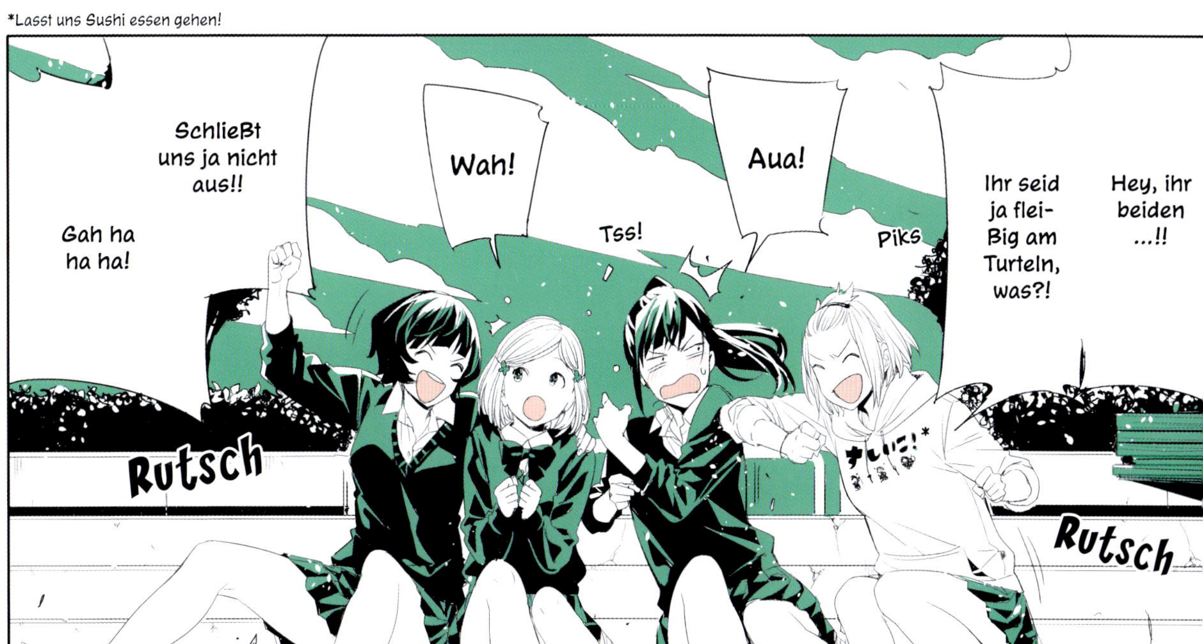

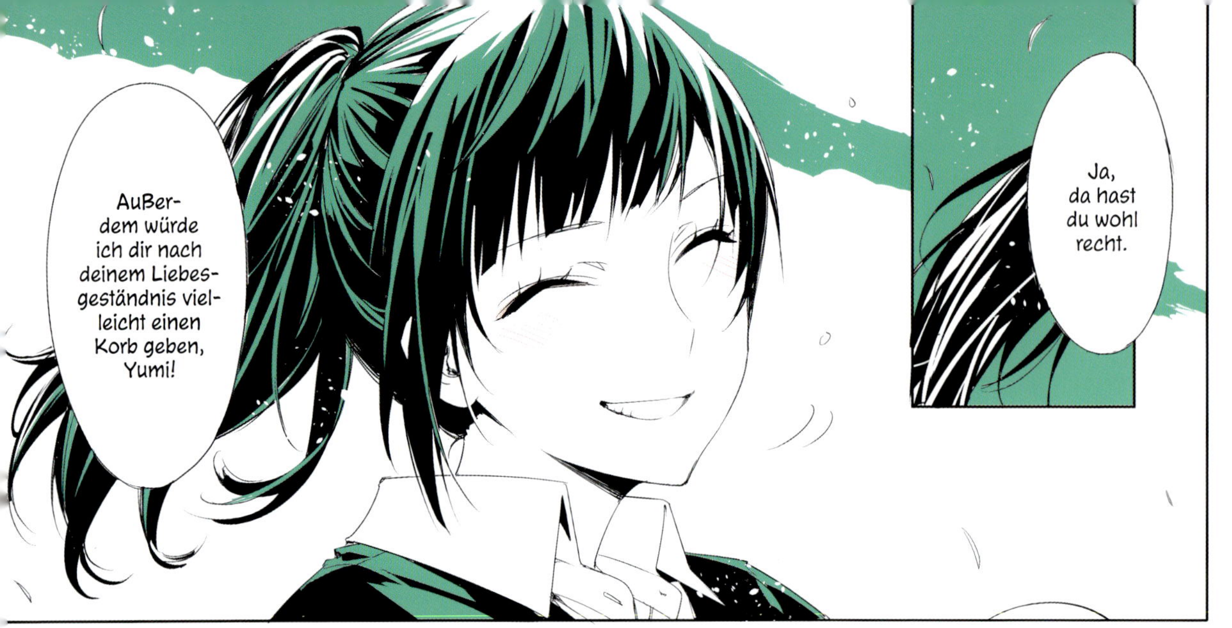
Ja, da hast du wohl recht.
Außerdem würde ich dir nach deinem Liebesgeständnis vielleicht einen Korb geben, Yumi!

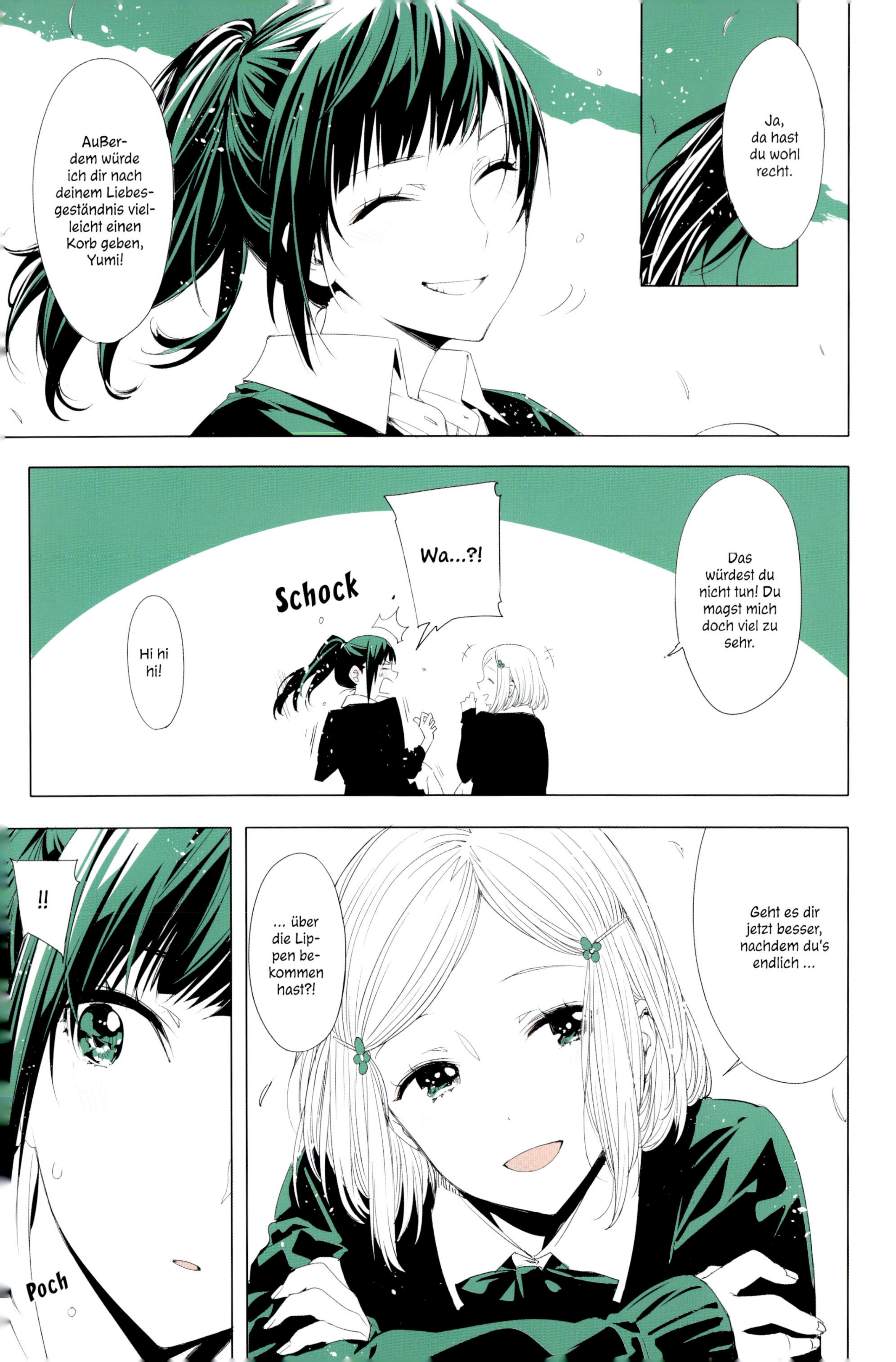

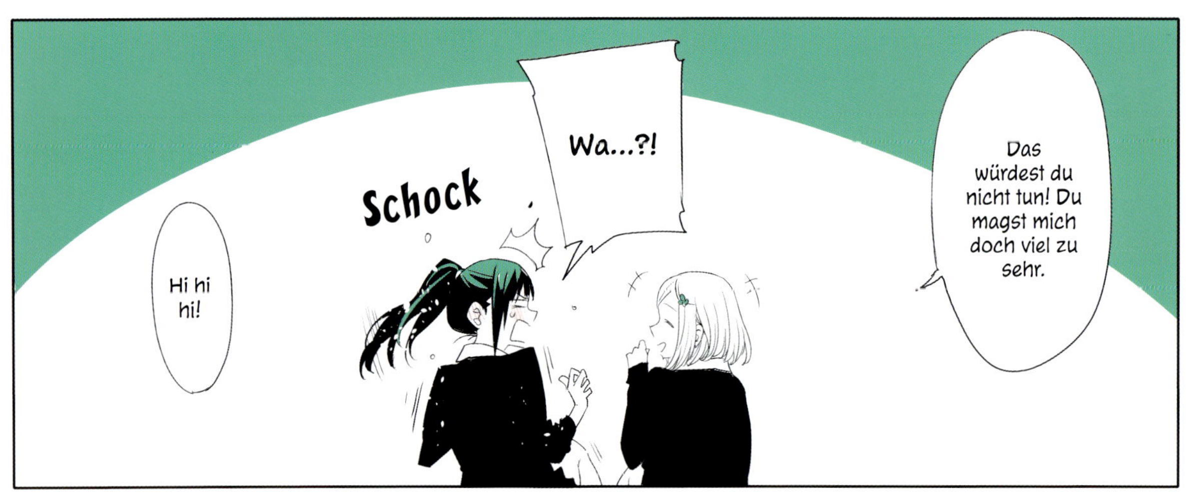
Das würdest du nicht tun! Du magst mich doch viel zu sehr.
Wa...?!
Schock
Hi hi hi!

Geht es dir jetzt besser, nachdem du's endlich ...
... über die Lippen bekommen hast?!
!!
Poch

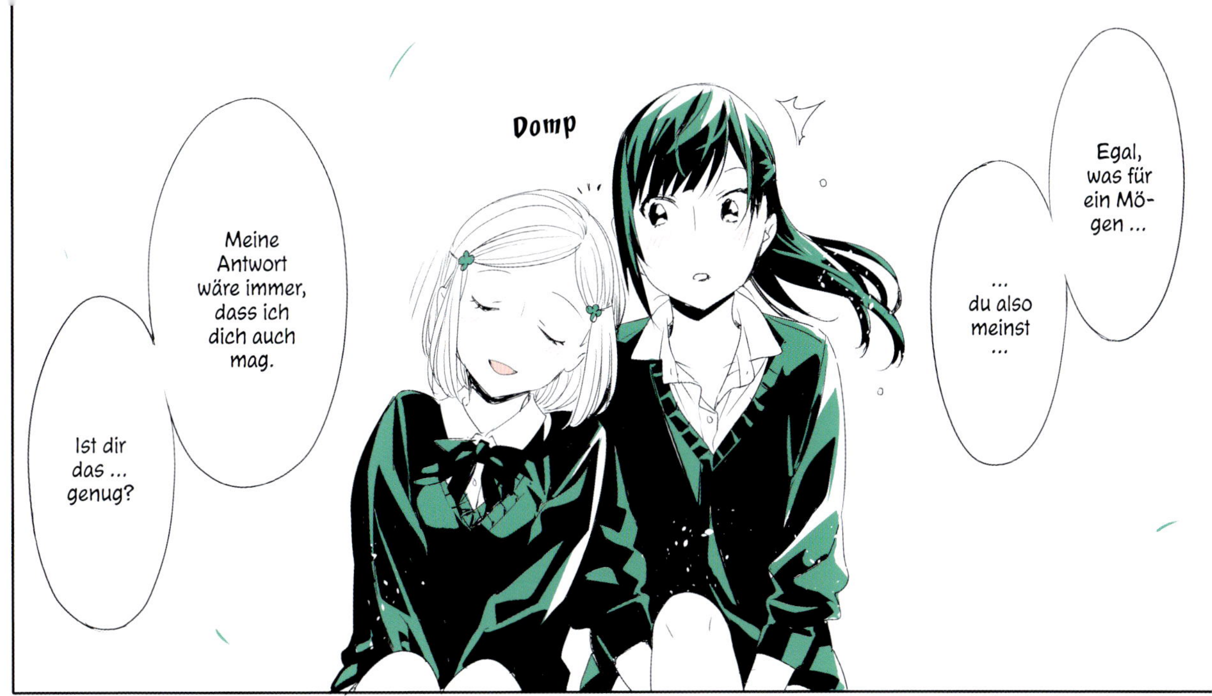
Egal, was für ein Mögen ...
... du also meinst ...
Domp
Meine Antwort wäre immer, dass ich dich auch mag.
Ist dir das ... genug?

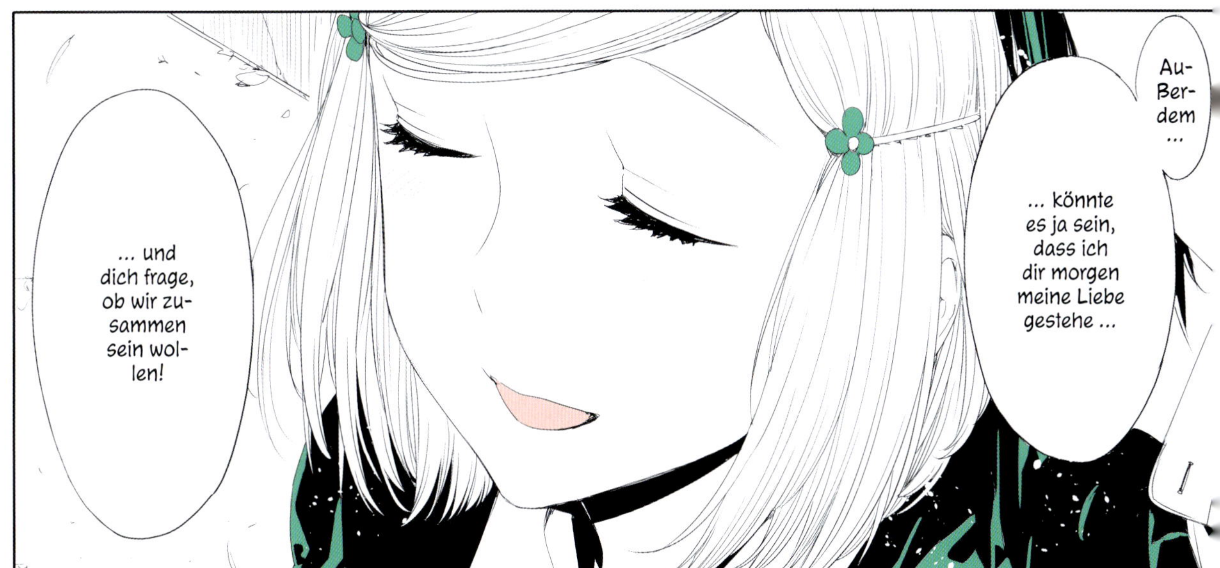
Außerdem ...
... könnte es ja sein, dass ich dir morgen meine Liebe gestehe ...
... und dich frage, ob wir zusammen sein wollen!

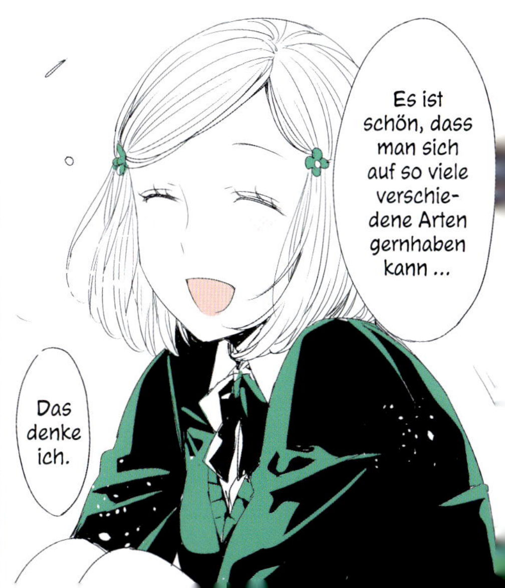
Es ist schön, dass man sich auf so viele verschiedene Arten gernhaben kann ...
Das denke ich.

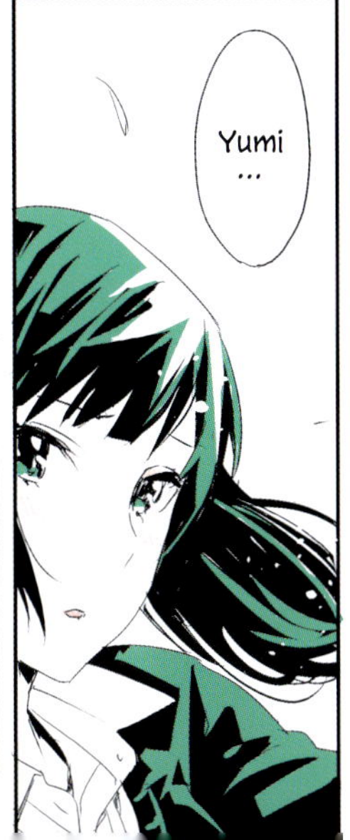
Yumi ...

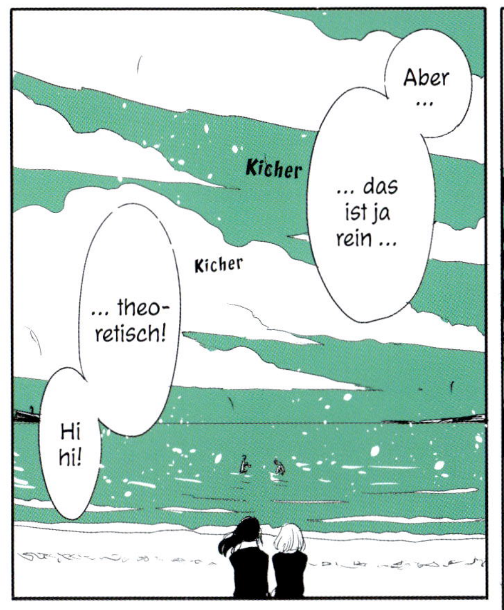
Aber ...
... das ist ja rein ...
Kicher
Kicher
... theoretisch!
Hi hi!

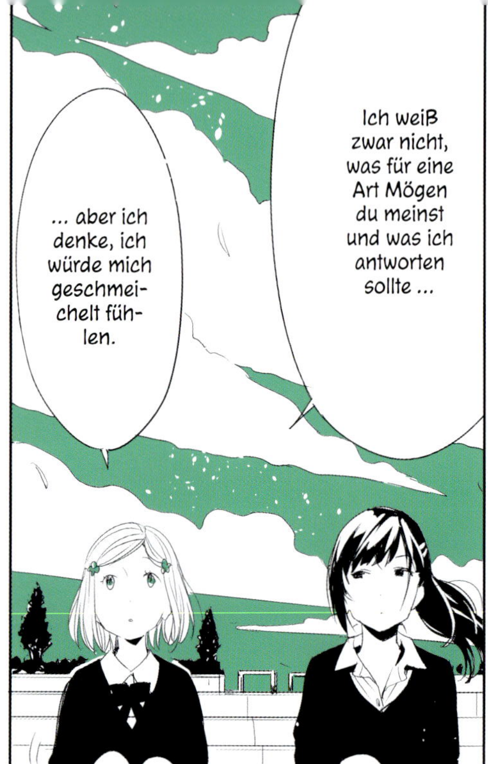
Ich weiß zwar nicht, was für eine Art Mögen du meinst und was ich antworten sollte ...
... aber ich denke, ich würde mich geschmeichelt fühlen.

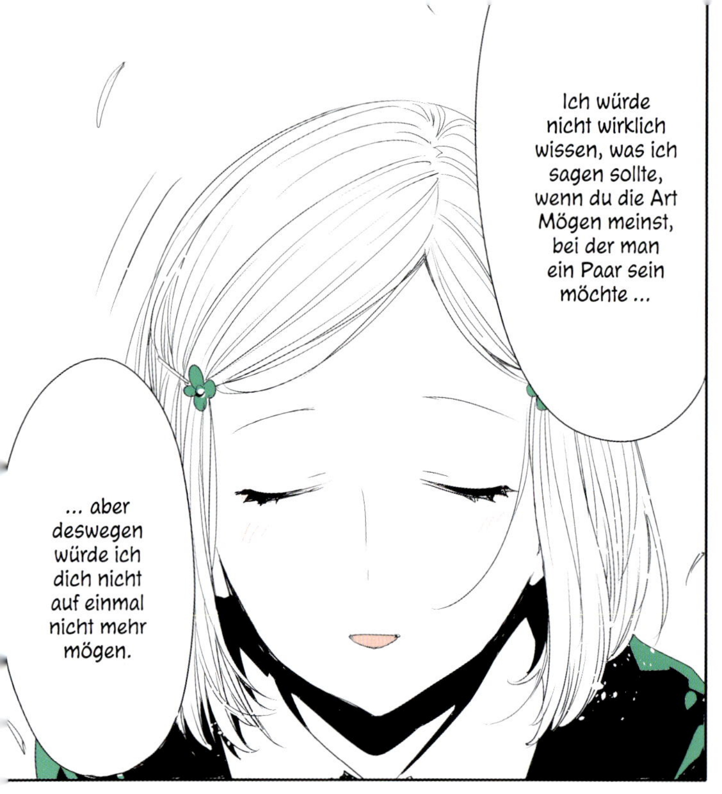
Ich würde nicht wirklich wissen, was ich sagen sollte, wenn du die Art Mögen meinst, bei der man ein Paar sein möchte ...
... aber deswegen würde ich dich nicht auf einmal nicht mehr mögen.

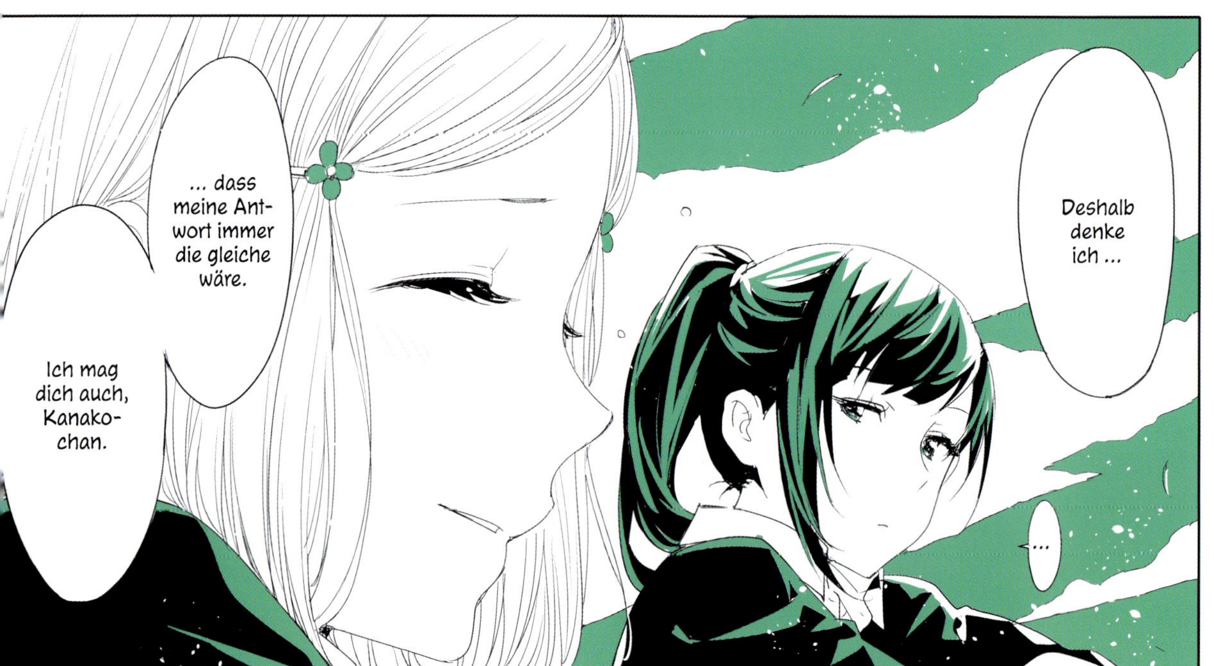
Deshalb denke ich ...
...
... dass meine Antwort immer die gleiche wäre.
Ich mag dich auch, Kanako-chan.

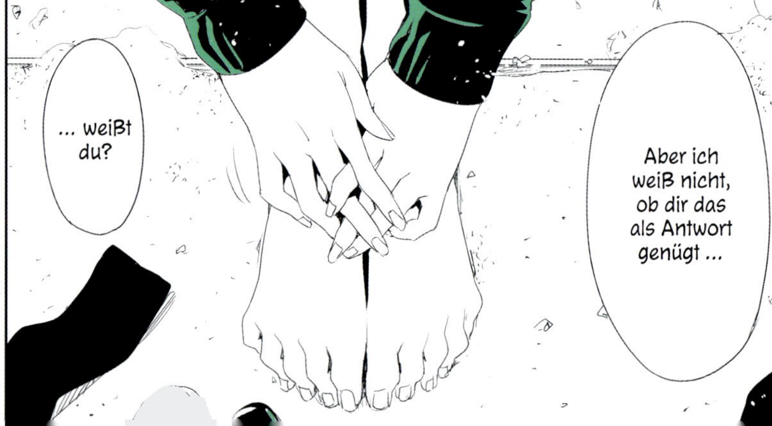
Aber ich weiß nicht, ob dir das als Antwort genügt ...
... weißt du?

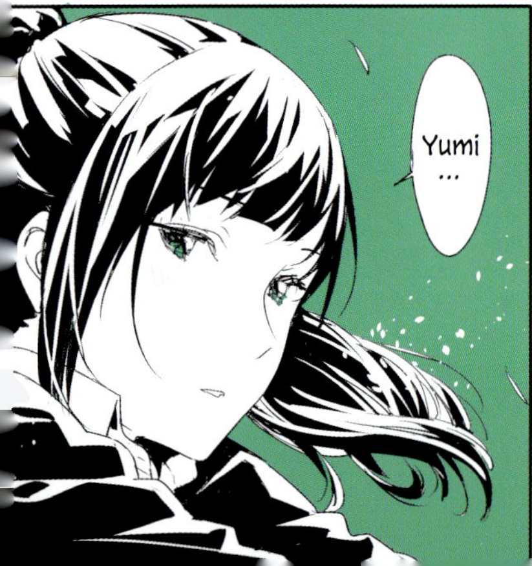
Yumi ...

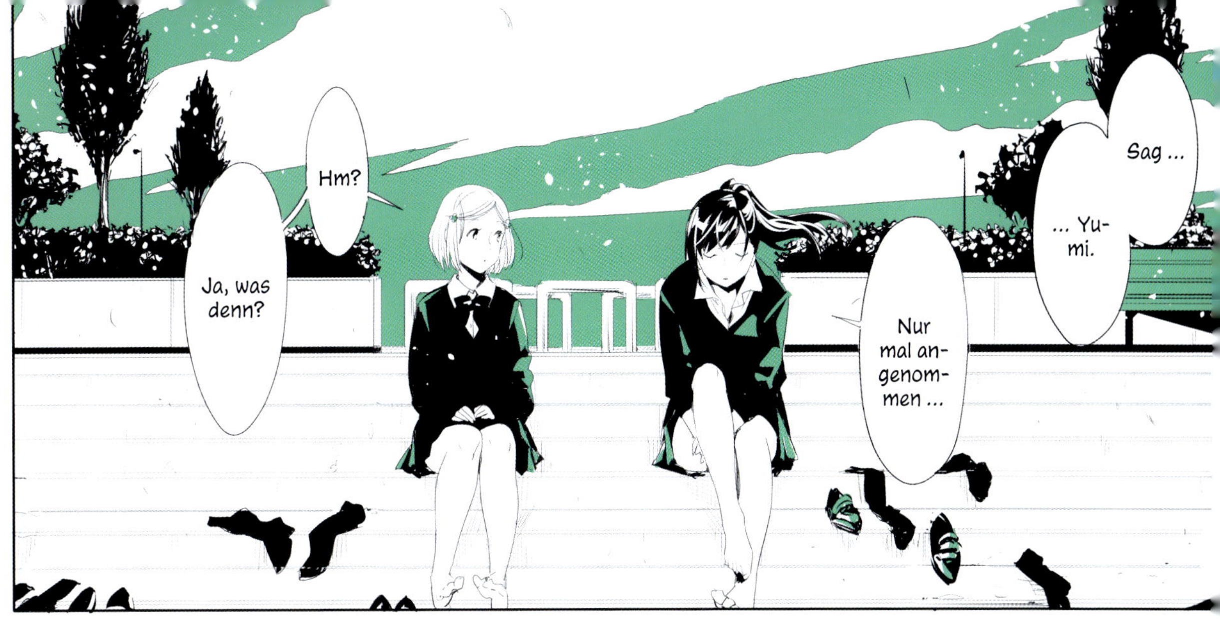

Sag ...
... Yumi.
Nur mal angenommen ...
Hm?
Ja, was denn?

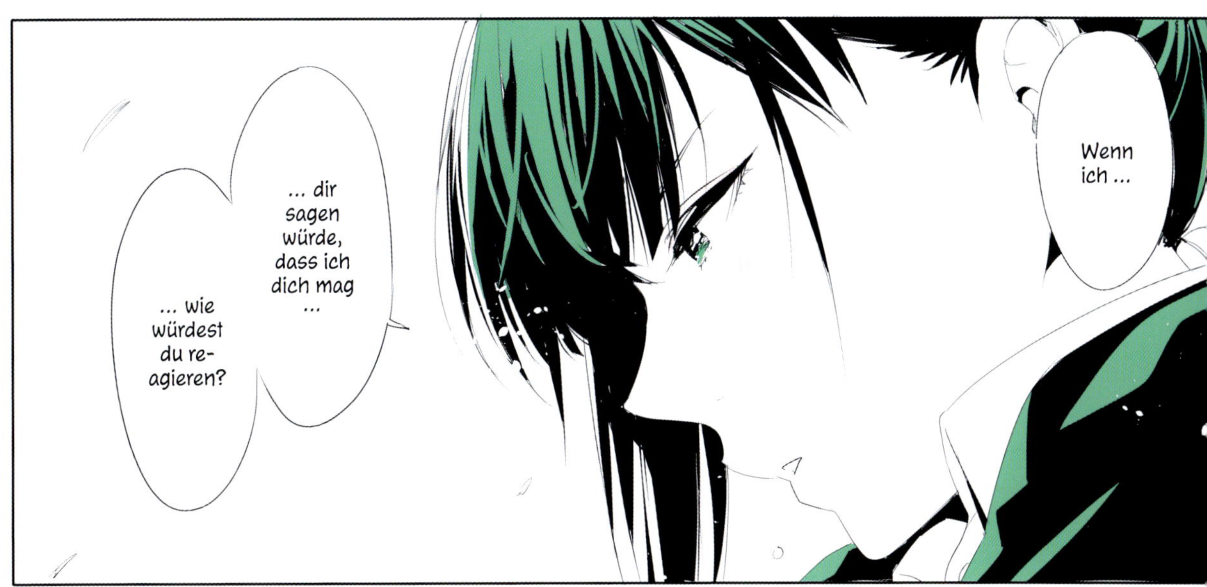

Wenn ich ...
... dir sagen würde, dass ich dich mag ...
... wie würdest du reagieren?

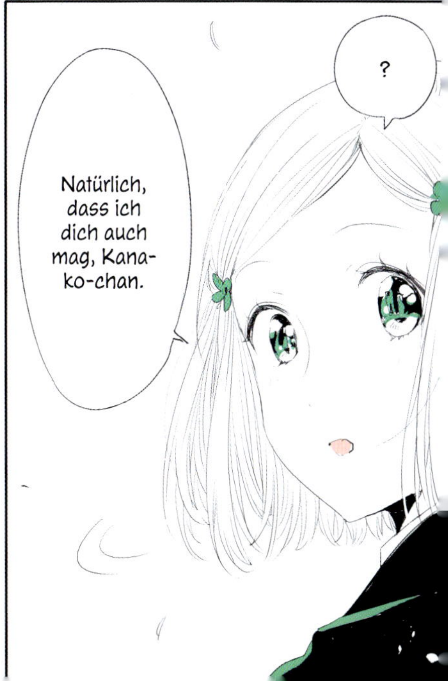

?
Natürlich, dass ich dich auch mag, Kanako-chan.

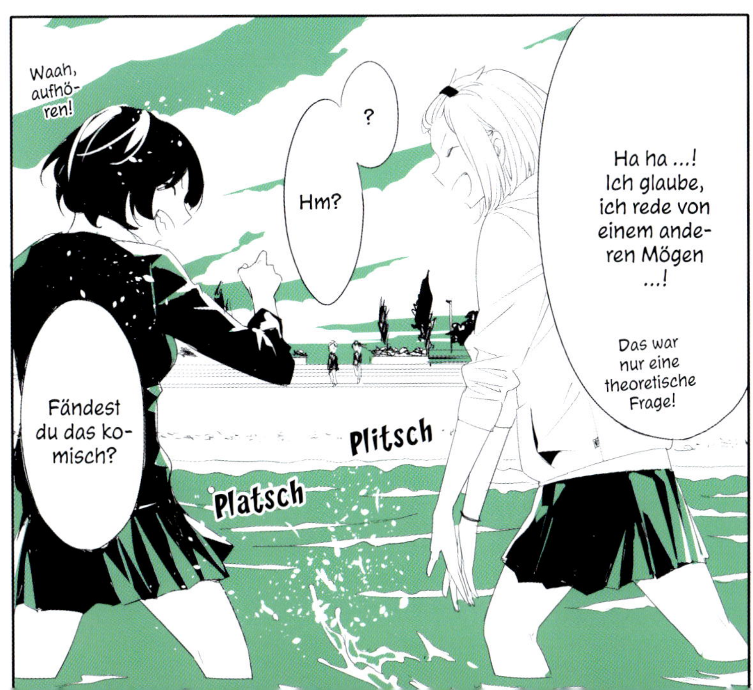

Ha ha ...! Ich glaube, ich rede von einem anderen Mögen ...!
Das war nur eine theoretische Frage!
?
Hm?
Fändest du das komisch?
Waah, aufhören!
Plitsch
Platsch

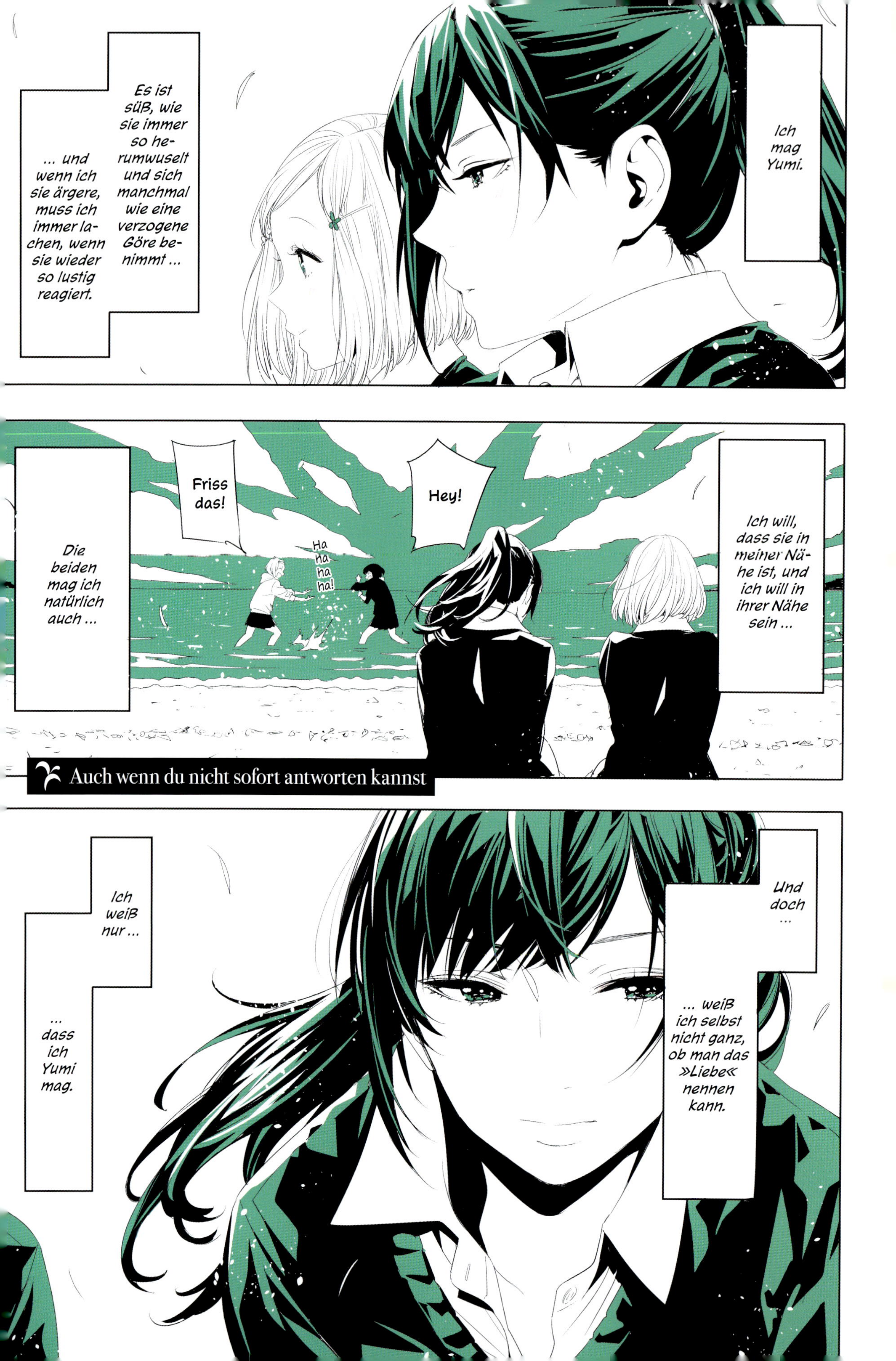

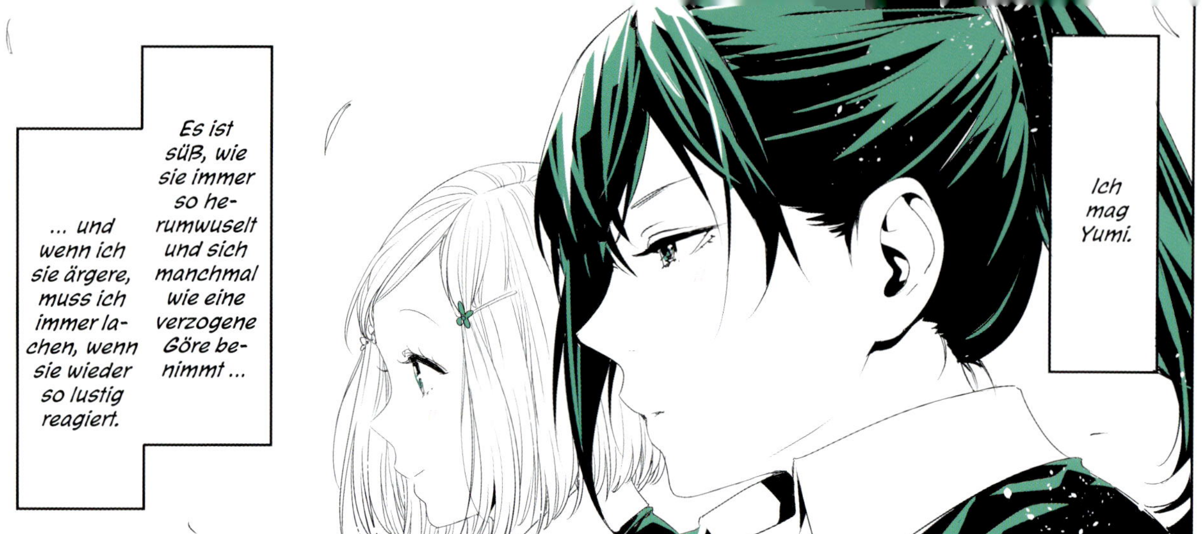

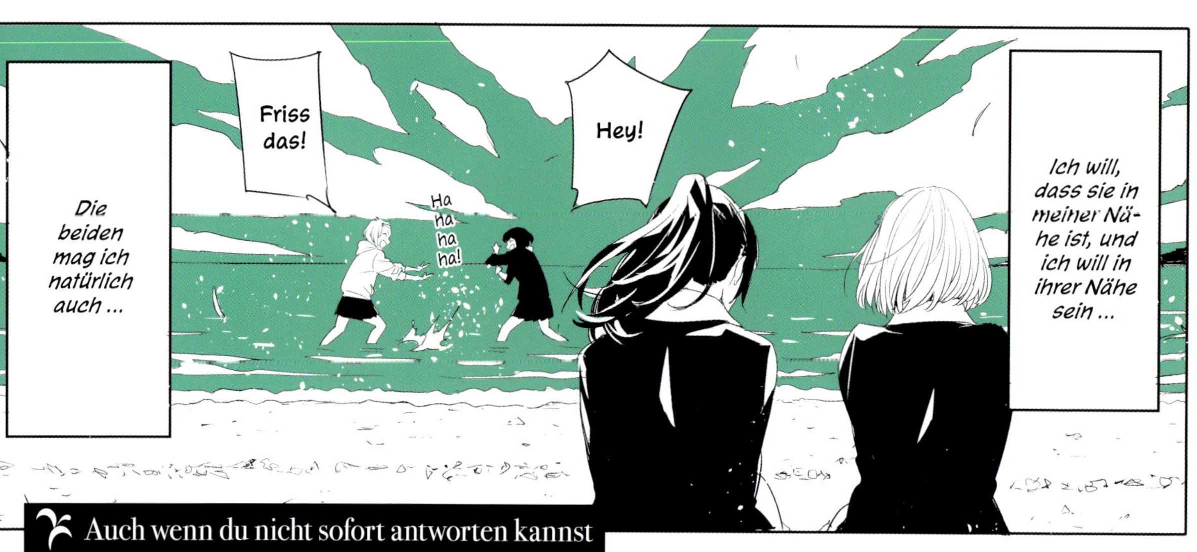

Auch wenn du nicht sofort antworten kannst

Und doch …
… weiß ich selbst nicht ganz, ob man das »Liebe« nennen kann.
Ich weiß nur …
… dass ich Yumi mag.

Lilium Terrarium 042

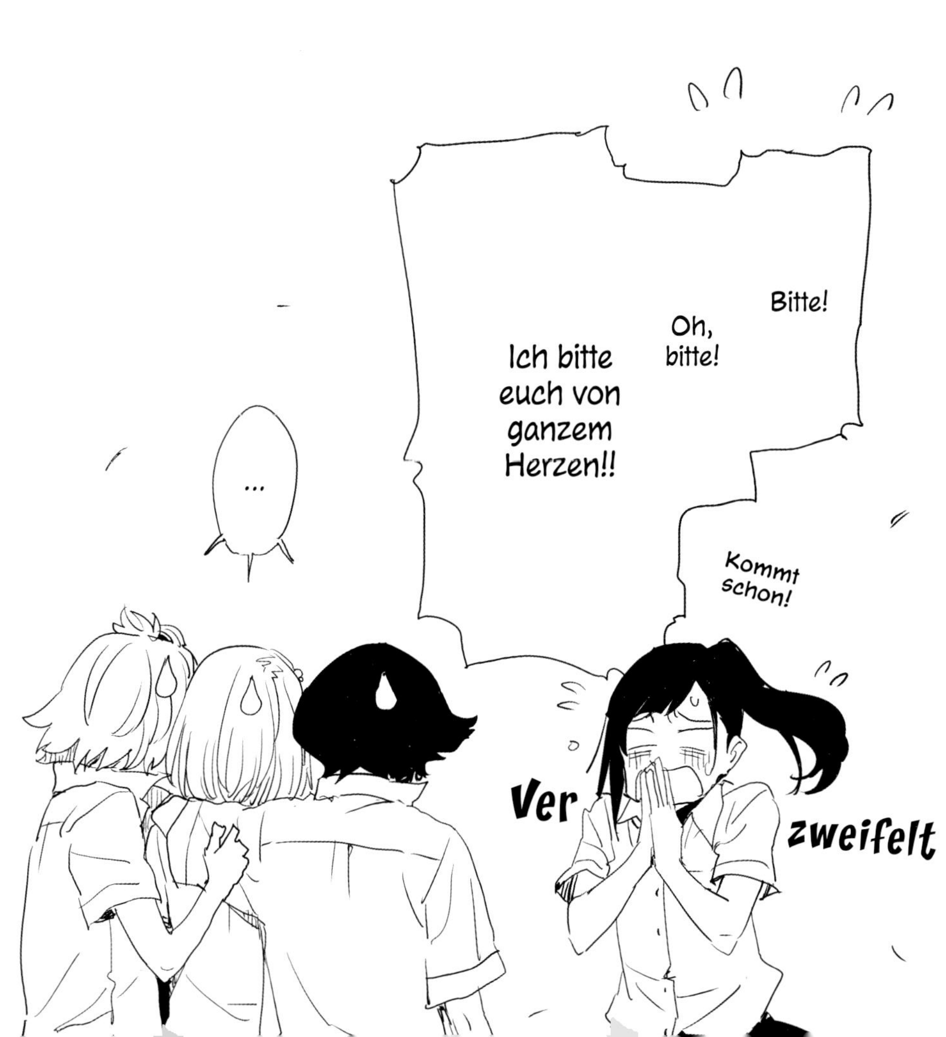
Bitte!
Oh, bitte!
Ich bitte euch von ganzem Herzen!!
Kommt schon!
...
Ver zweifelt

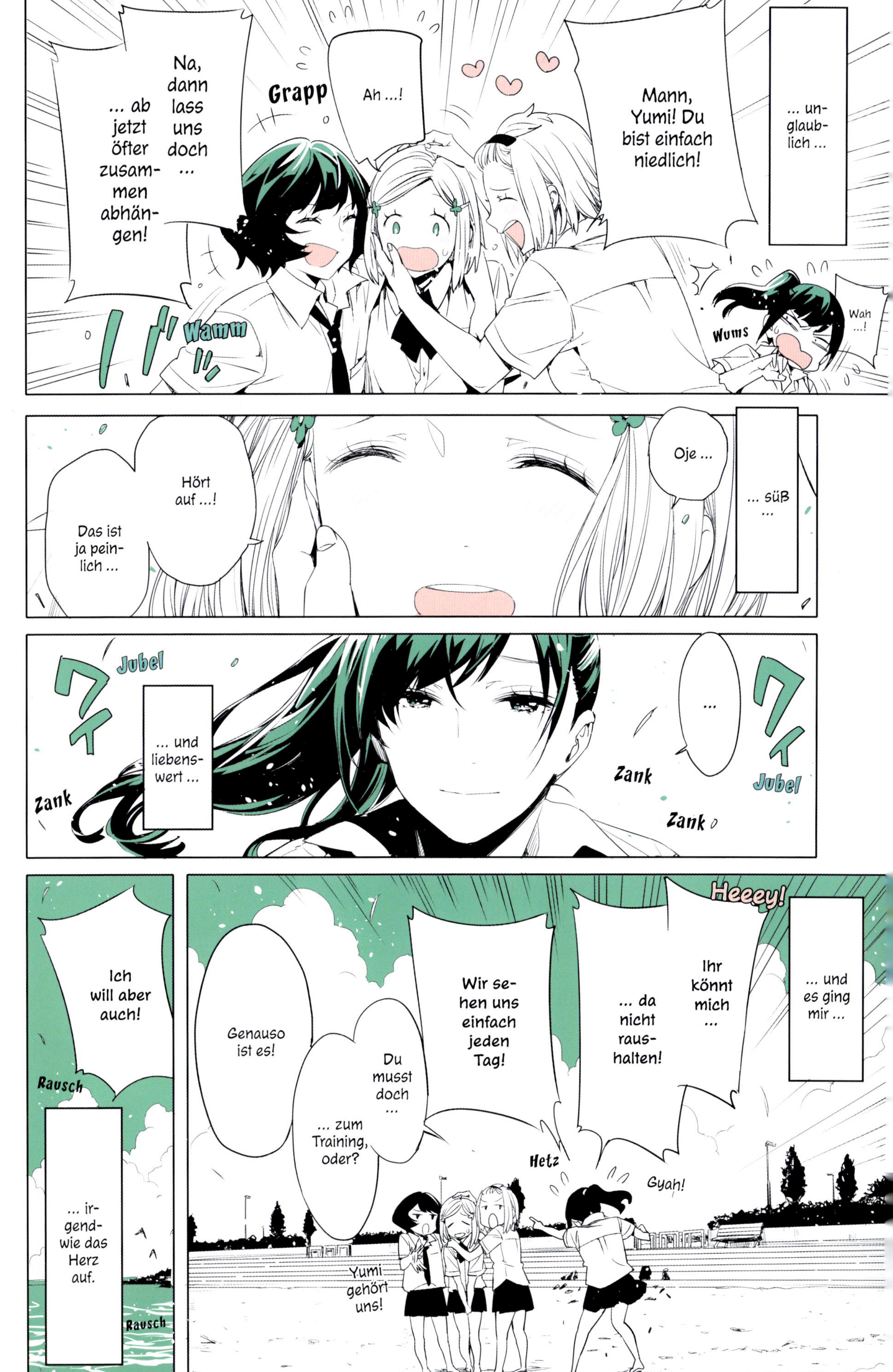
... un-glaub-lich ...
Mann, Yumi! Du bist einfach niedlich!
Ah ...!
Grapp
Na, dann lass uns doch ...
... ab jetzt öfter zusammen abhängen!
Wamm
Wah ...!
Wums
... süß ...
Oje ...
Hört auf ...!
Das ist ja peinlich ...
...
Jubel
Zank
... und liebenswert ...
Jubel
Zank
Zank
... und es ging mir ...
Heeey!
Ihr könnt mich ...
... da nicht raushalten!
Wir sehen uns einfach jeden Tag!
Du musst doch ...
... zum Training, oder?
Genauso ist es!
Hetz
Gyah!
Yumi gehört uns!
Ich will aber auch!
Rausch
... irgendwie das Herz auf.
Rausch

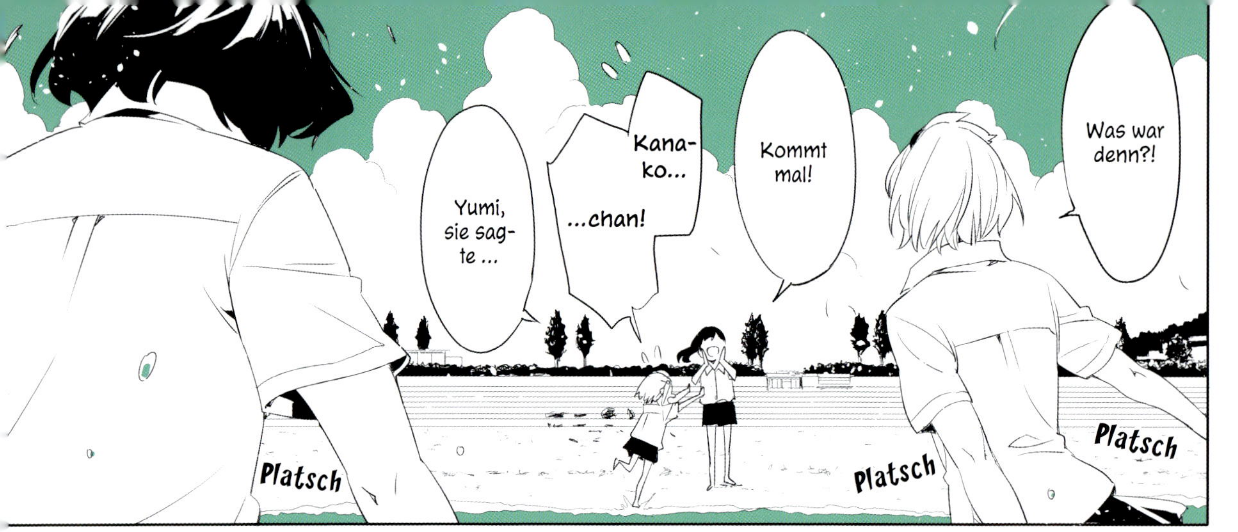
Was war denn?!
Kommt mal!
Kana-ko...
...chan!
Yumi, sie sag-te ...
Platsch
Platsch
Platsch

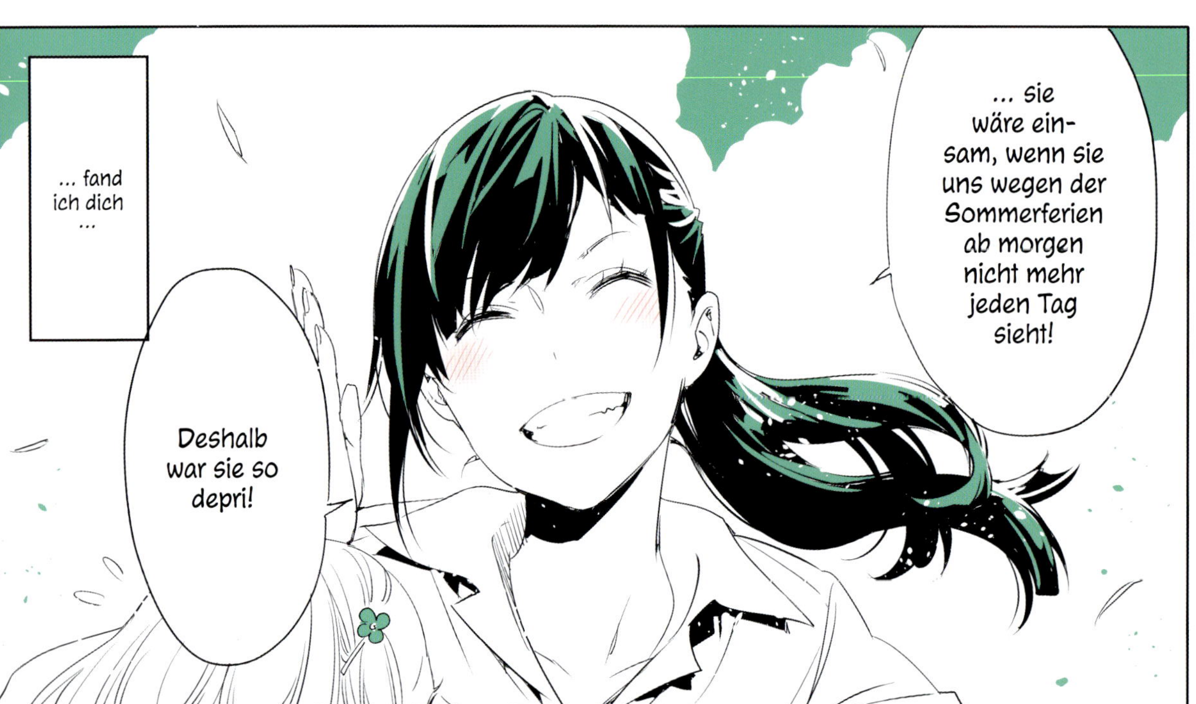
... sie wäre ein-sam, wenn sie uns wegen der Sommerferien ab morgen nicht mehr jeden Tag sieht!
... fand ich dich ...
Deshalb war sie so depri!

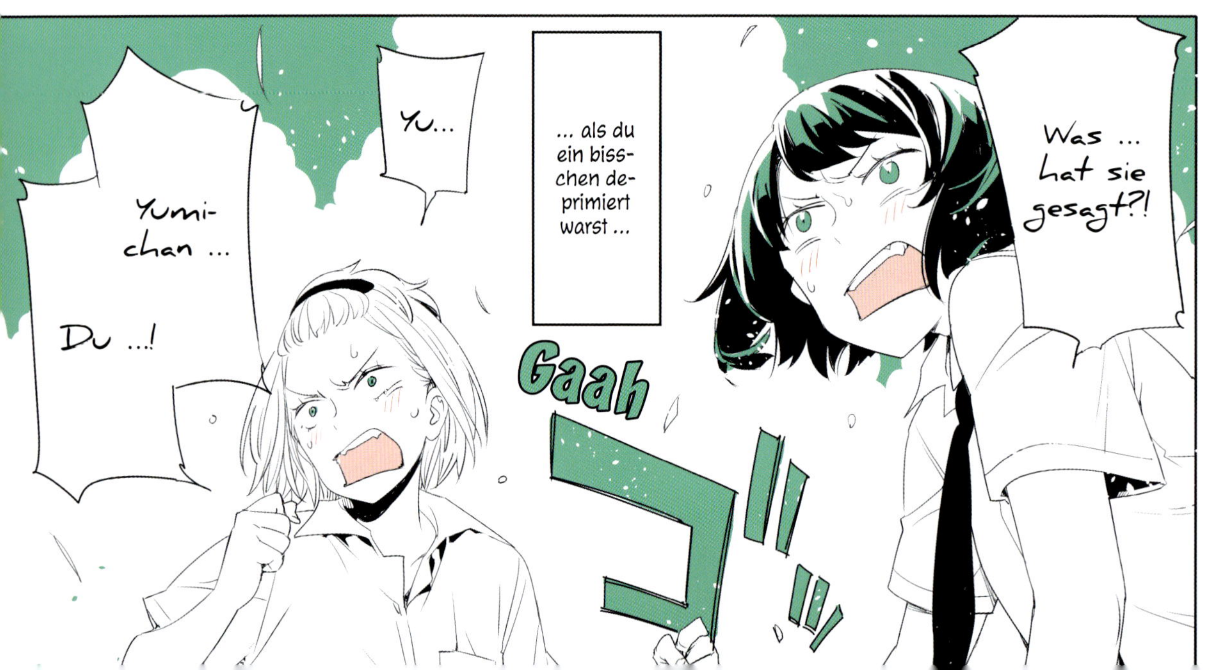
Was ... hat sie gesagt?!
... als du ein bisschen de-primiert warst ...
Yu...
Yumi-chan ...
Du ...!
Gaah

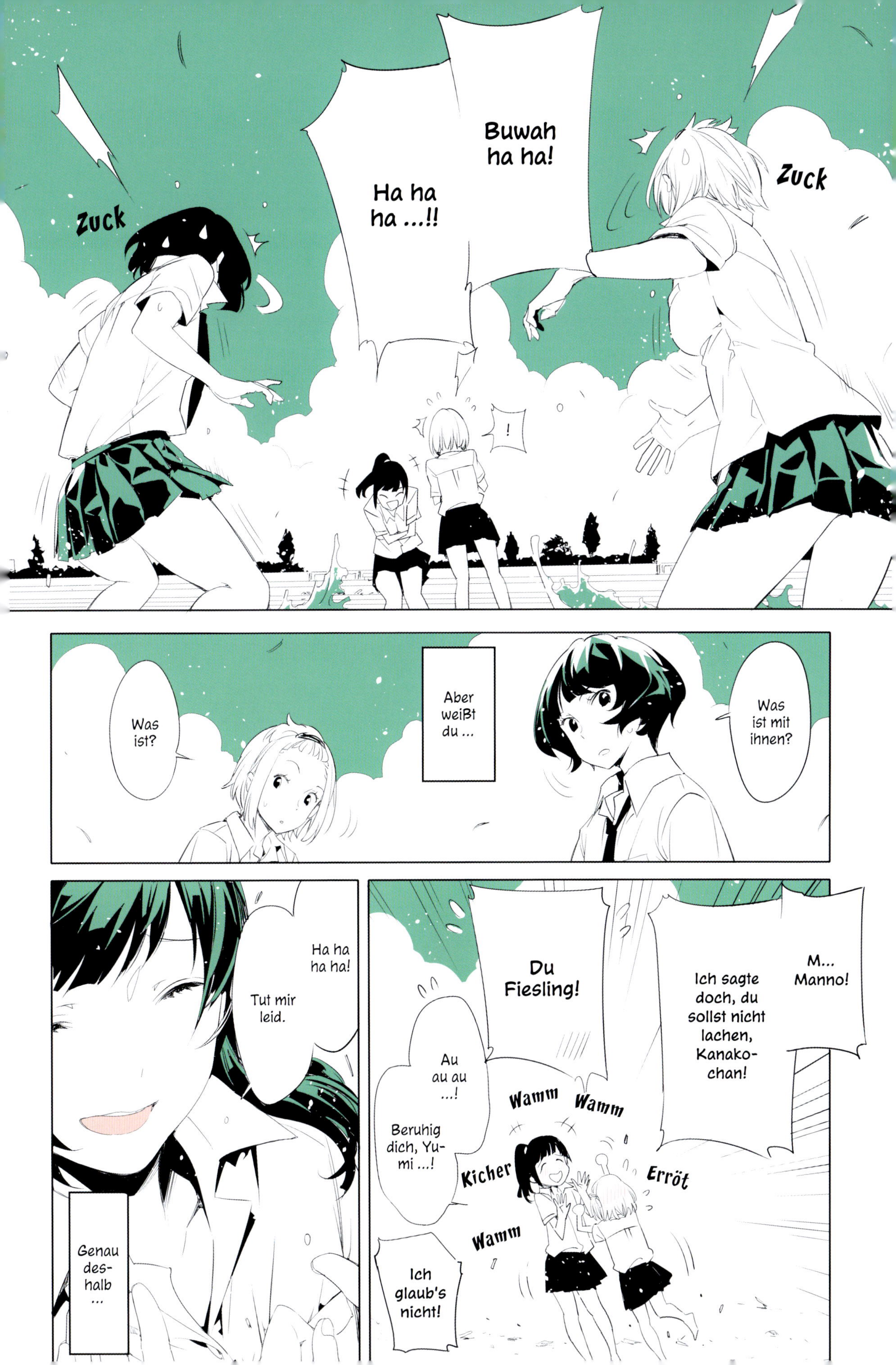

Buwah ha ha!
Ha ha ha ...!!
Zuck
Zuck
!

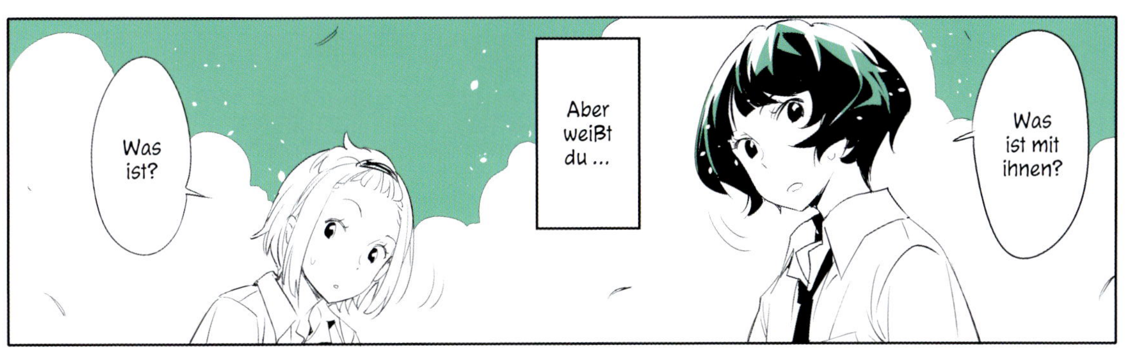

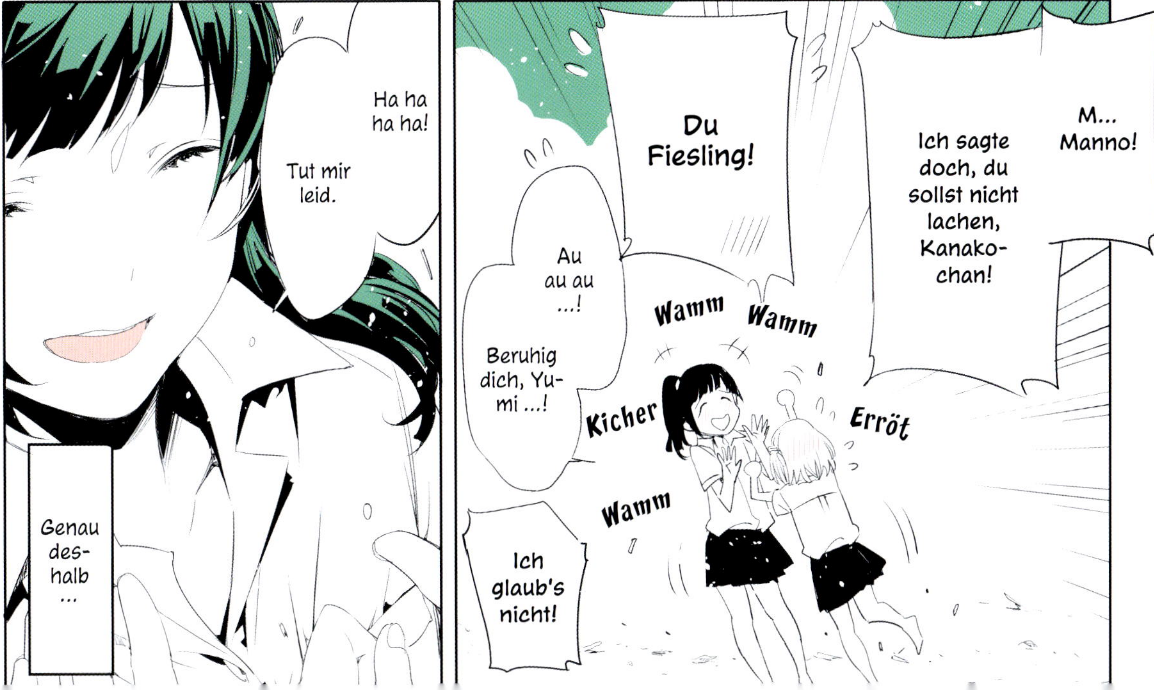

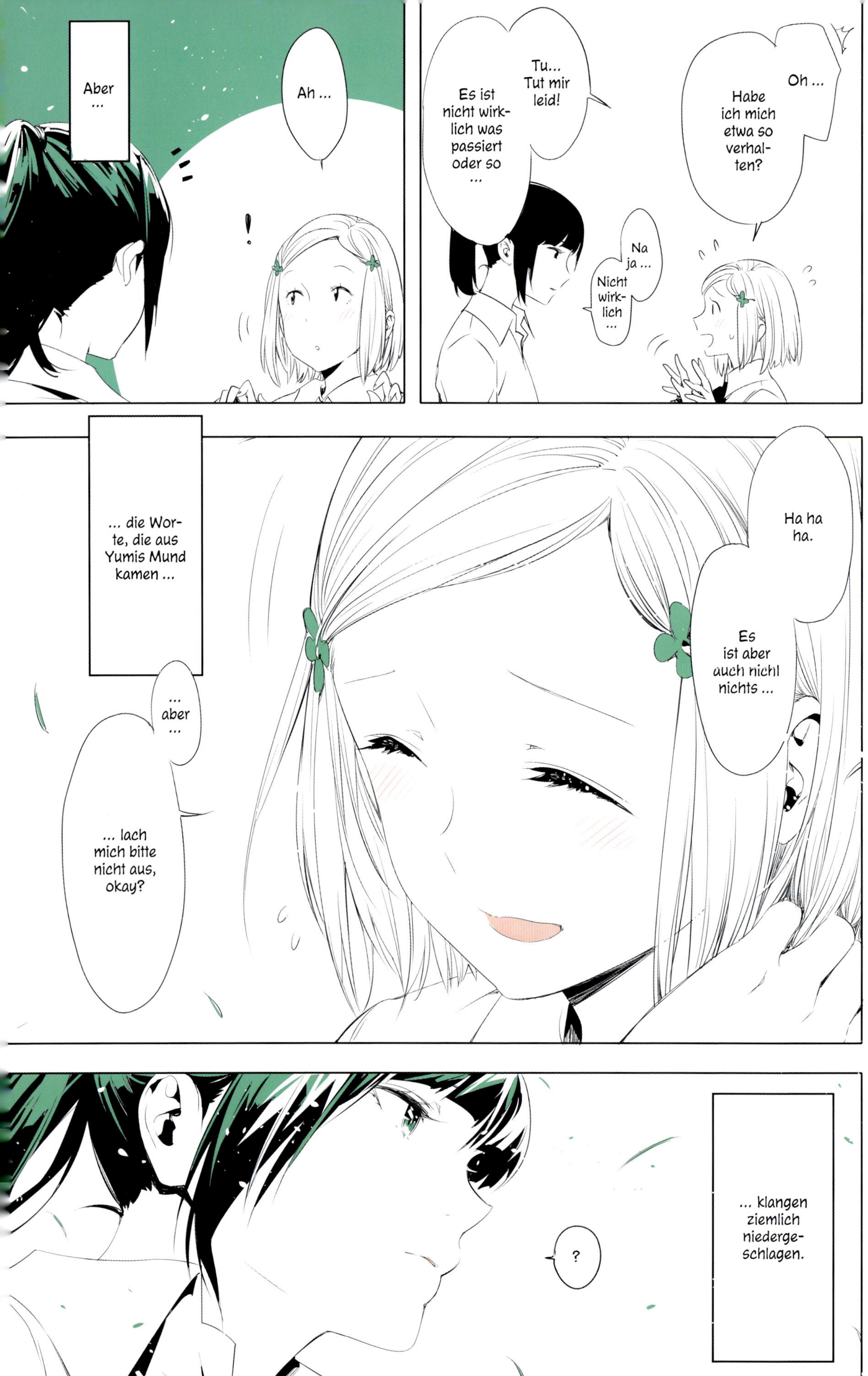

Oh ...
Habe ich mich etwa so verhalten?
Na ja ... Nicht wirklich ...
Tu... Tut mir leid!
Es ist nicht wirklich was passiert oder so ...
Ah ...
Aber ...
Ha ha ha.
Es ist aber auch nicht nichts ...
... aber ...
... lach mich bitte nicht aus, okay?
... die Worte, die aus Yumis Mund kamen ...
... klangen ziemlich niedergeschlagen.
?

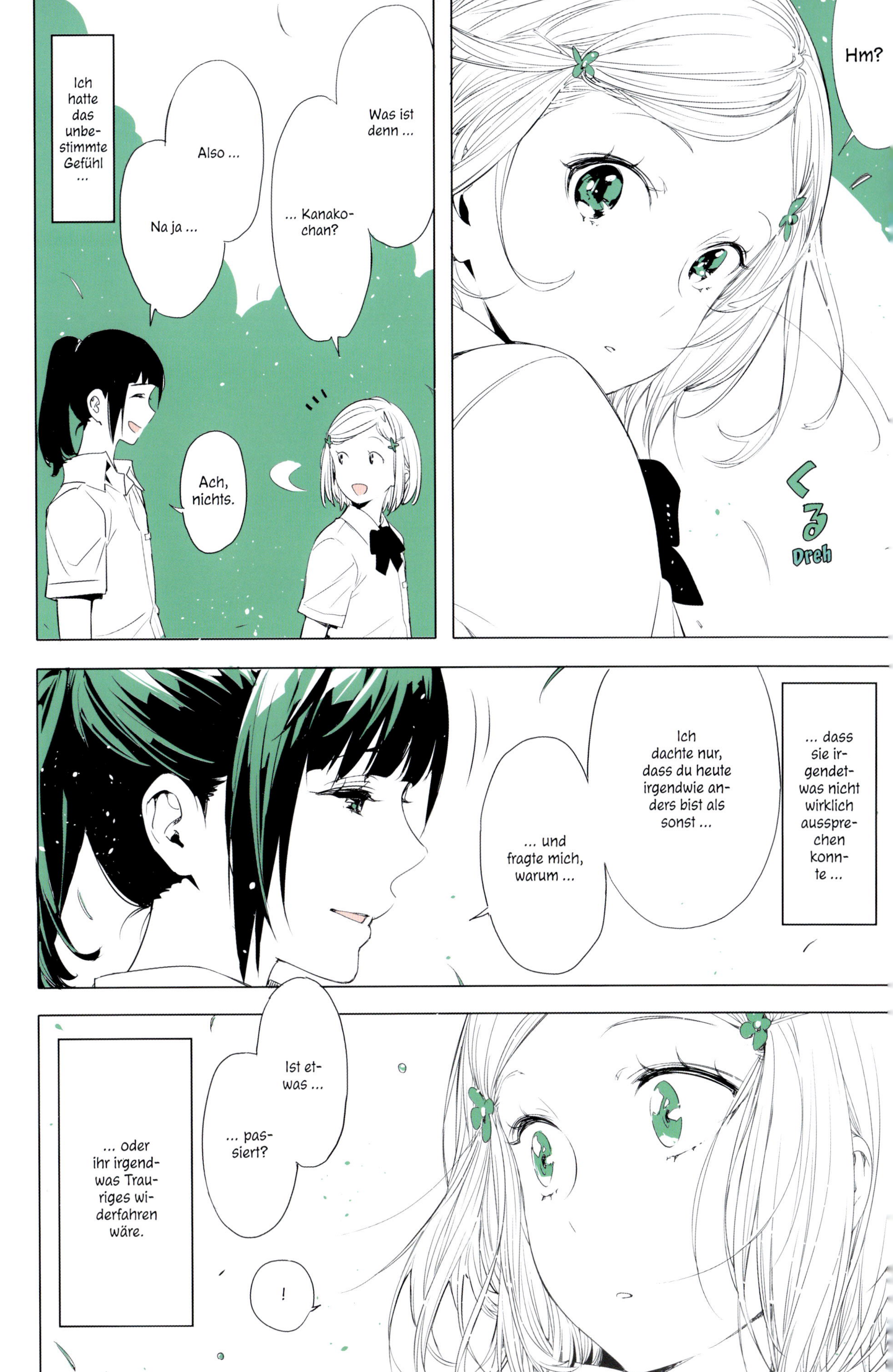
Hm?
くる
Dreh
Was ist denn ... ... Kanako-chan?
Also ... Na ja ...
Ich hatte das unbestimmte Gefühl ...
Ach, nichts.
... dass sie irgendetwas nicht wirklich aussprechen konnte ...
Ich dachte nur, dass du heute irgendwie anders bist als sonst ...
... und fragte mich, warum ...
Ist etwas ... ... passiert?
!
... oder ihr irgendwas Trauriges widerfahren wäre.

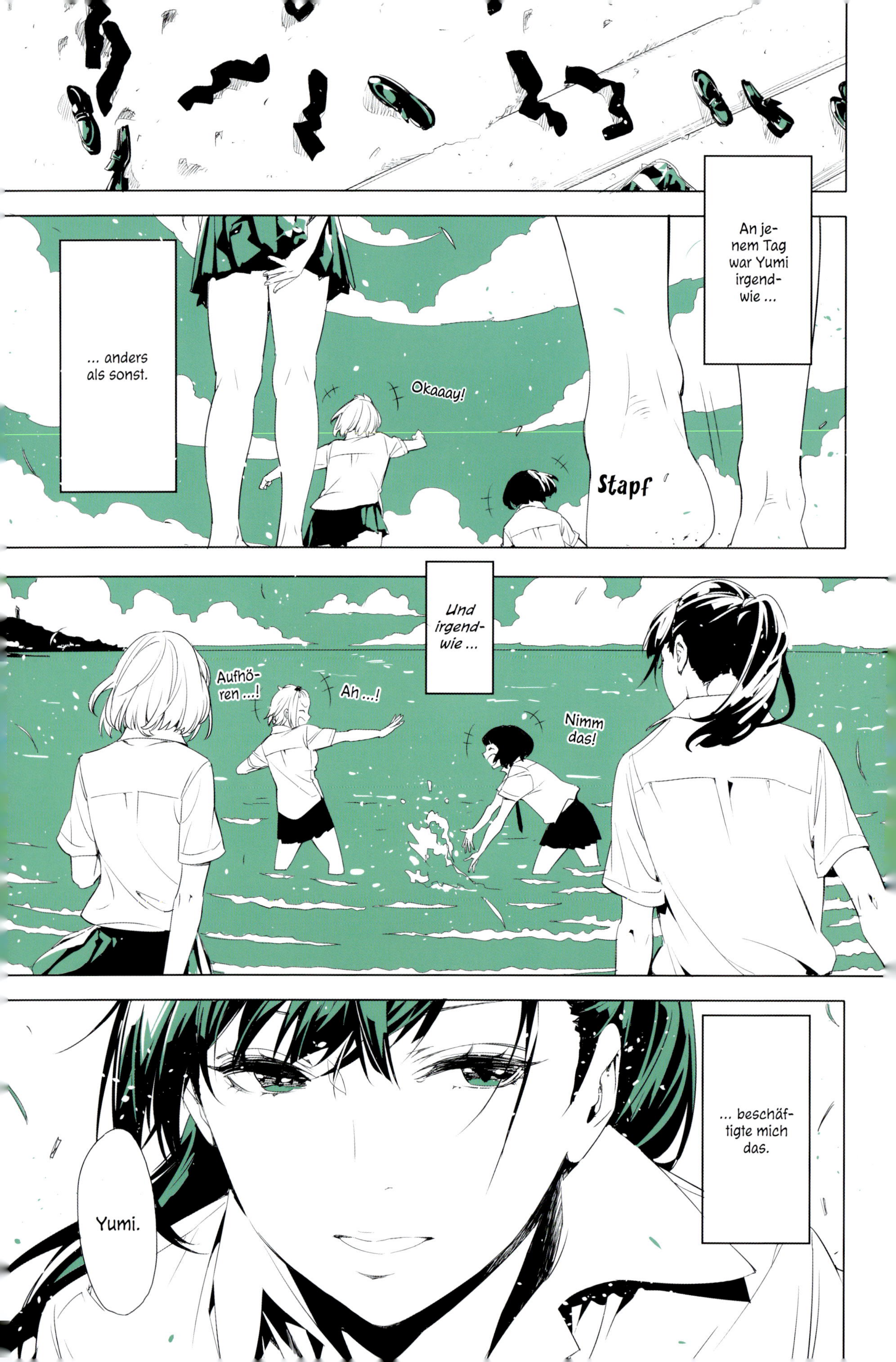

An jenem Tag war Yumi irgendwie ...

Stapf

Okaaay!

... anders als sonst.

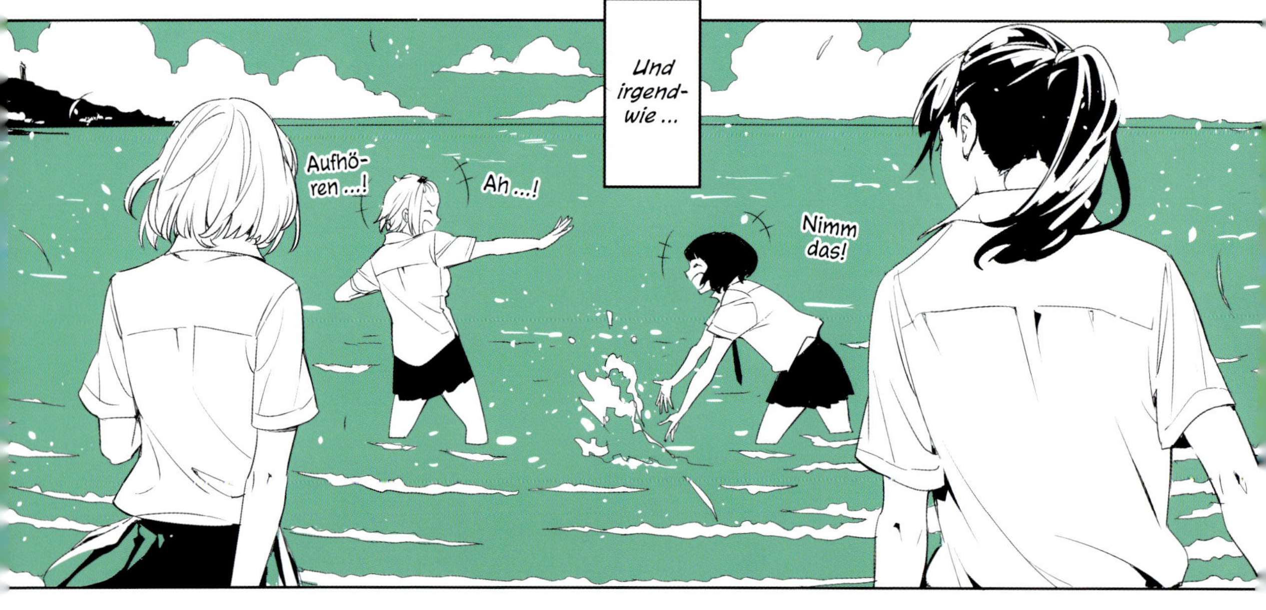

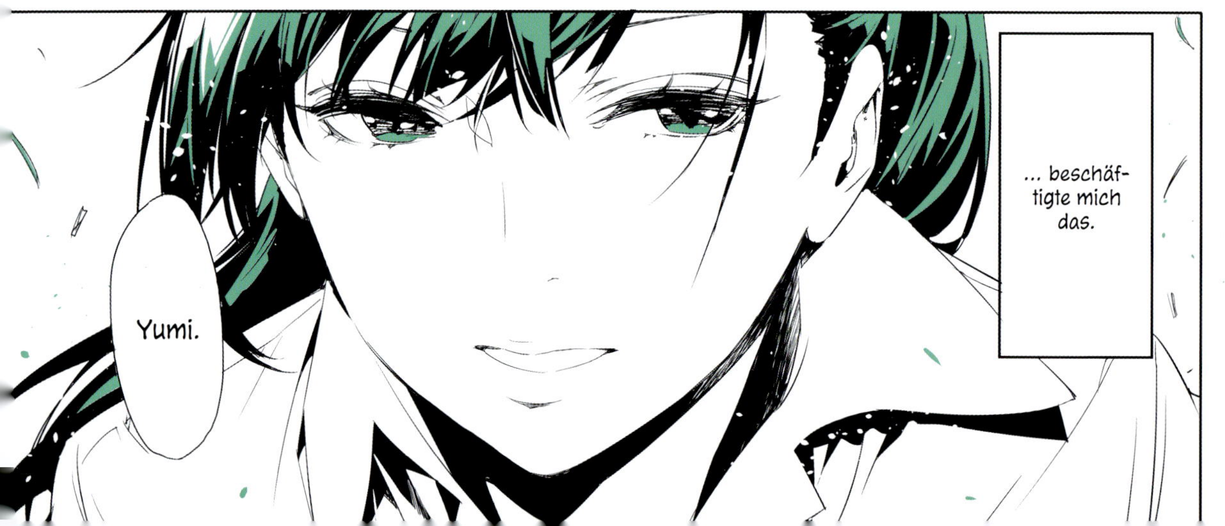

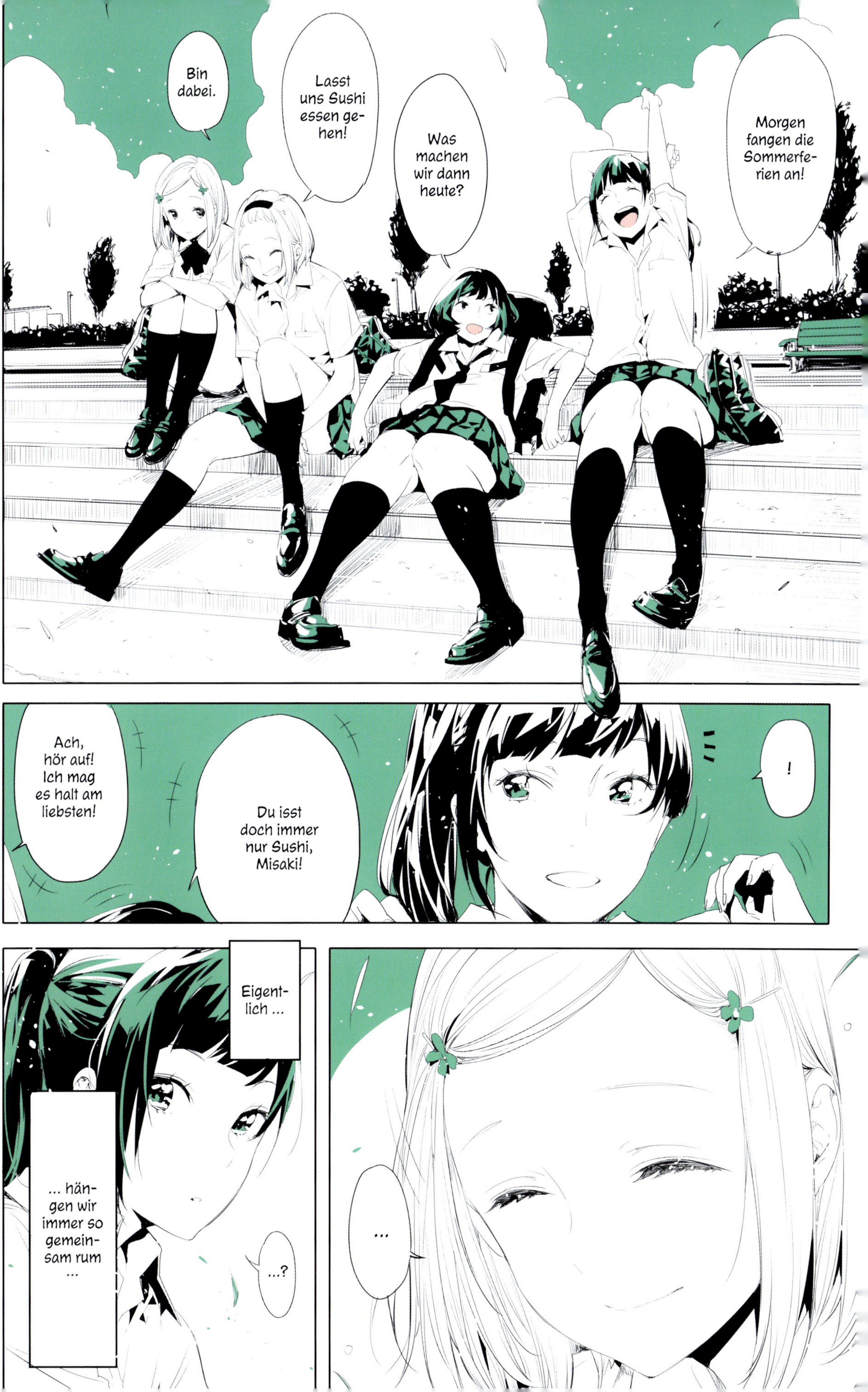

Morgen fangen die Sommerferien an!

Was machen wir dann heute?

Lasst uns Sushi essen gehen!

Bin dabei.

!

Du isst doch immer nur Sushi, Misaki!

Ach, hör auf! Ich mag es halt am liebsten!

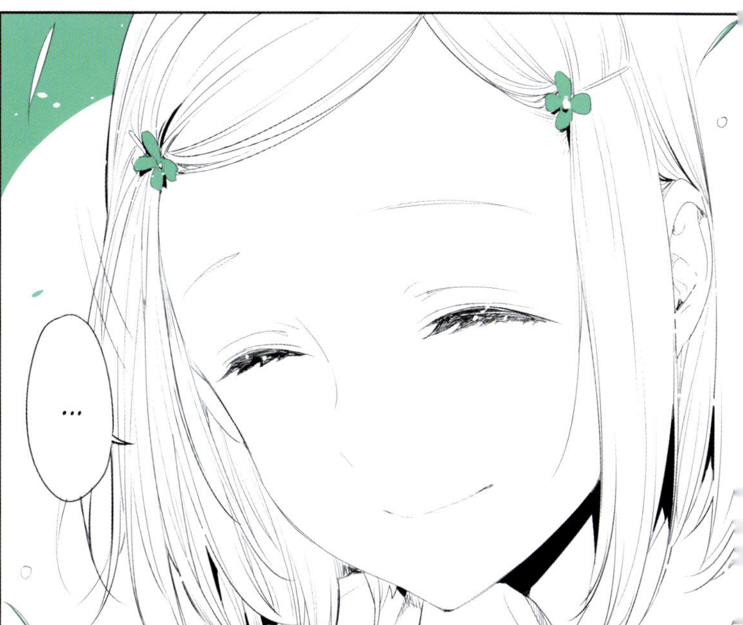

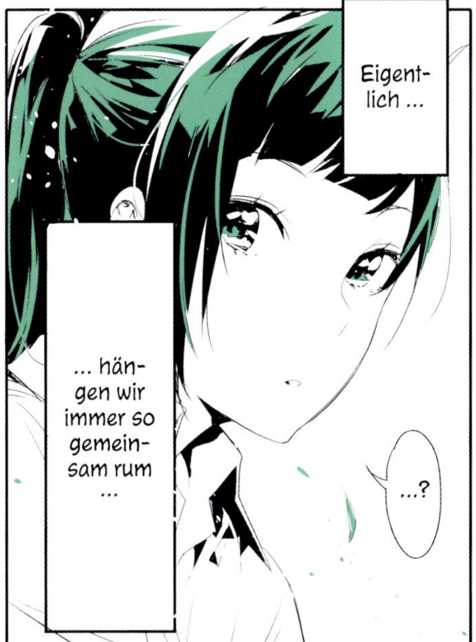

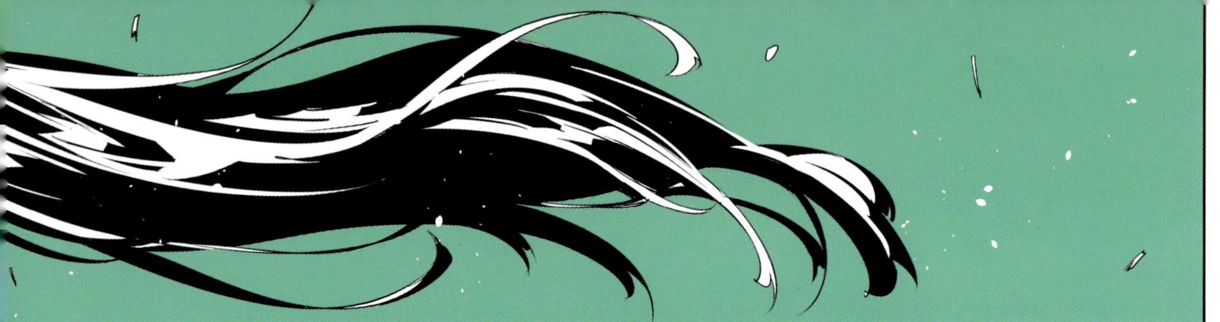

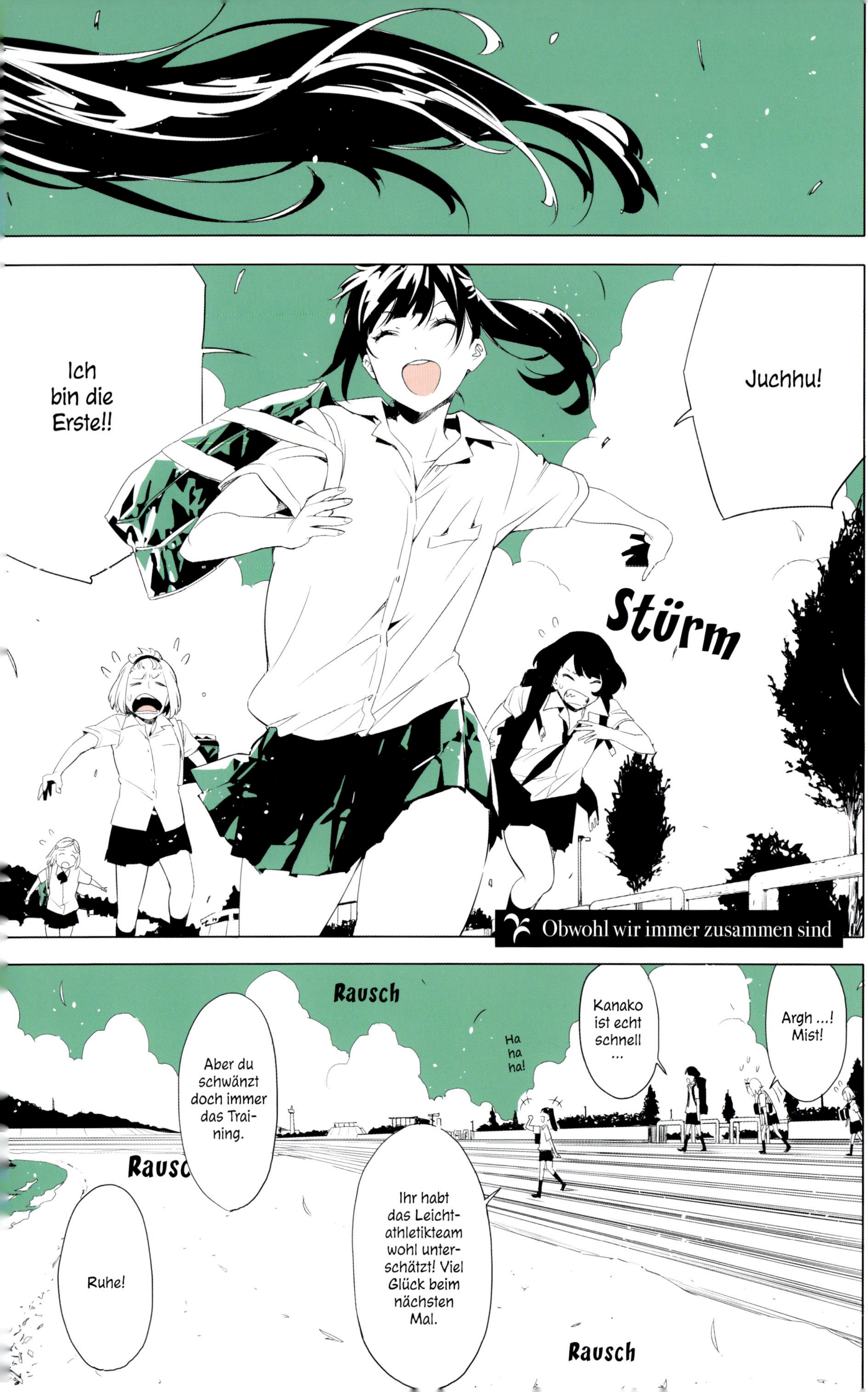

Juchhu!

Ich bin die Erste!!

Stürm

Obwohl wir immer zusammen sind

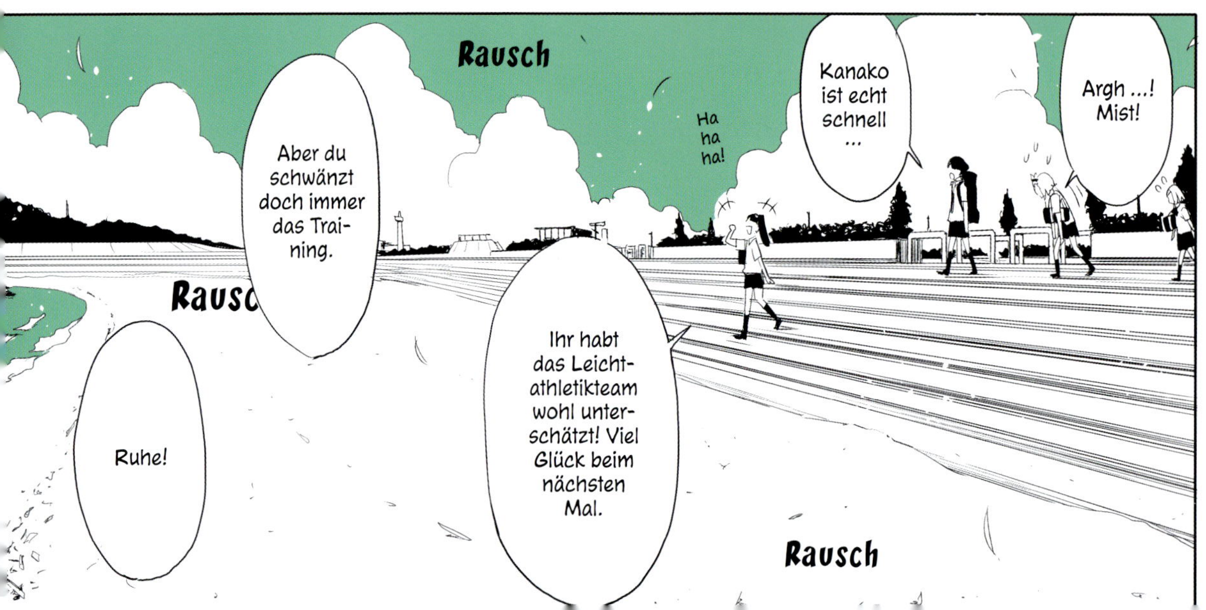

Lilium Terrarium 032

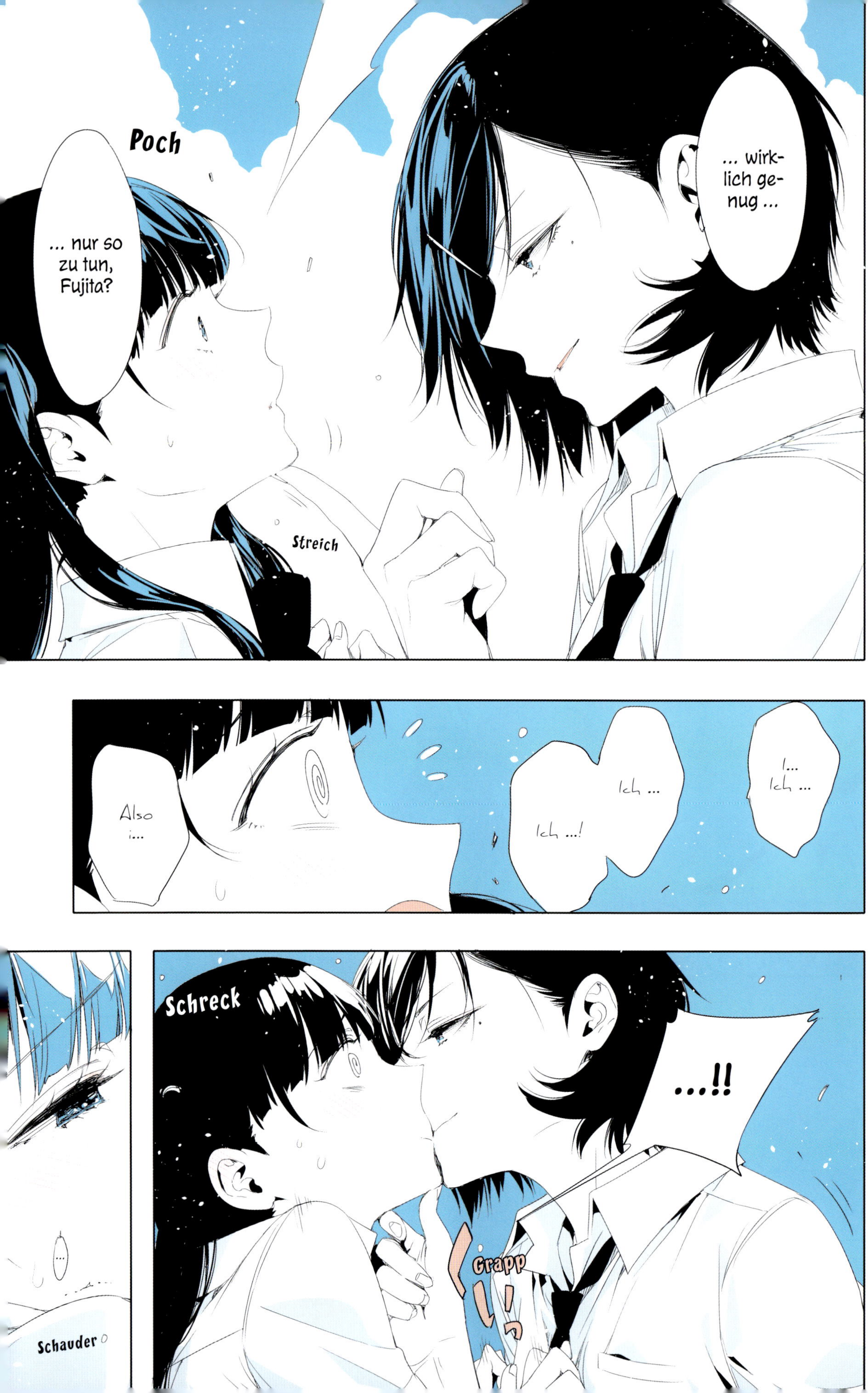

... wirklich genug ...
... nur so zu tun, Fujita?
Poch
Streich

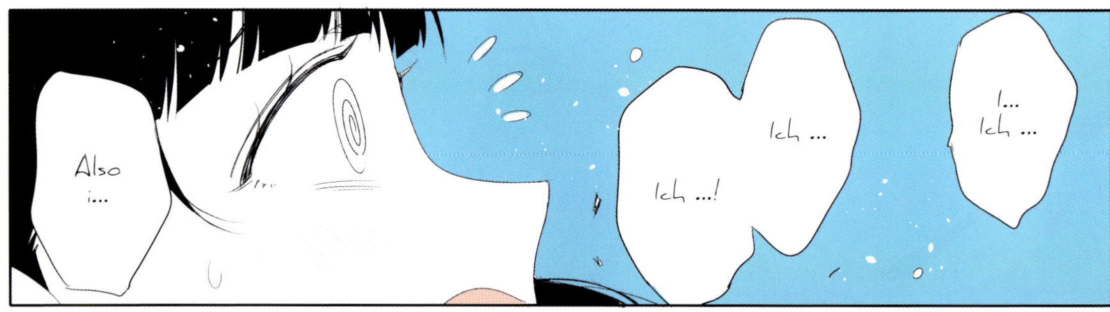

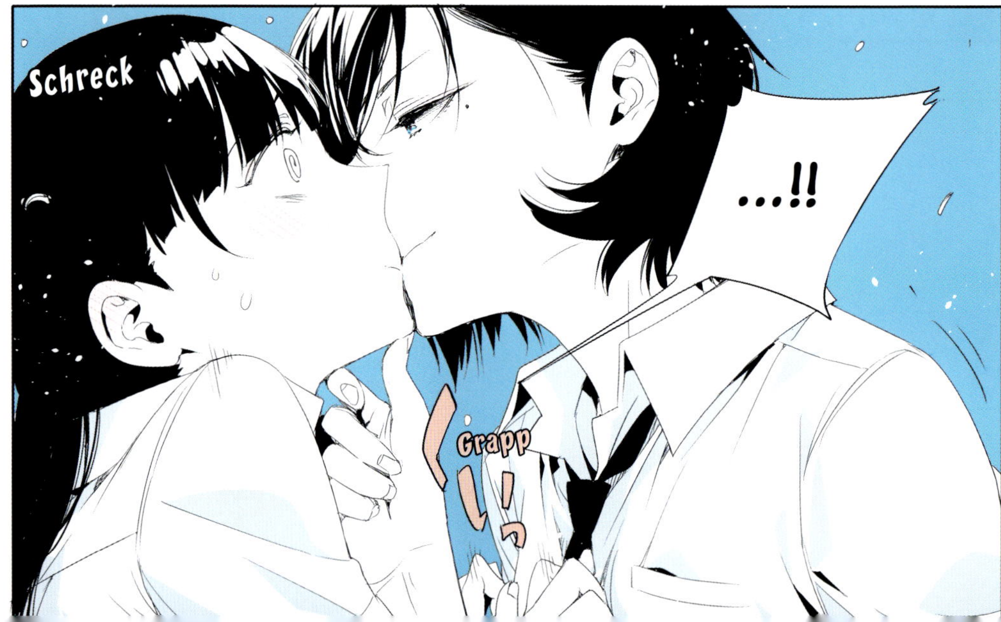

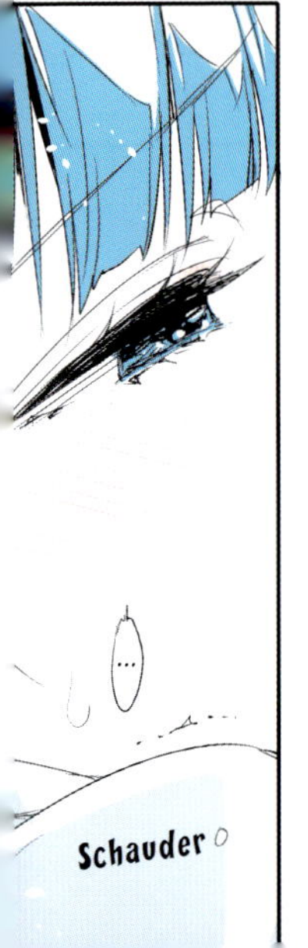

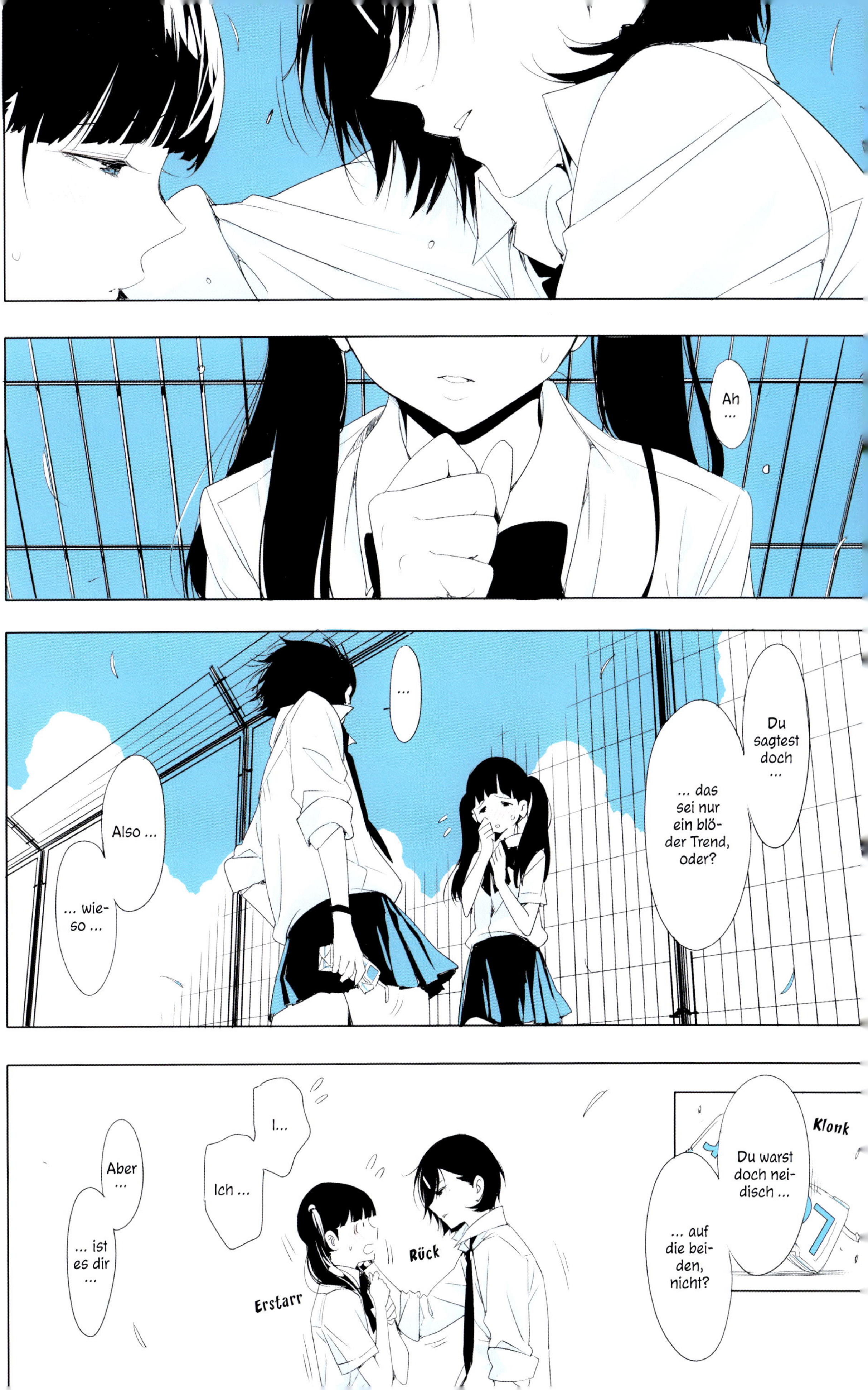

Ah ...

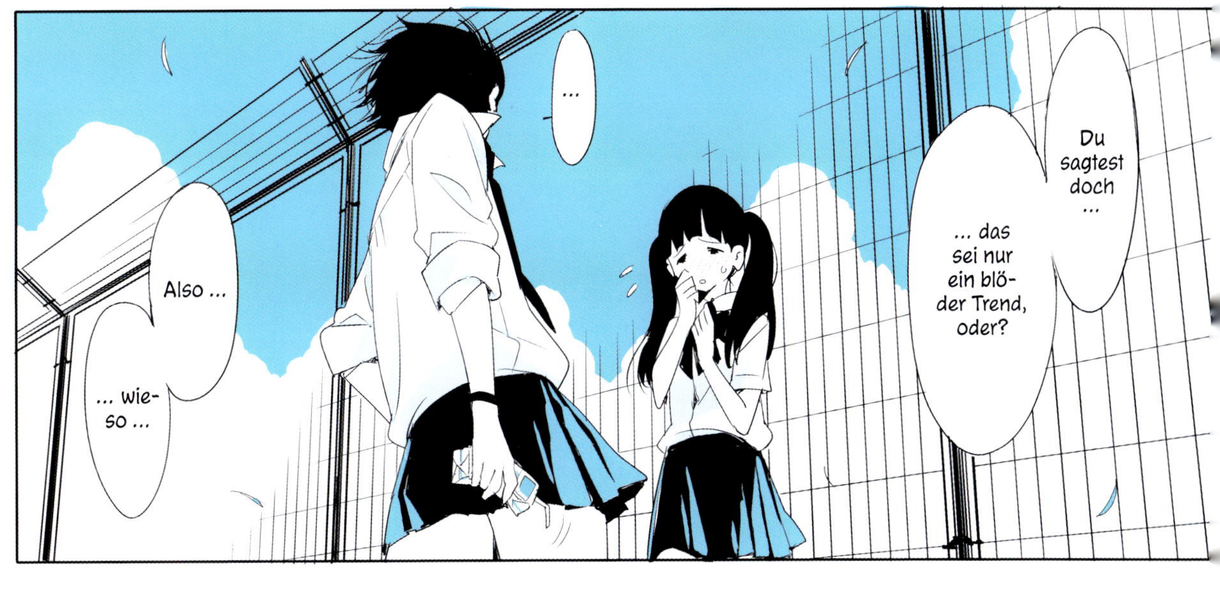
Du sagtest doch ...
... das sei nur ein blöder Trend, oder?
...
Also ...
... wieso ...

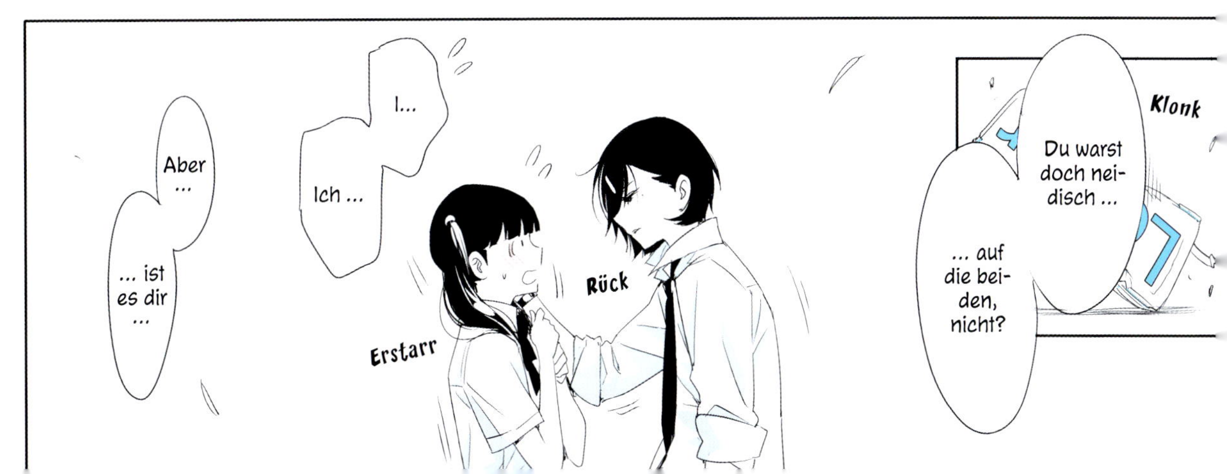
Klonk
Du warst doch neidisch ...
... auf die beiden, nicht?
Rück
Erstarr
I...
Ich ...
Aber ...
... ist es dir ...

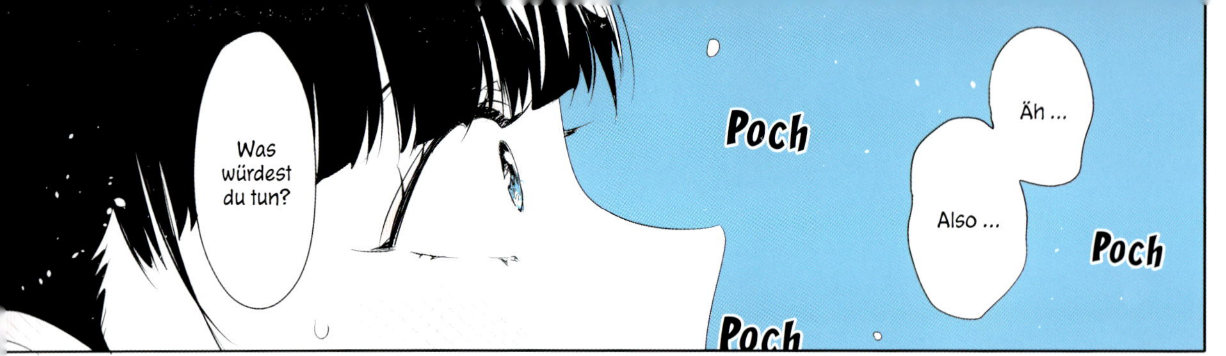
Äh ...
Poch
Also ...
Poch
Poch
Was würdest du tun?

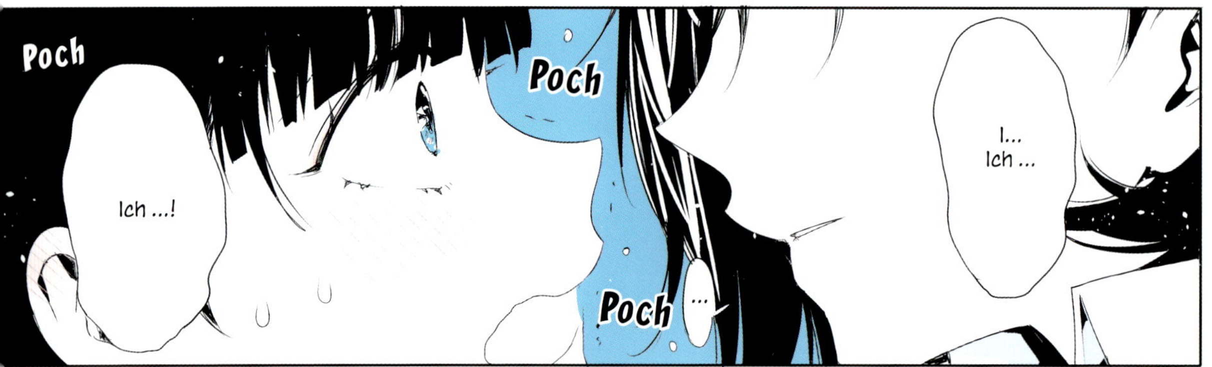
I... Ich ...
...
Poch
Poch
Ich ...!
Poch

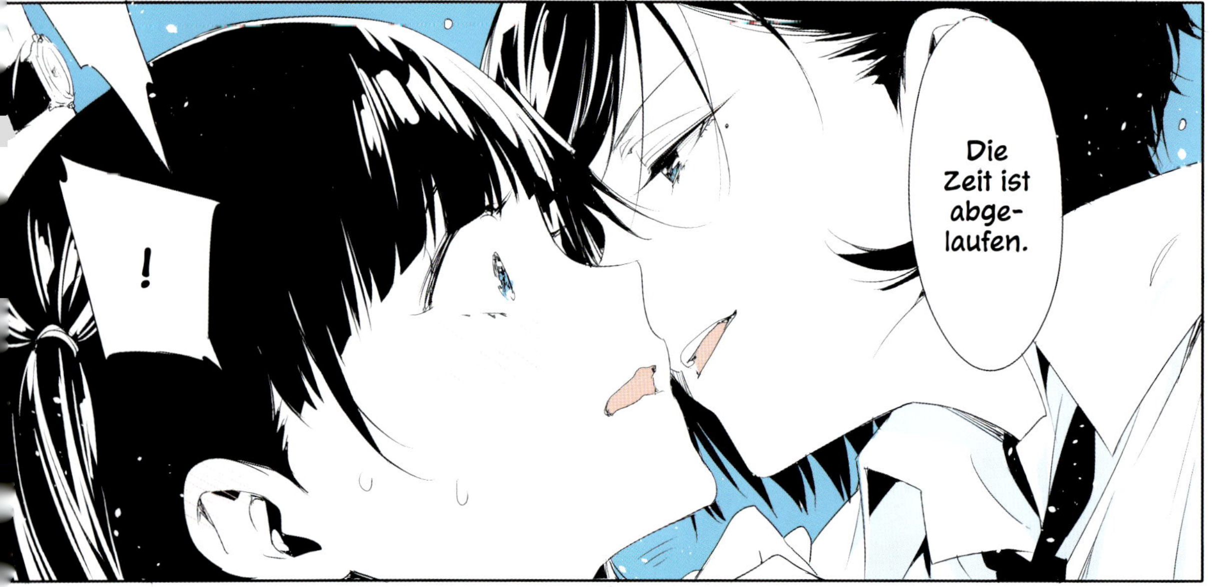
Die Zeit ist abge-laufen.
!

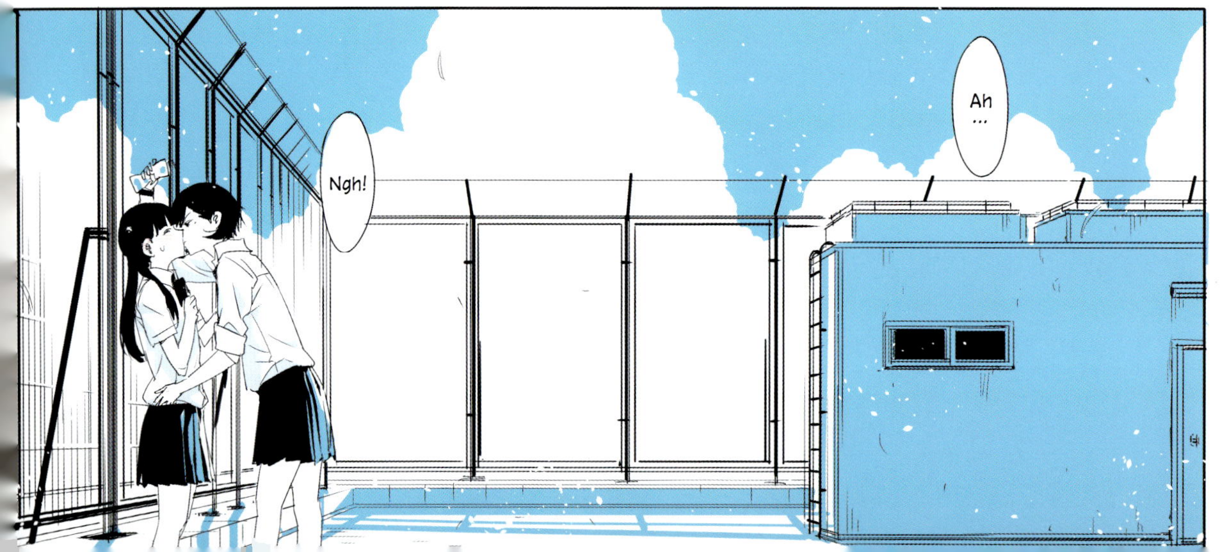
Ah ...
Ngh!

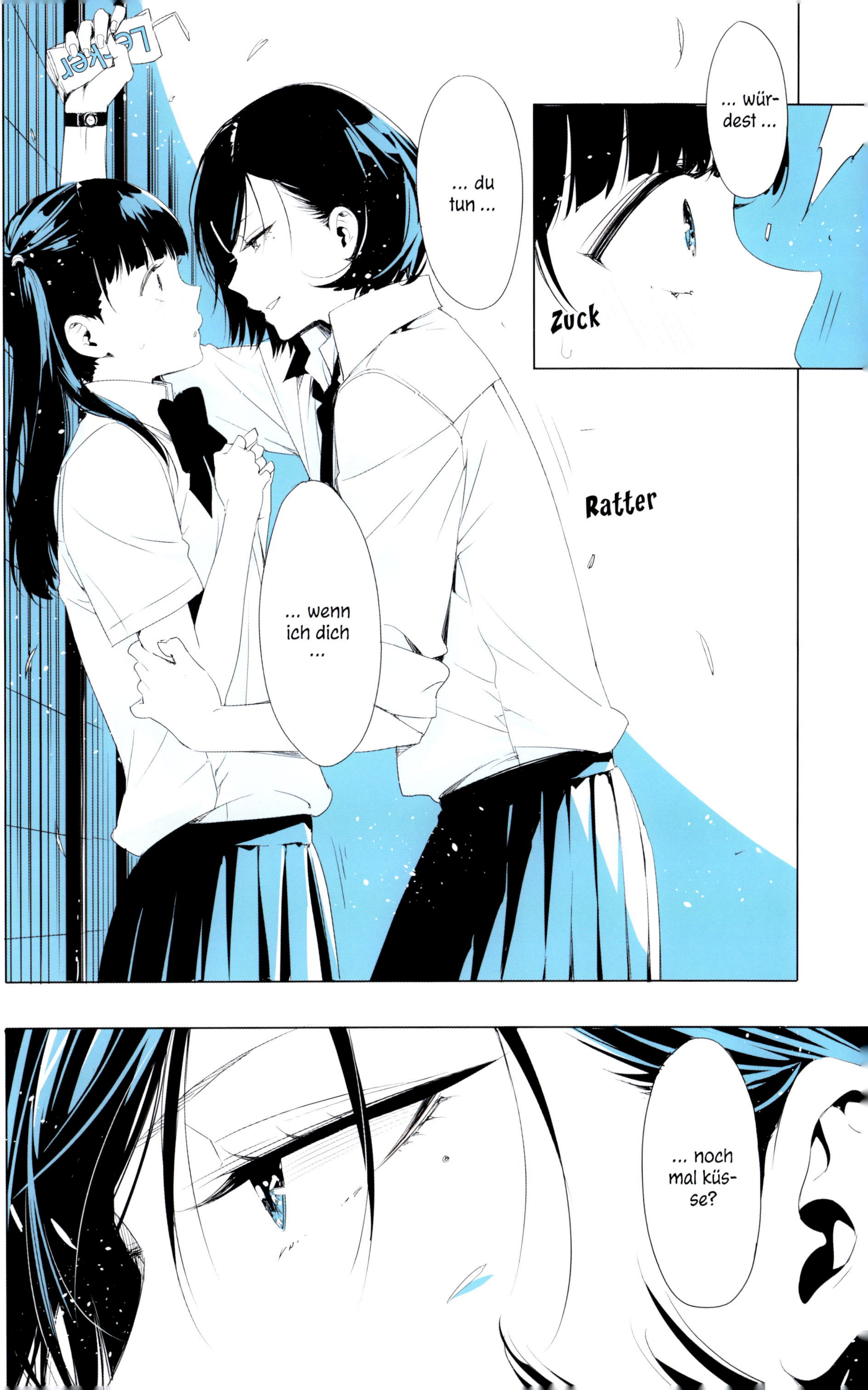

... würdest ...

Zuck

... du tun ...

Ratter

... wenn ich dich ...

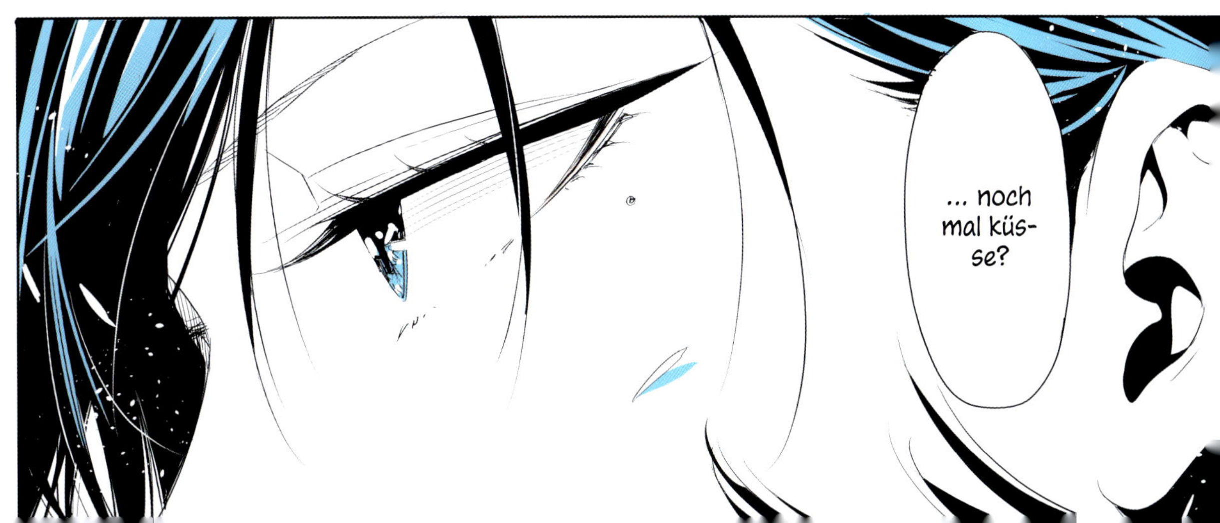

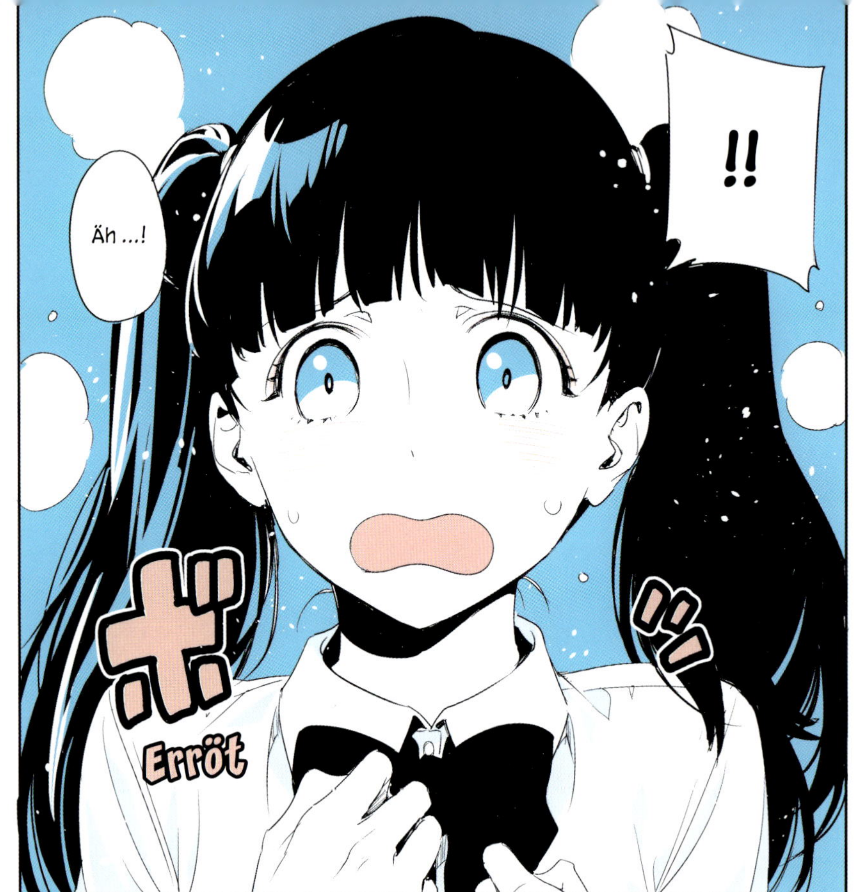
!!
Äh ...!
Errröt

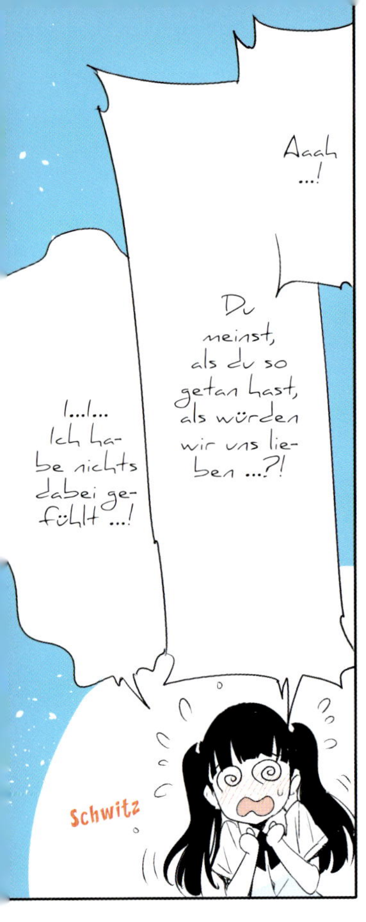
Aaah ...!
Du meinst, als du so getan hast, als würden wir uns lieben ...?!
I...I... Ich habe nichts dabei gefühlt ...!
Schwitz

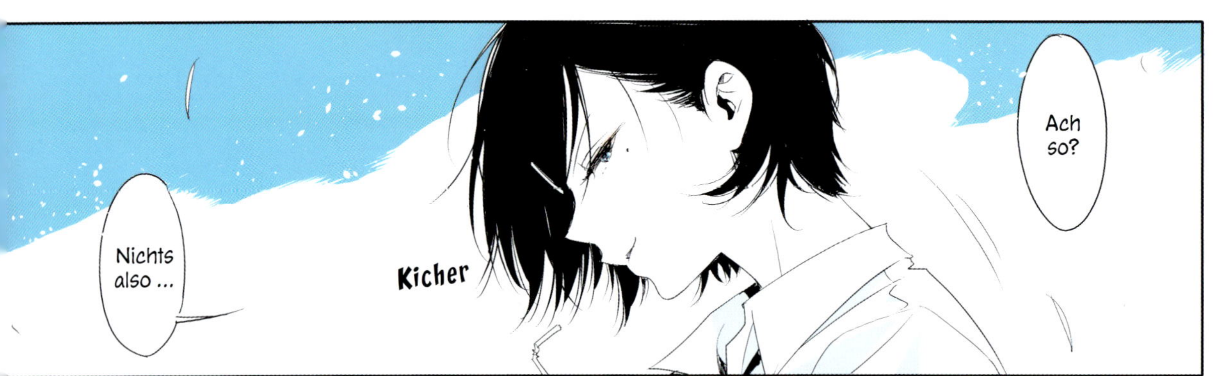
Ach so?
Kicher
Nichts also ...

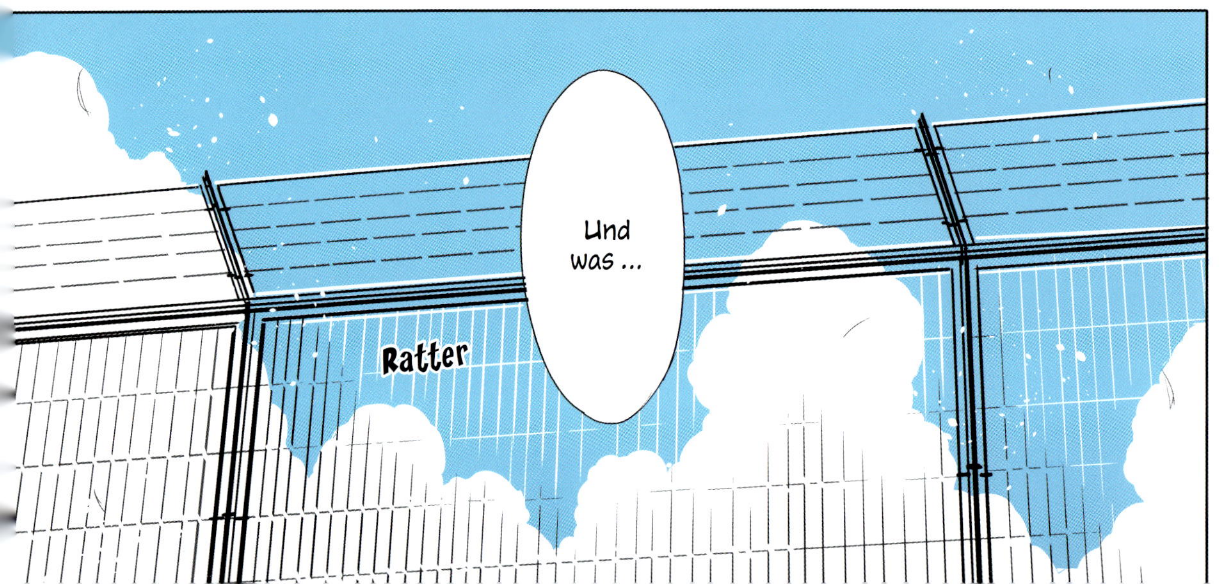
Und was ...
Ratter

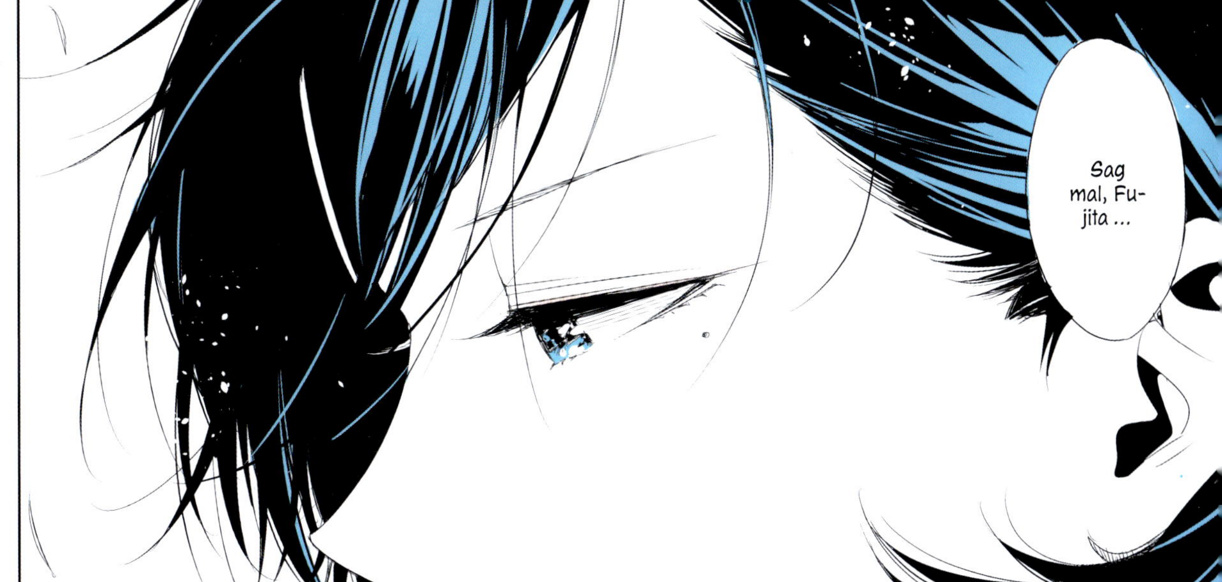

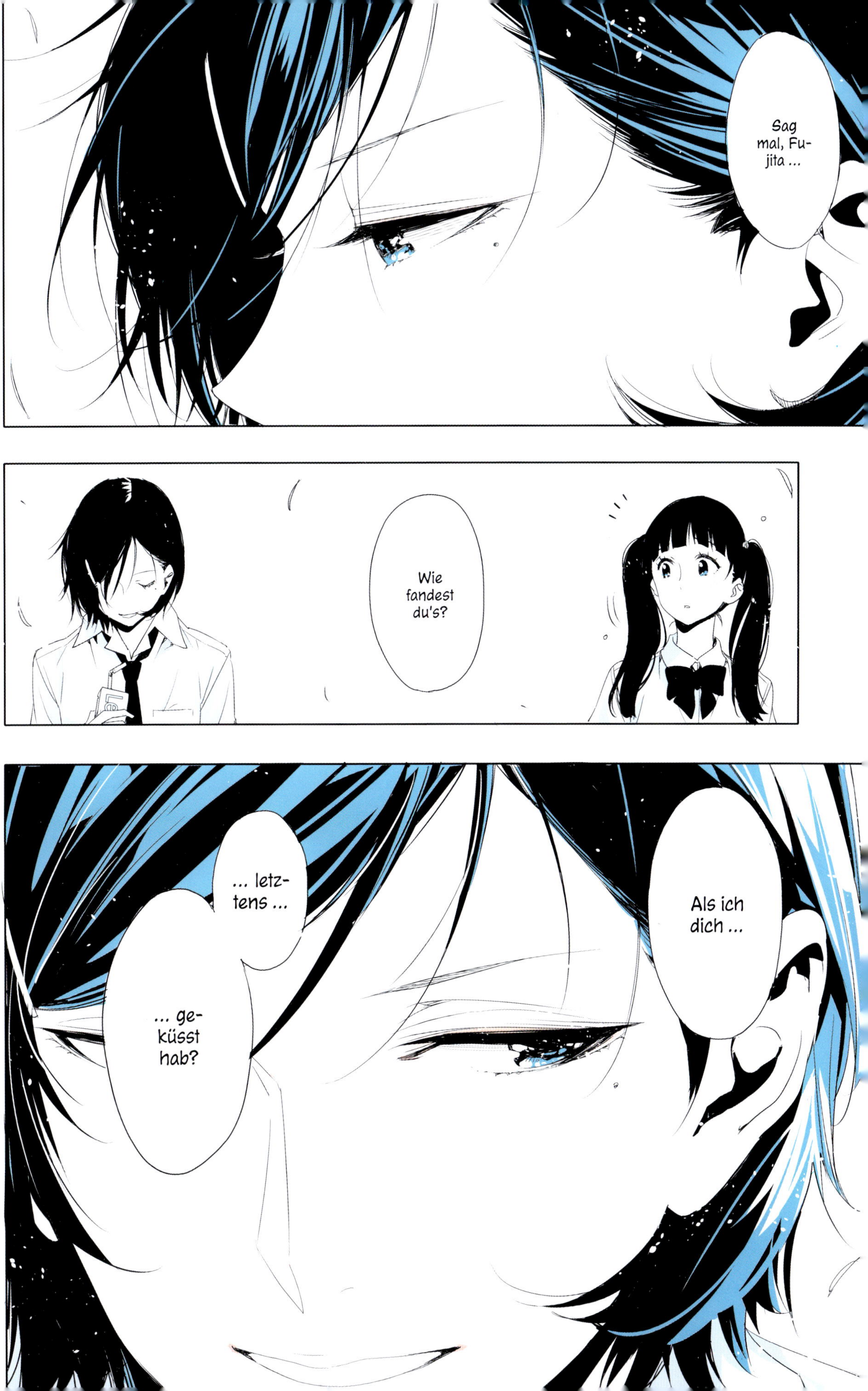

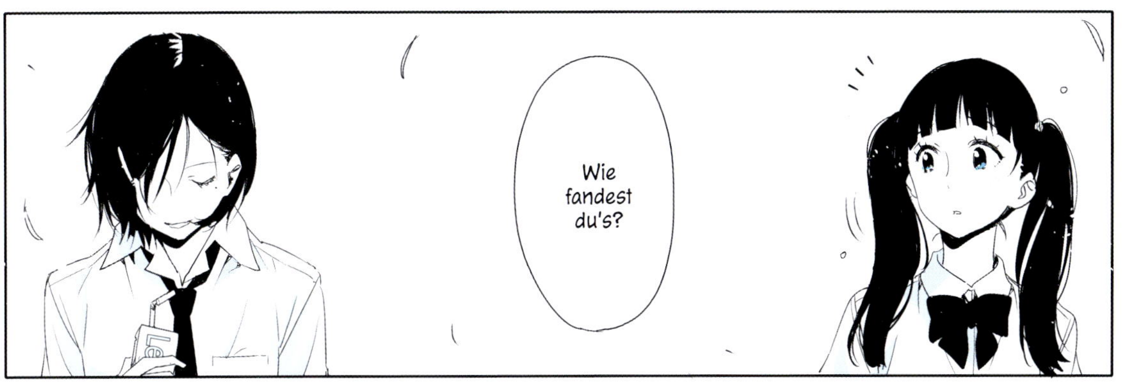

Als ich dich ...

... letztens ...

... geküsst hab?

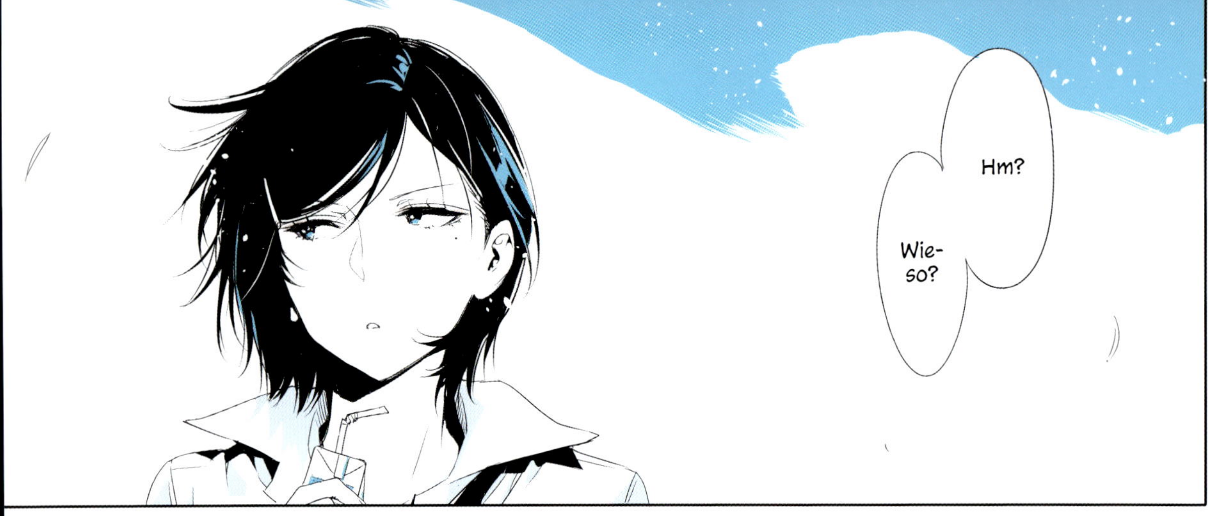

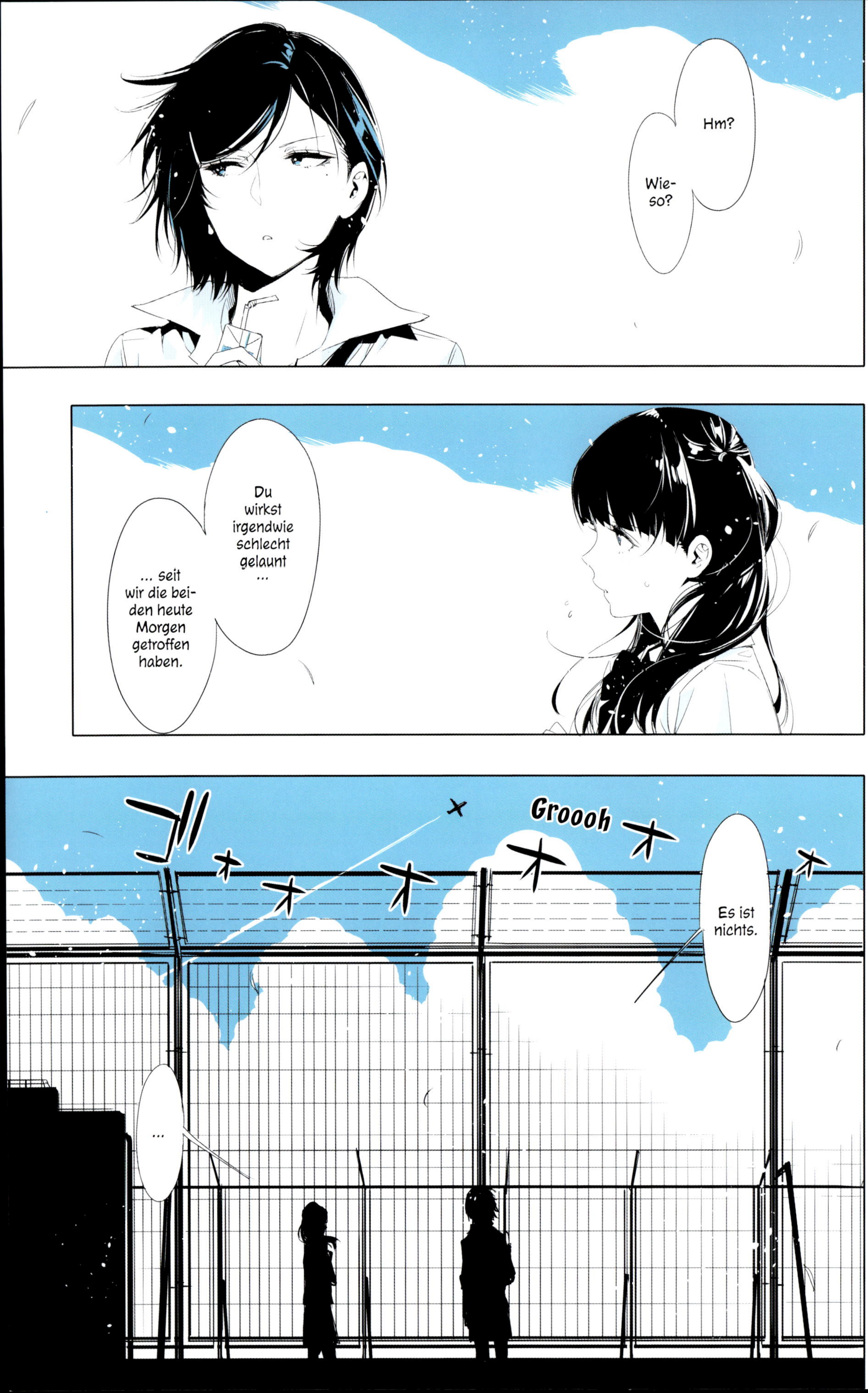

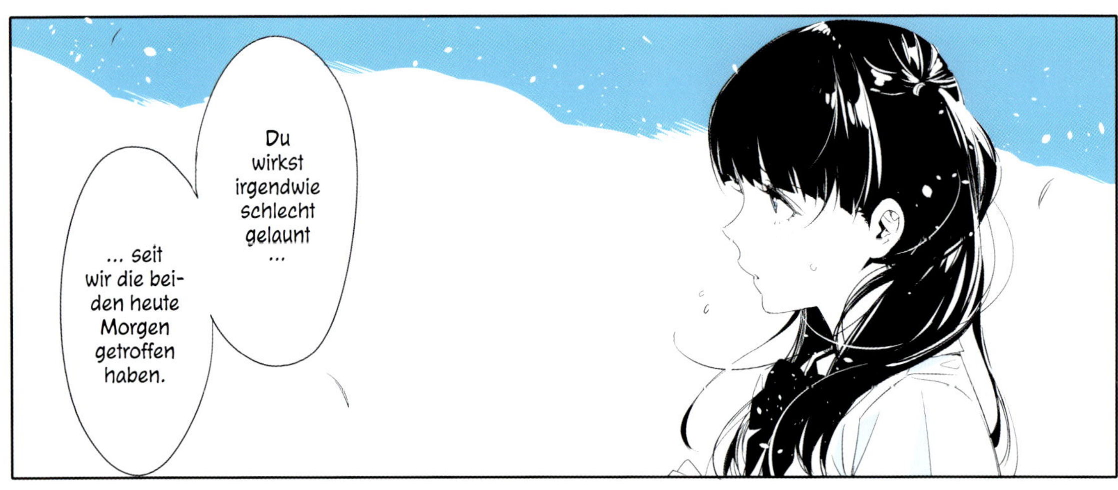

Groooh

Es ist nichts.

...

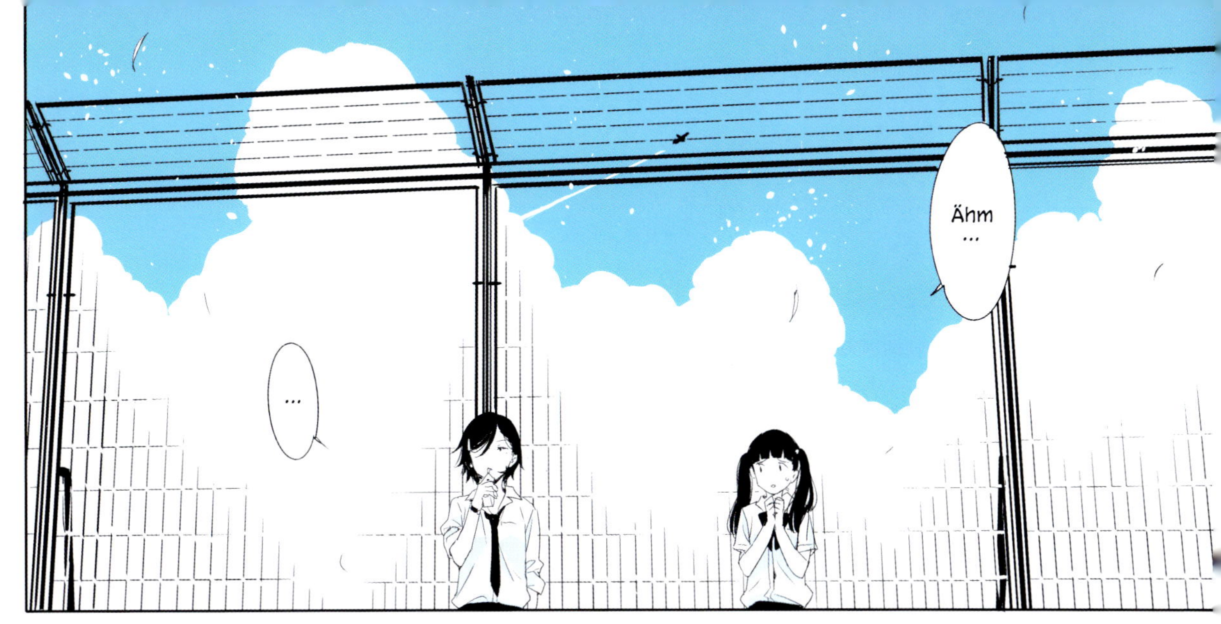
Ähm ...
...

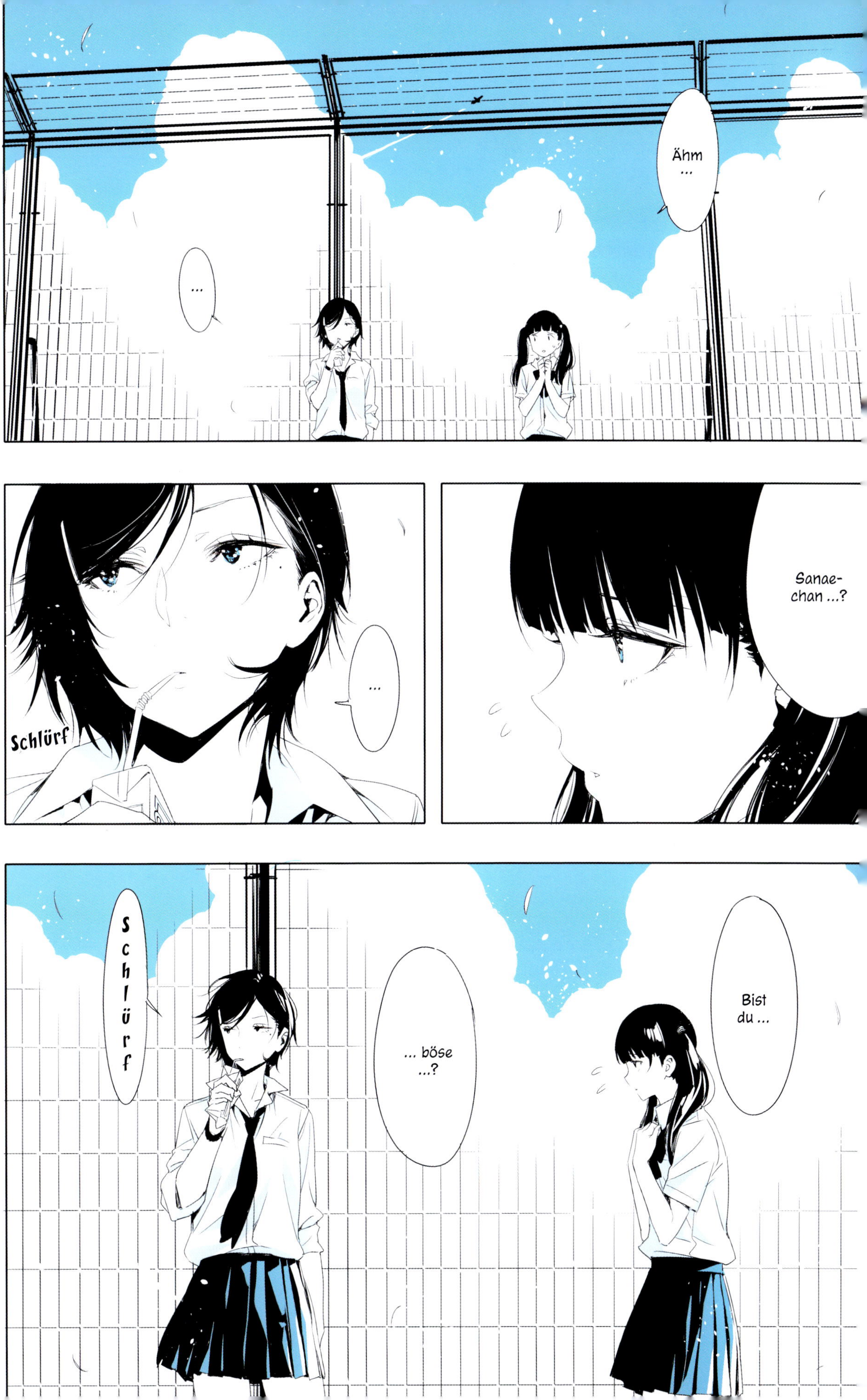

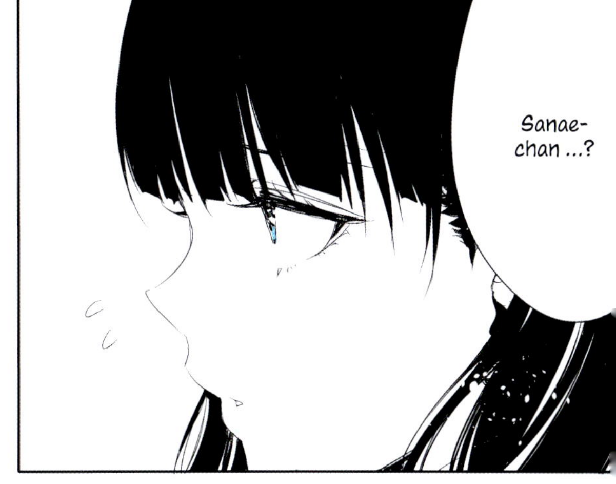
Sanae-chan ...?

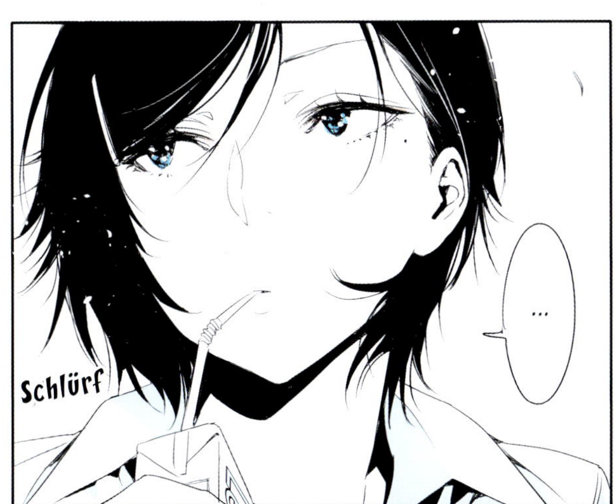
...
Schlürf

Bist du ...
... böse ...?
Schlürf

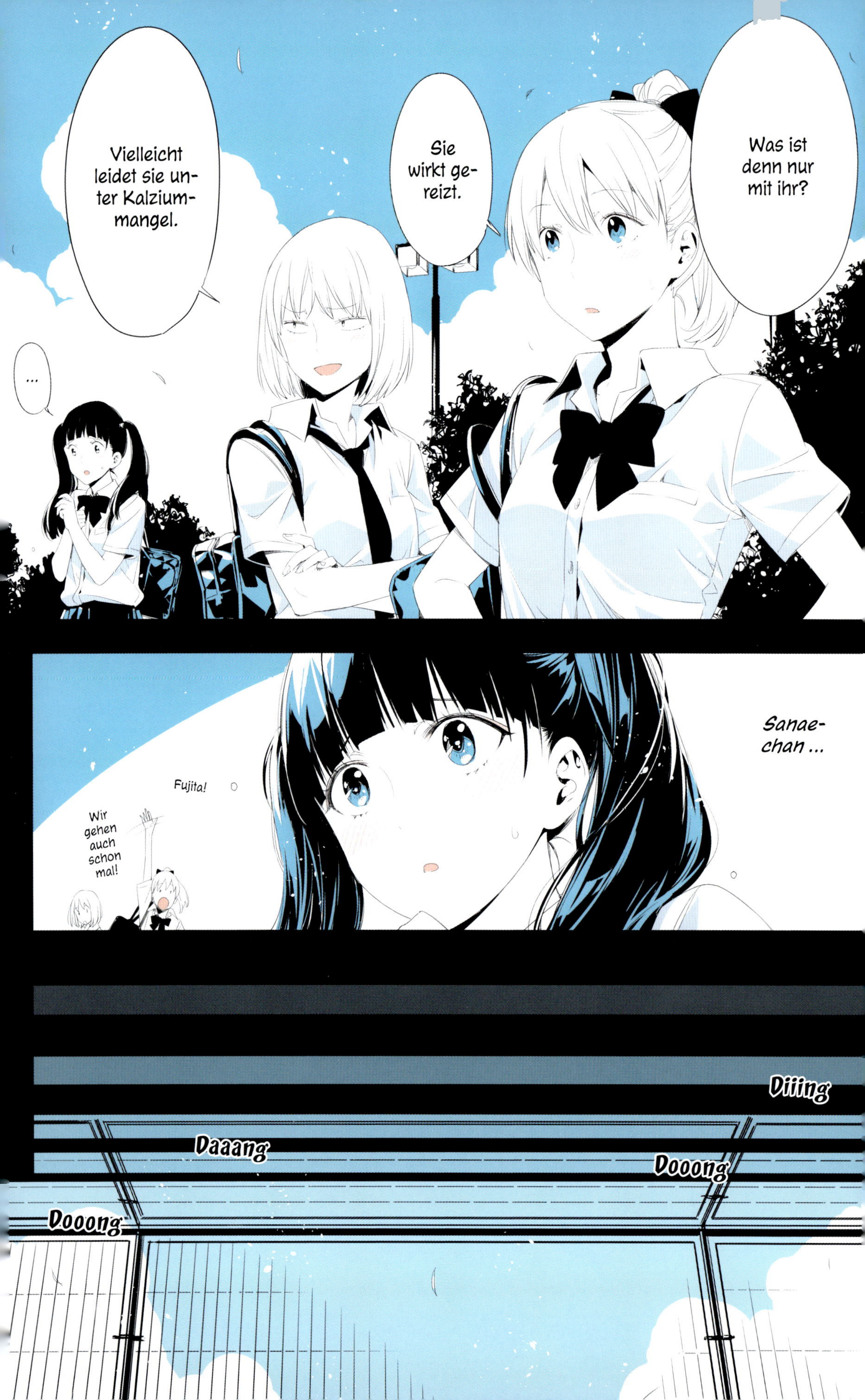

Was ist denn nur mit ihr?
Sie wirkt gereizt.
Vielleicht leidet sie unter Kalziummangel.
...
Sanae-chan ...
Fujita!
Wir gehen auch schon mal!
Diiing
Dooong
Daaang
Dooong

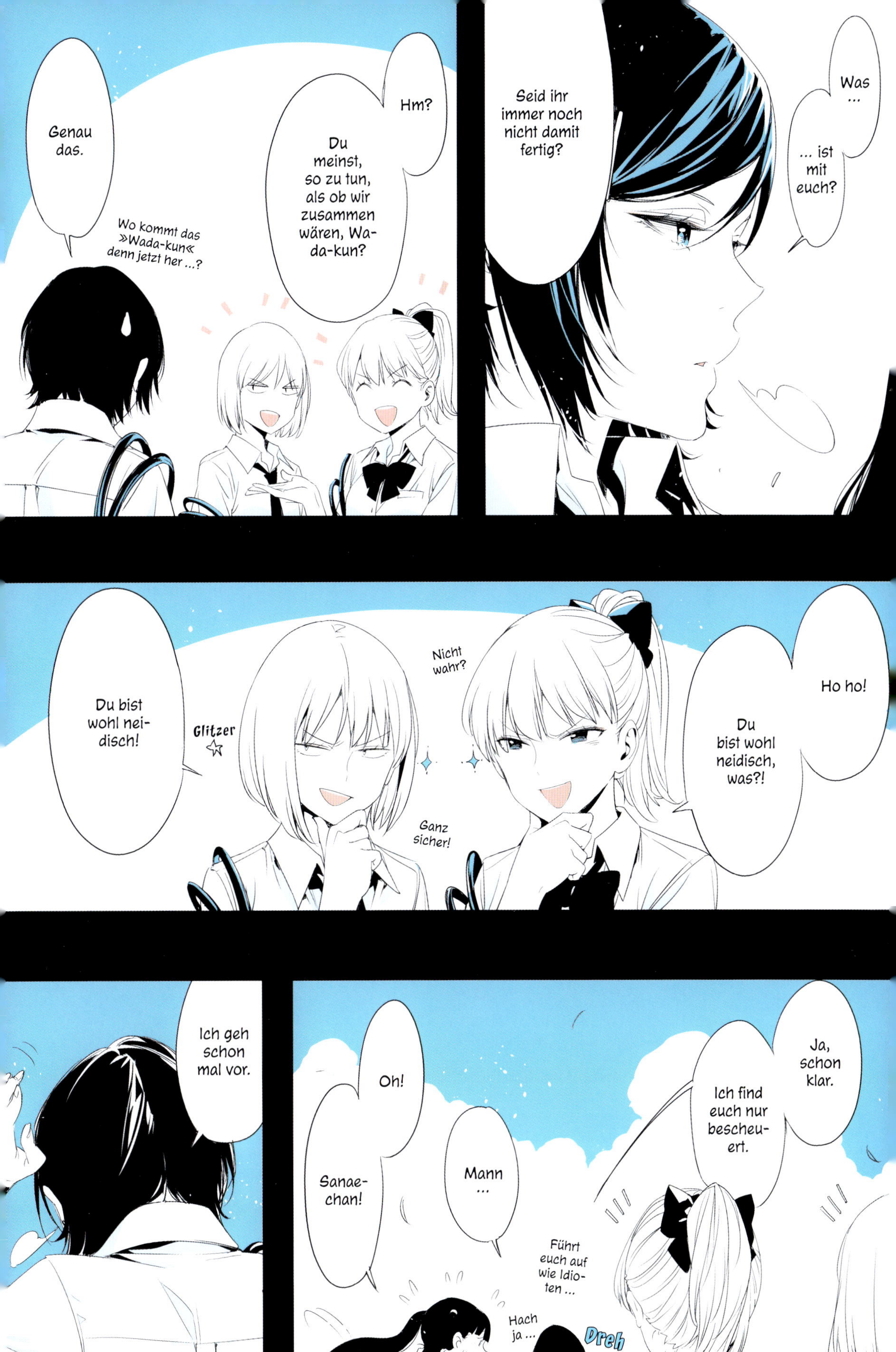

Was ...
... ist mit euch?
Seid ihr immer noch nicht damit fertig?
Hm?
Du meinst, so zu tun, als ob wir zusammen wären, Wada-kun?
Wo kommt das »Wada-kun« denn jetzt her ...?
Genau das.
Ho ho!
Du bist wohl neidisch, was?!
Nicht wahr?
Glitzer
Ganz sicher!
Du bist wohl neidisch!
Ja, schon klar.
Ich find euch nur bescheuert.
Dreh
Führt euch auf wie Idioten ...
Mann ...
Hach ja ...
Oh!
Sanae-chan!
Ich geh schon mal vor.

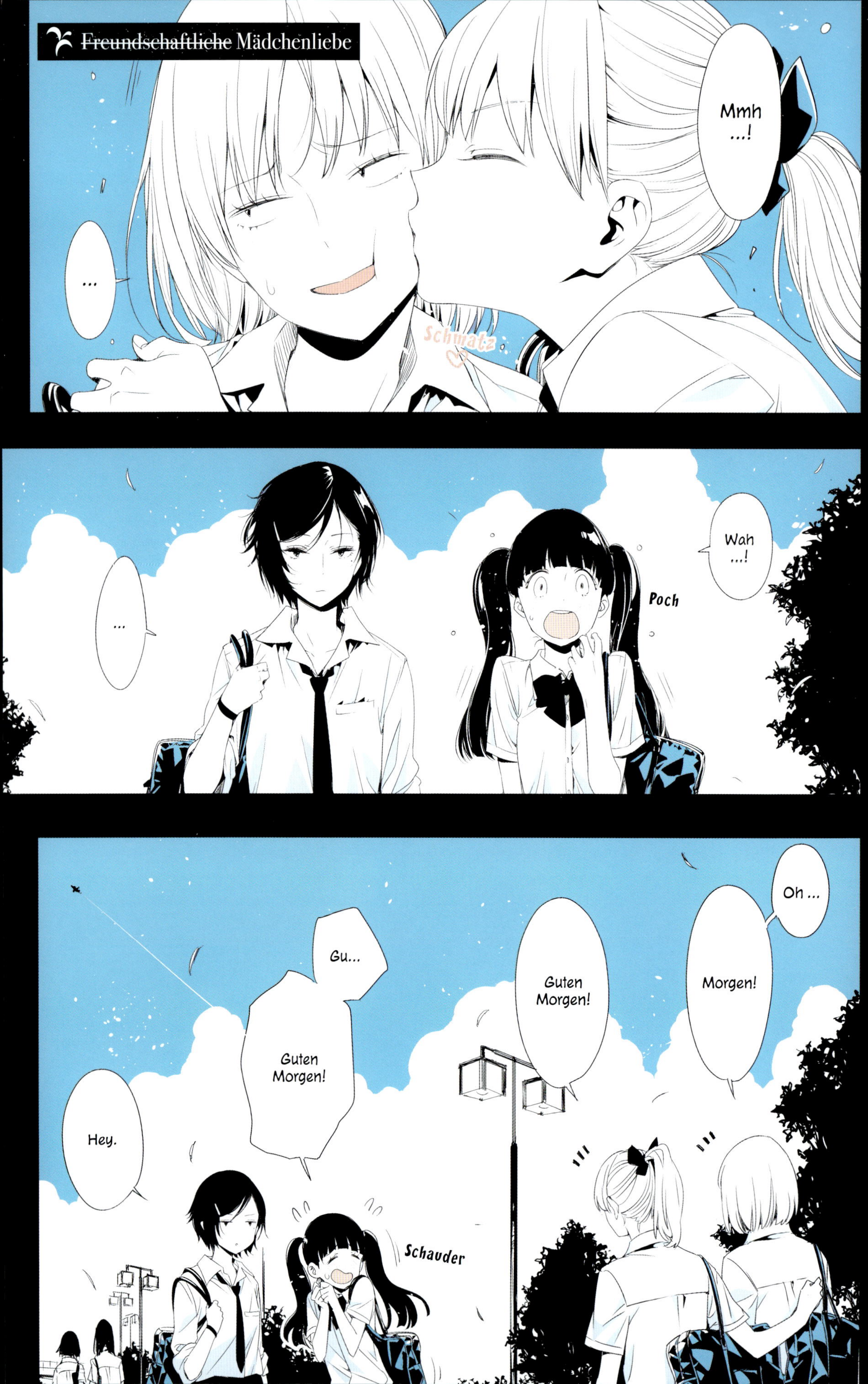

~~Freundschaftliche~~ Mädchenliebe

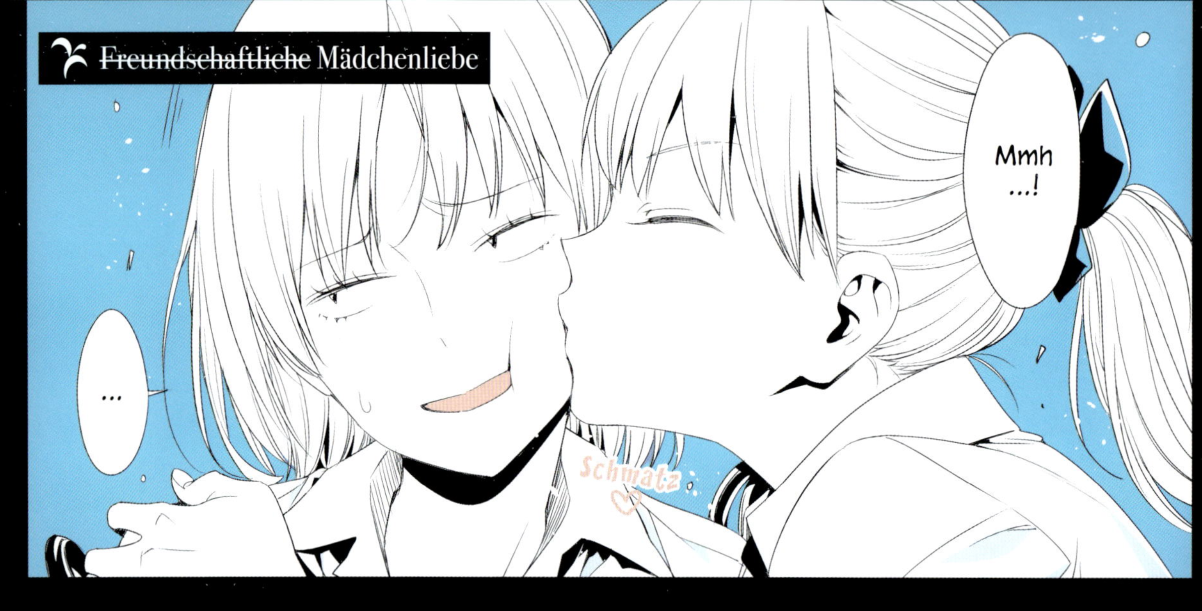

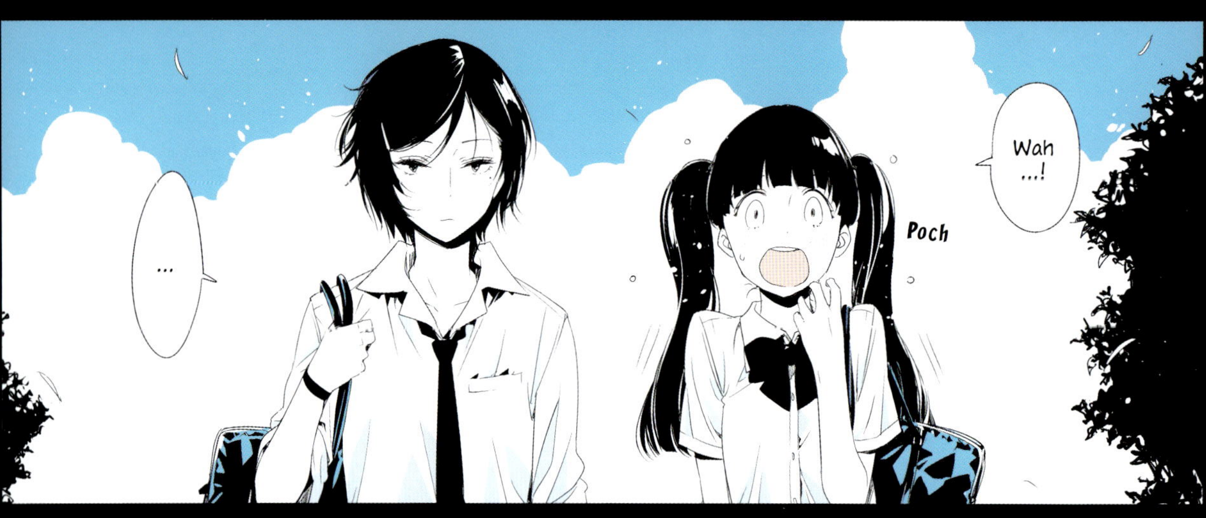

Lilium×Terrarium 018

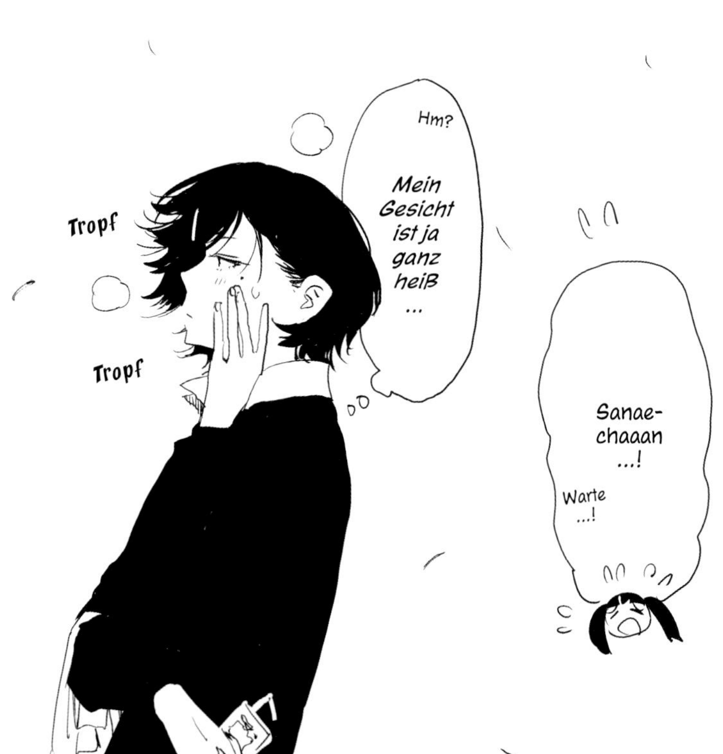
Sanae-
chaaan
...!
Warte
...!
Hm?
Mein Gesicht ist ja ganz heiß ...
Tropf
Tropf

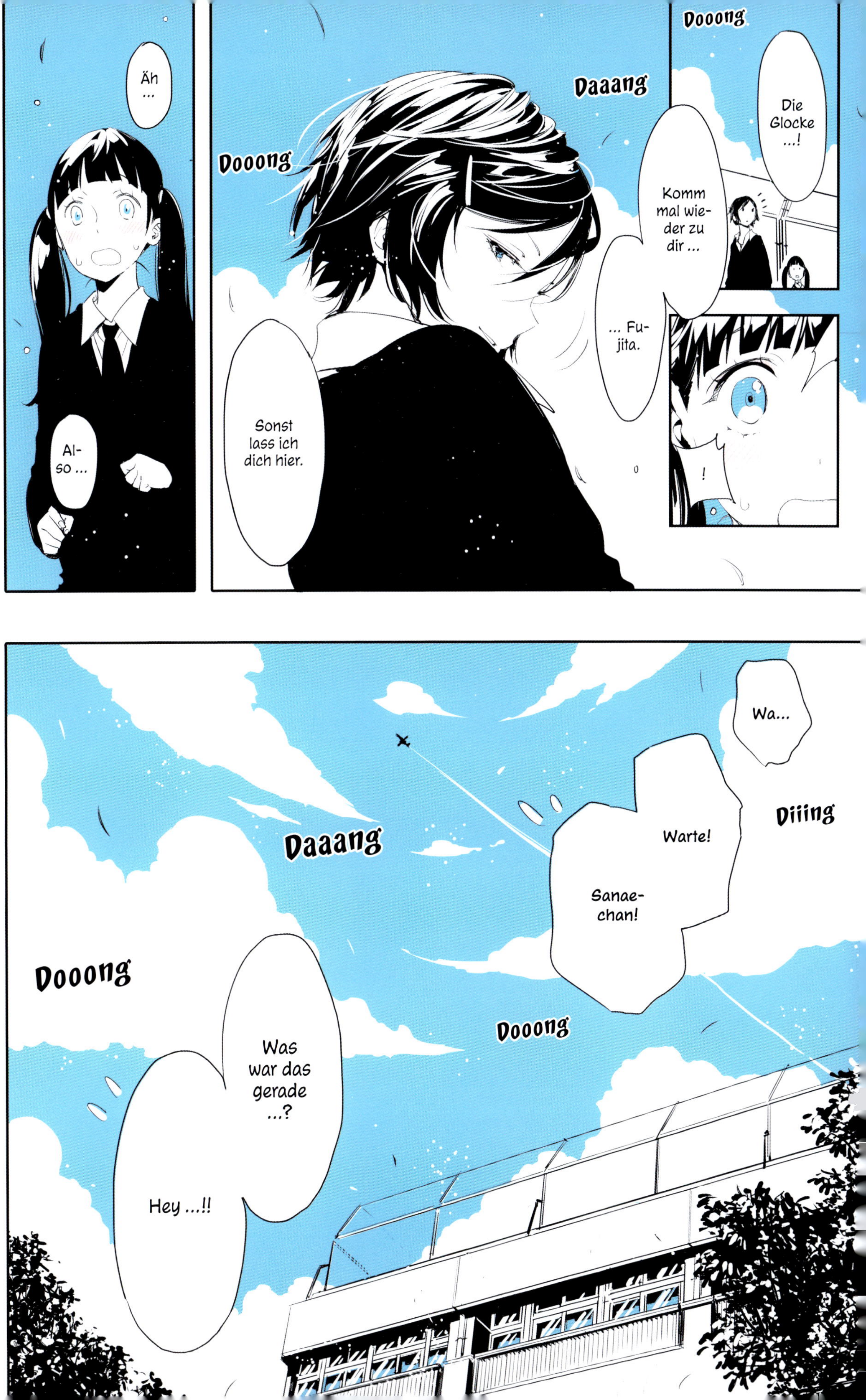

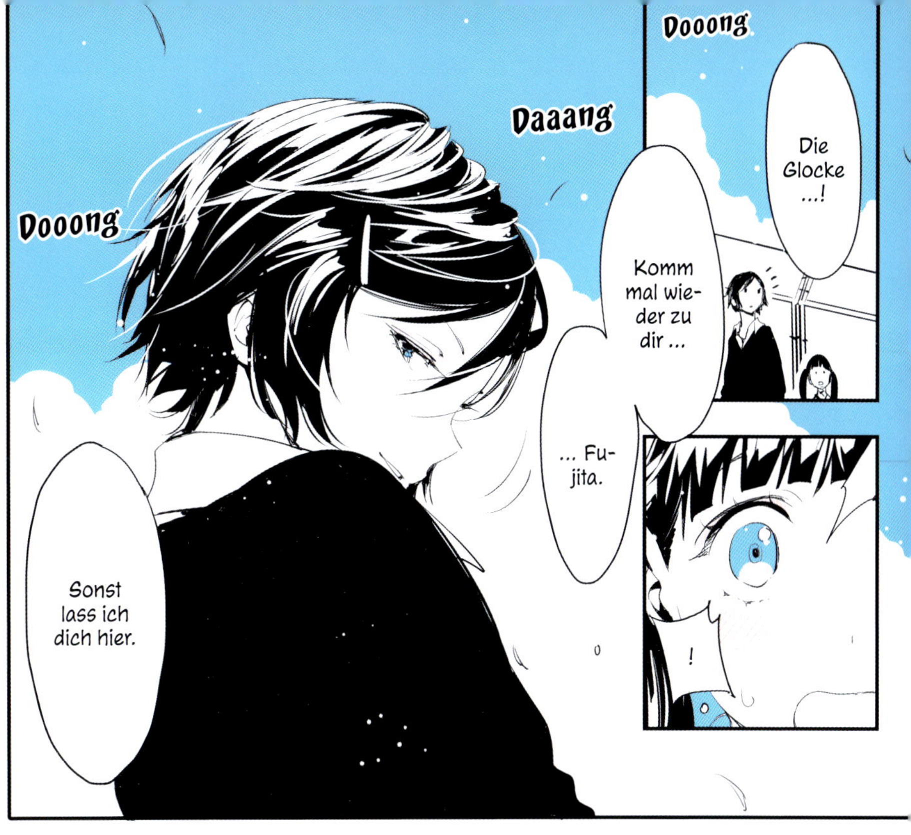

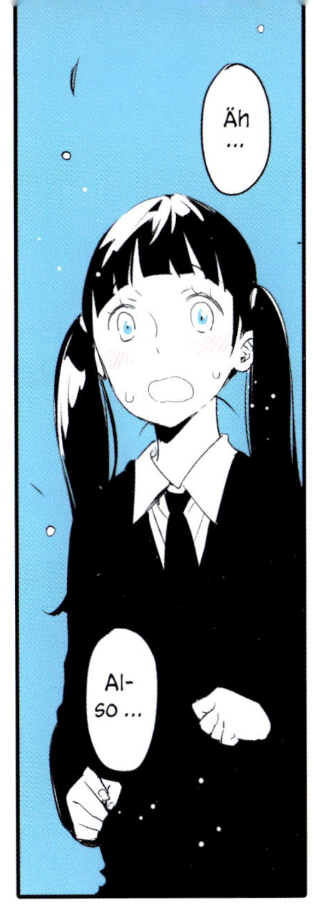

Wa...
Diiing
Warte! Sanae-chan!
Daaang
Dooong
Was war das gerade ...?
Dooong
Hey ...!!

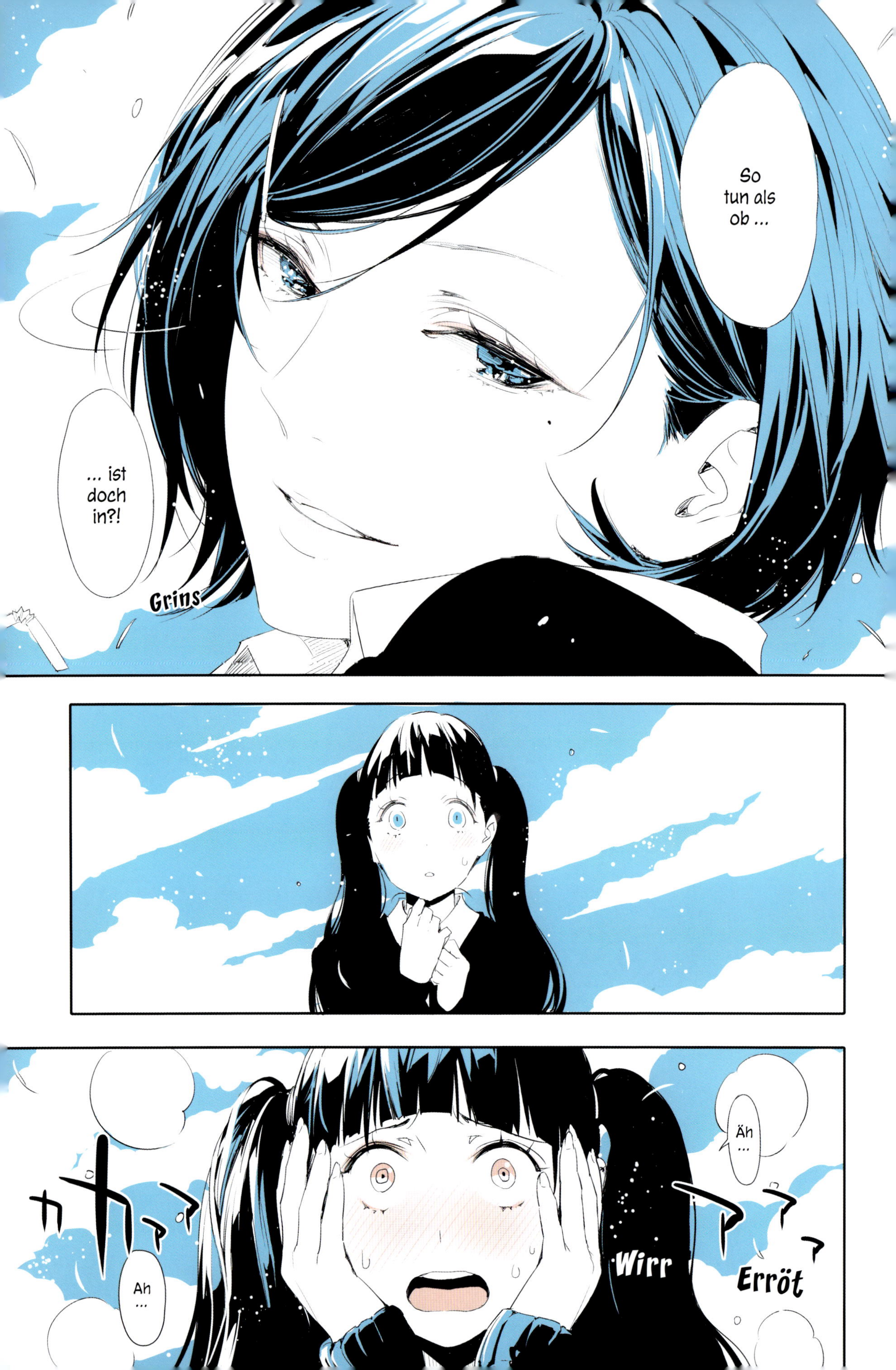

So tun als ob ...
... ist doch in?!
Grins

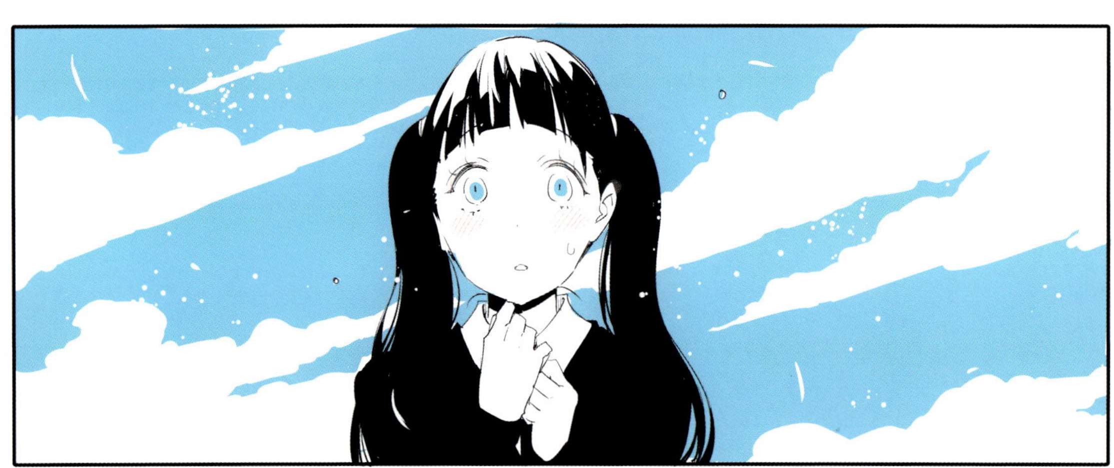

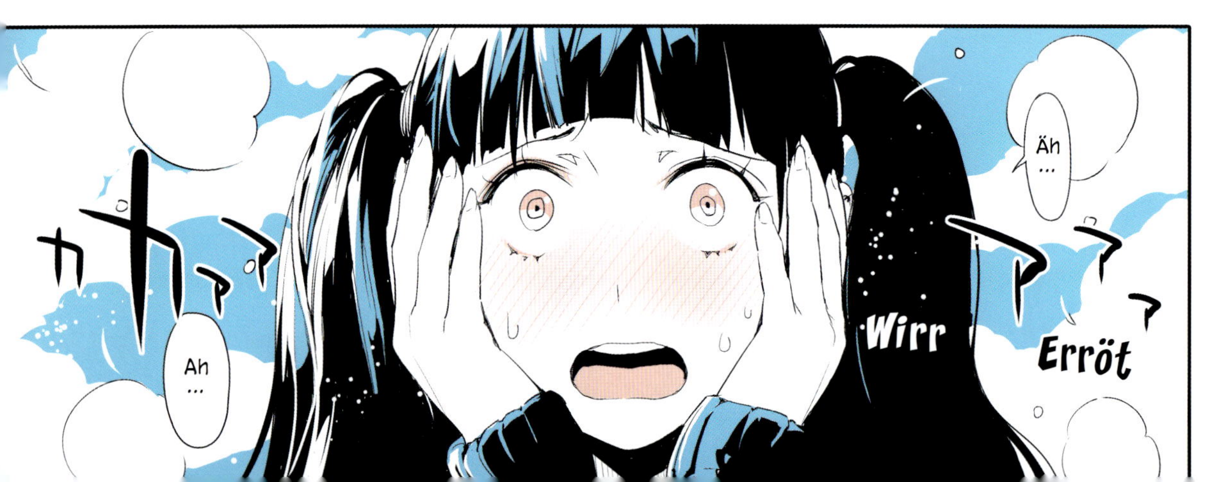

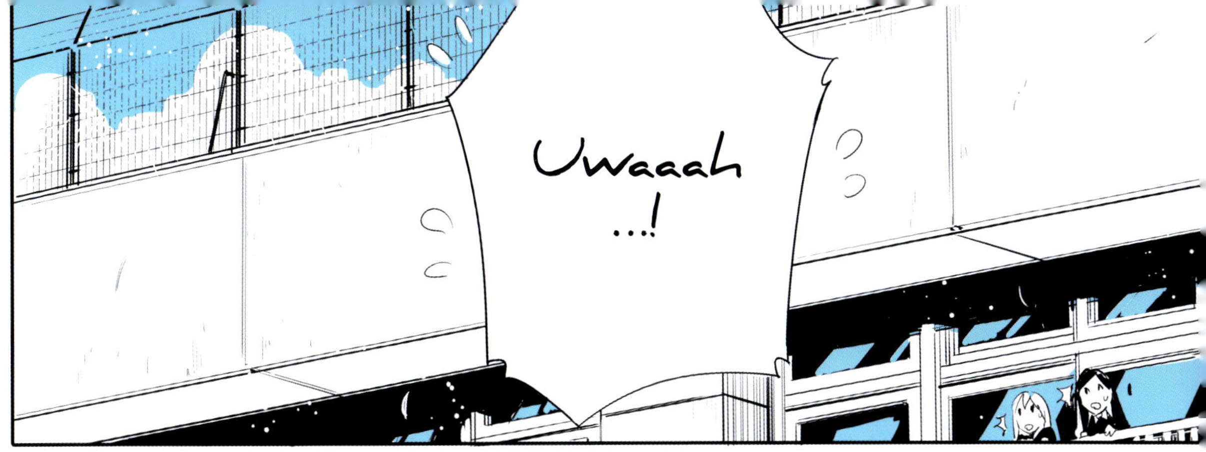
Uwaaah
...!

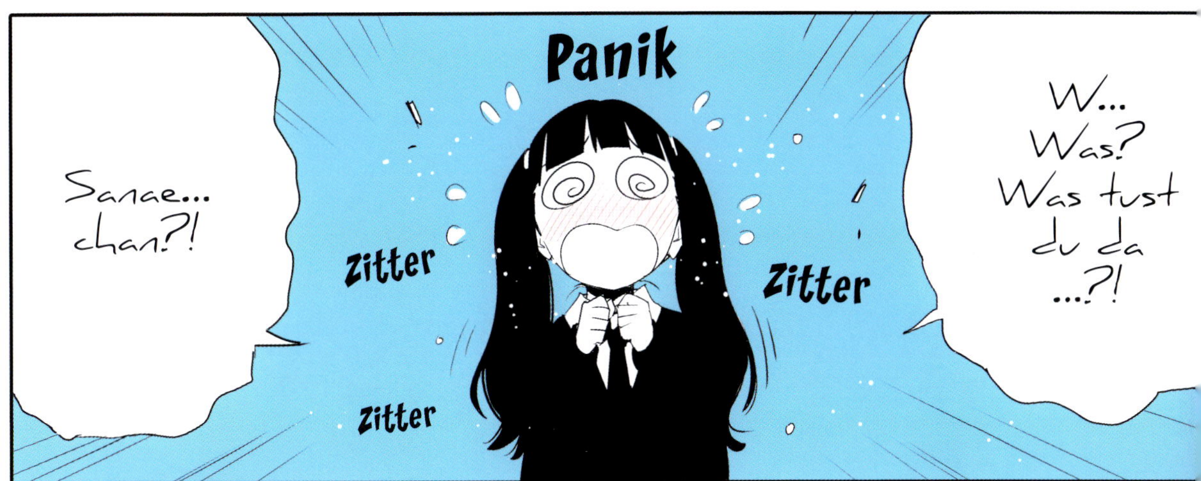
W...
Was?
Was tust
du da
...?!
Panik
Zitter
Zitter
Zitter
Sanae...
chan?!

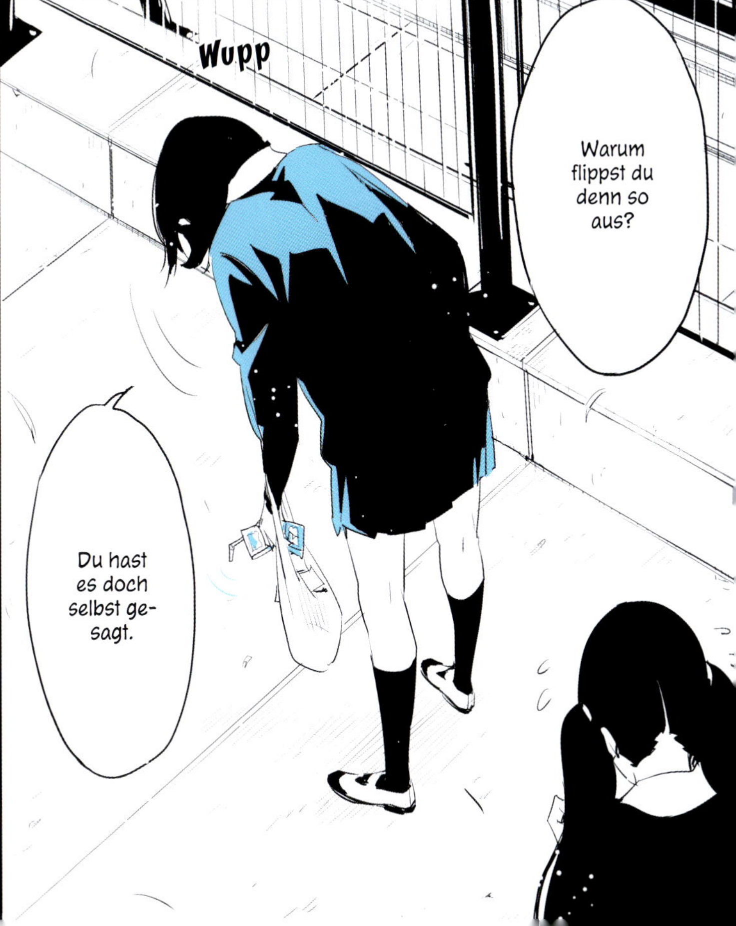
Wupp
Warum
flippst du
denn so
aus?
Du hast
es doch
selbst ge-
sagt.

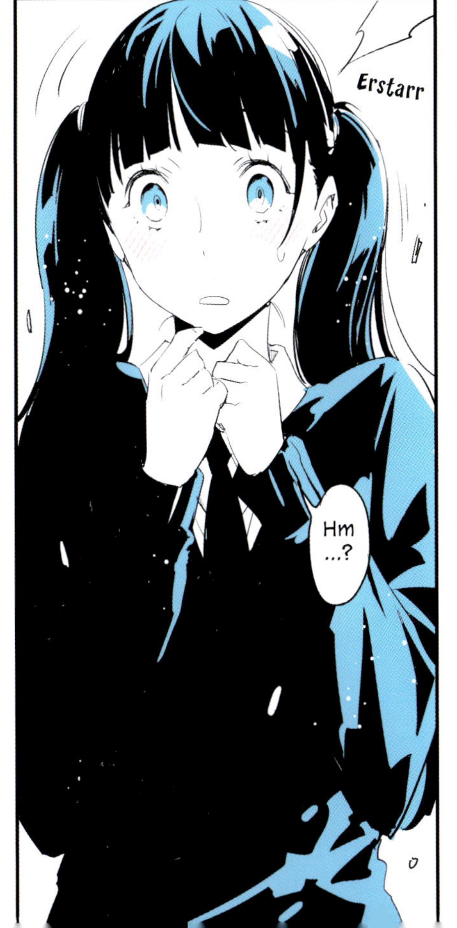
Erstarr
Hm
...?

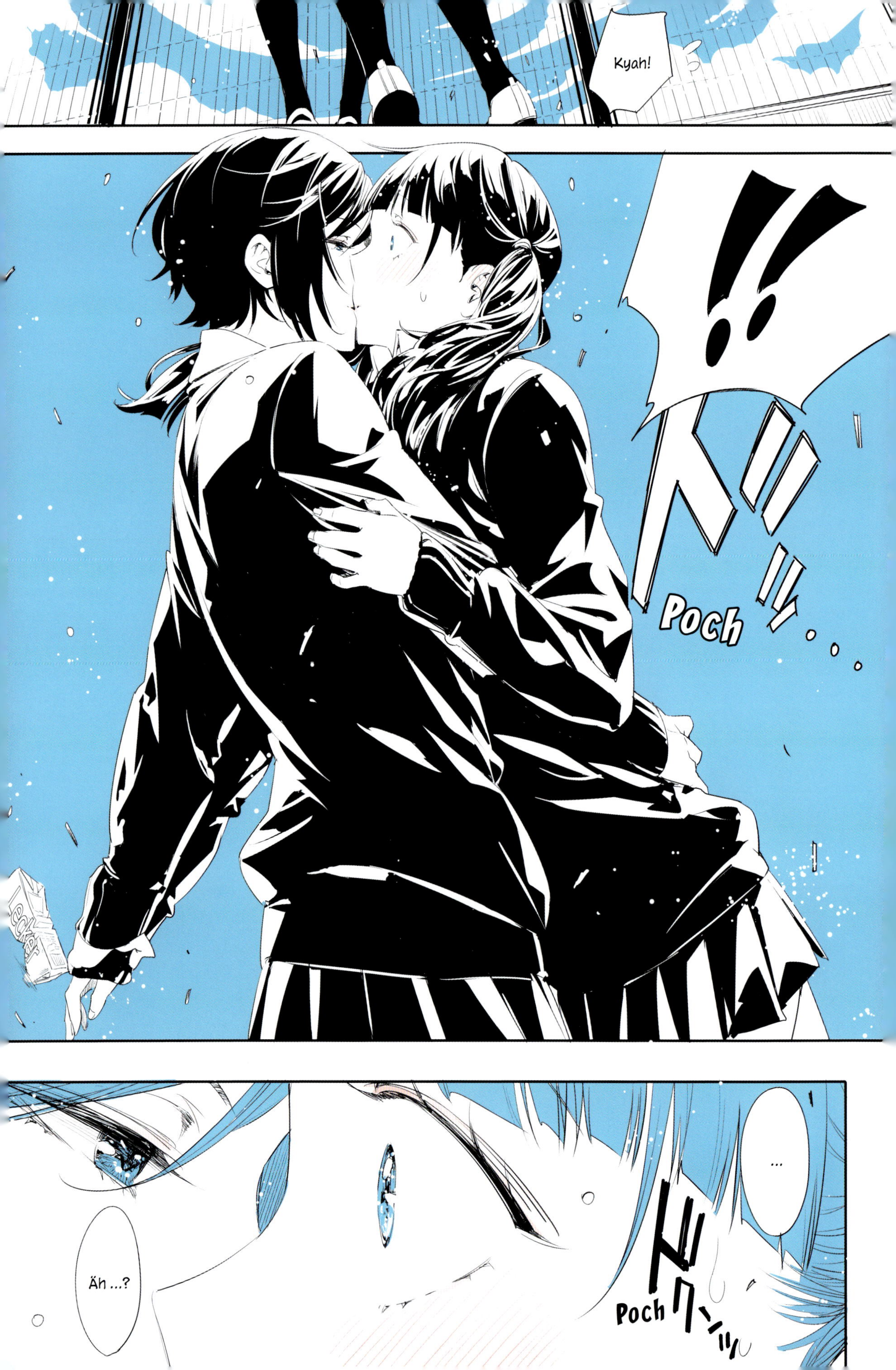

Kyah!

!!

Poch …

Lecker

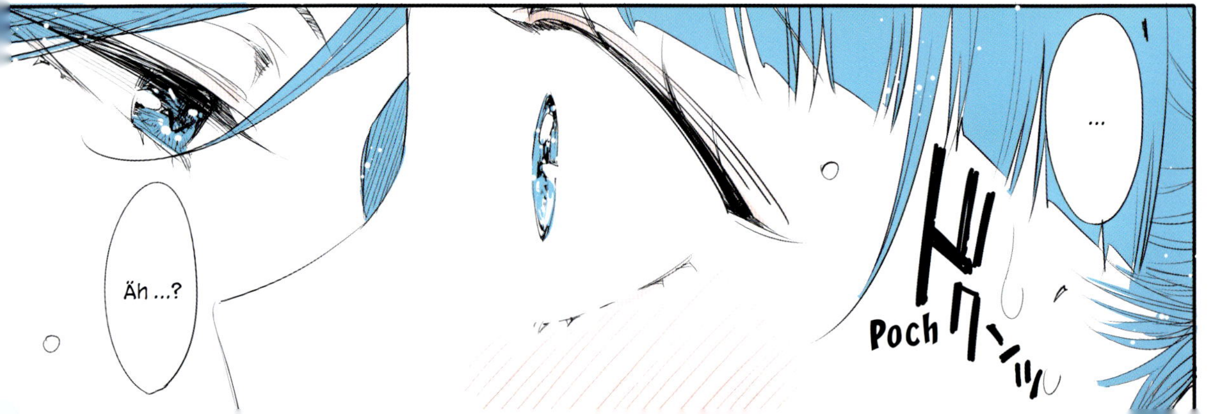

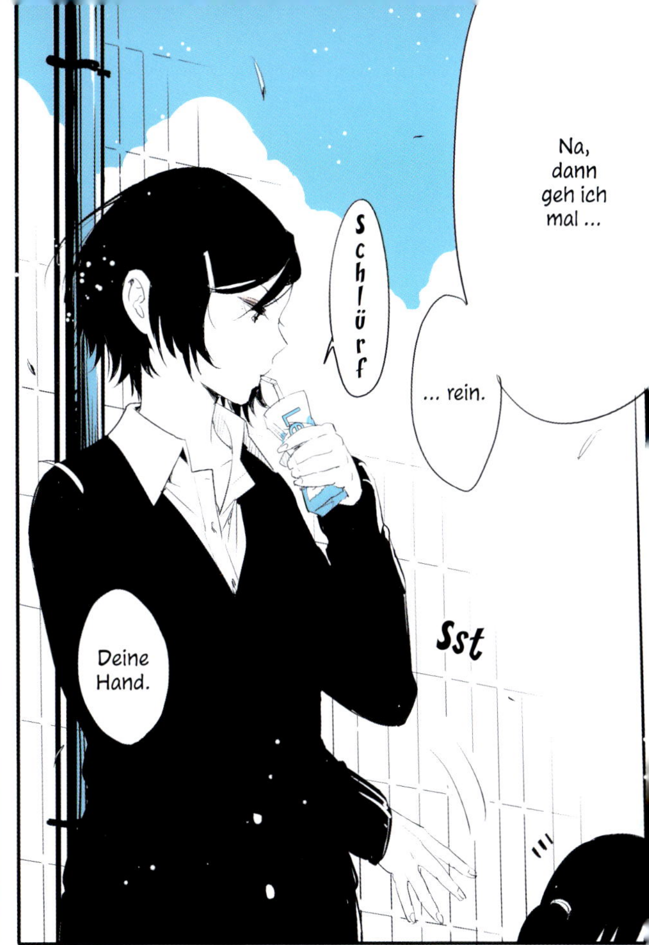

Na, dann geh ich mal …
… rein.
Schlürf
Sst
Deine Hand.

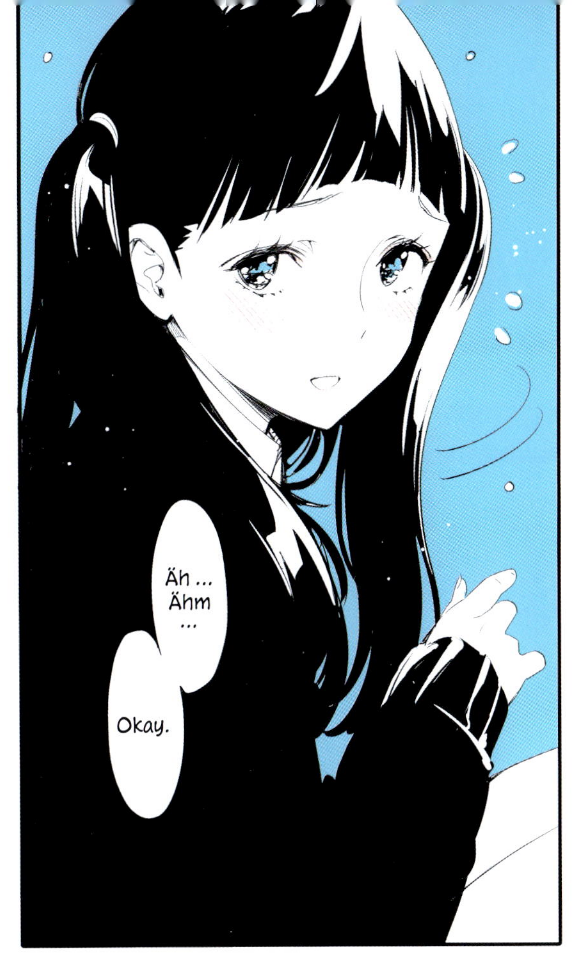

Äh … Ähm …
Okay.

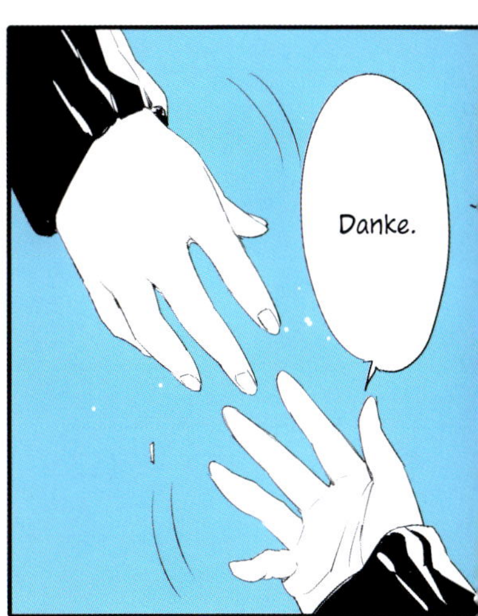

Danke.

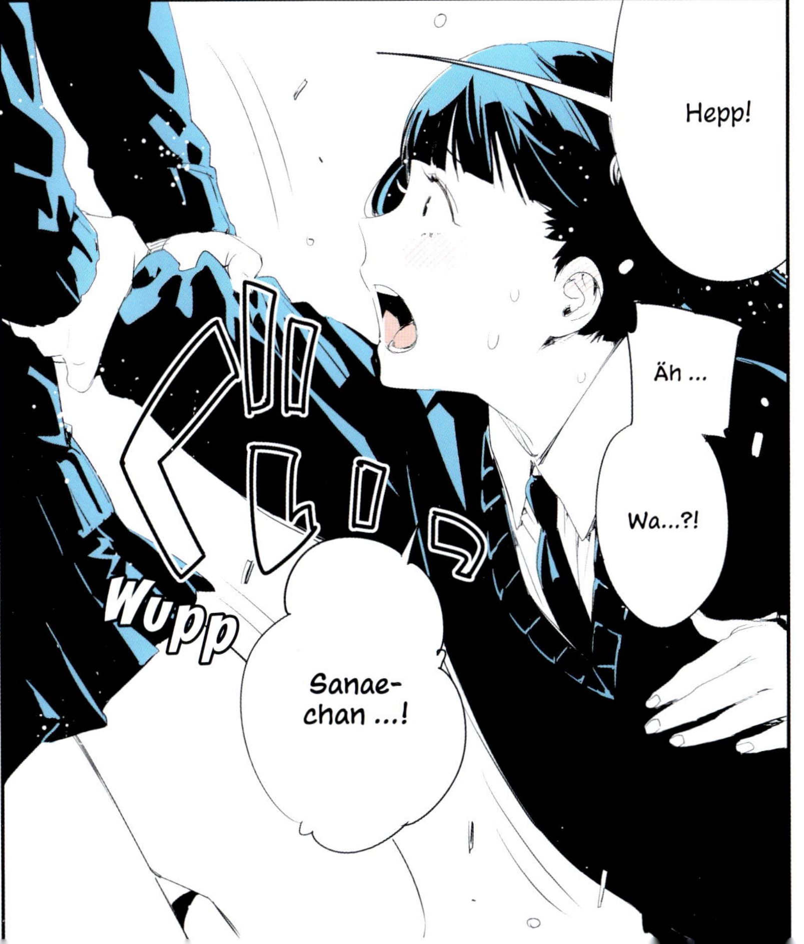

Hepp!
Äh …
Wa…?!
Wupp
Sanae-chan …!

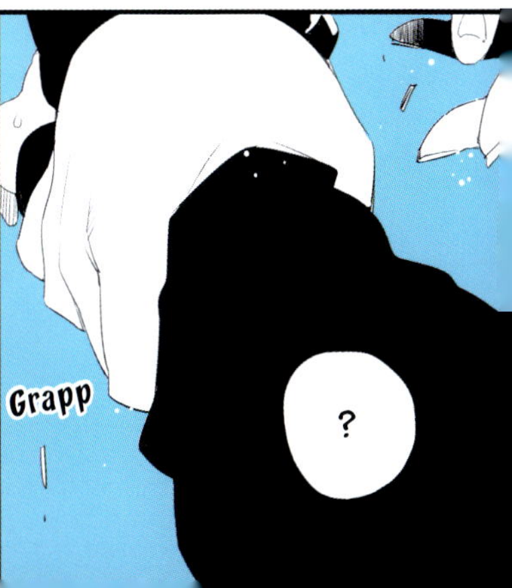

Grapp
?

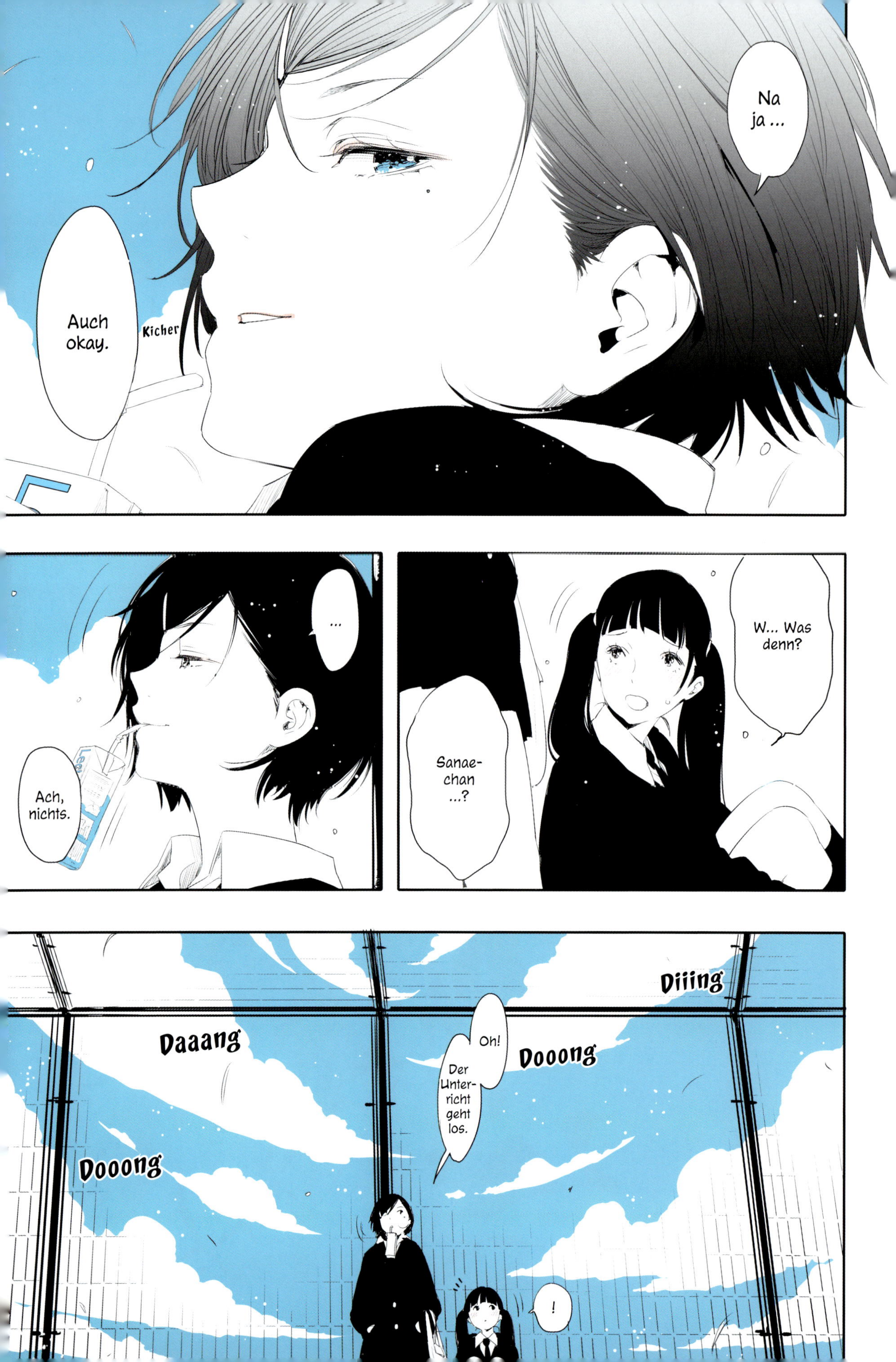

Na ja ...

Kicher

Auch okay.

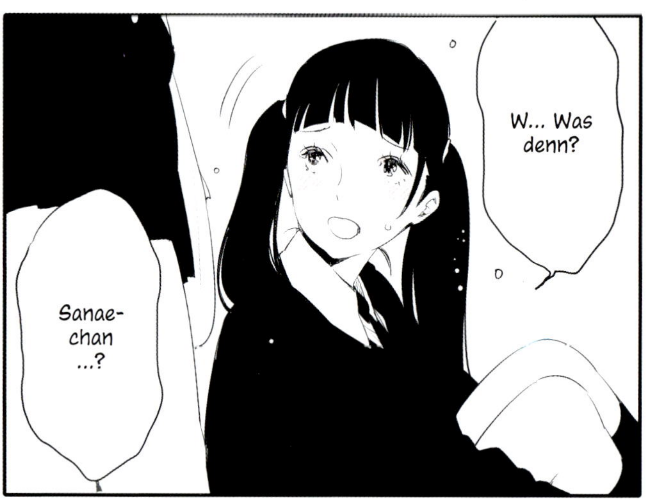

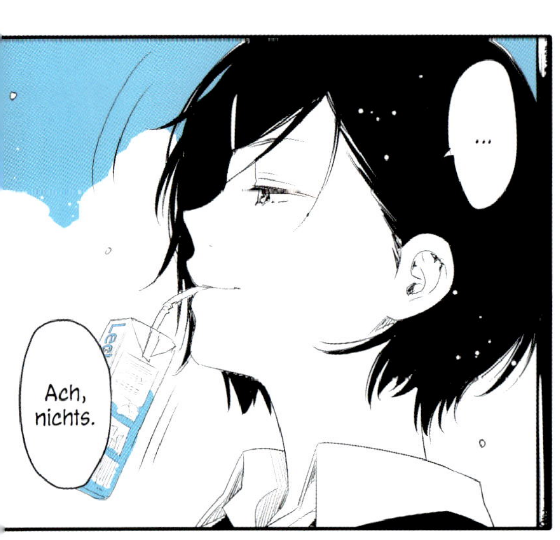

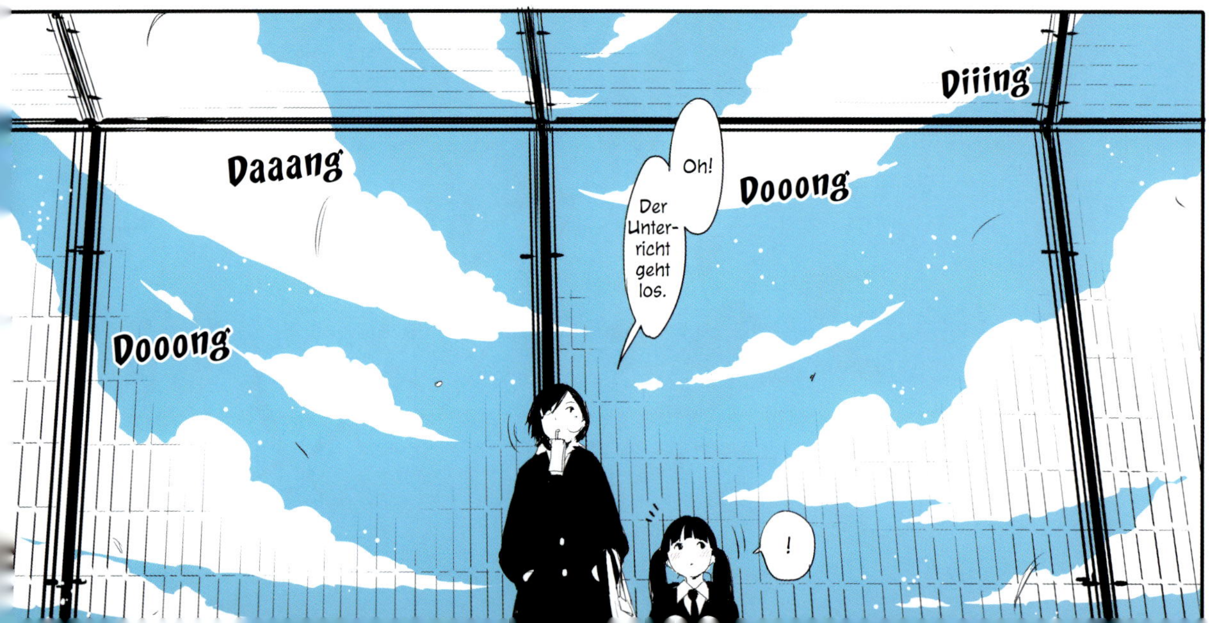

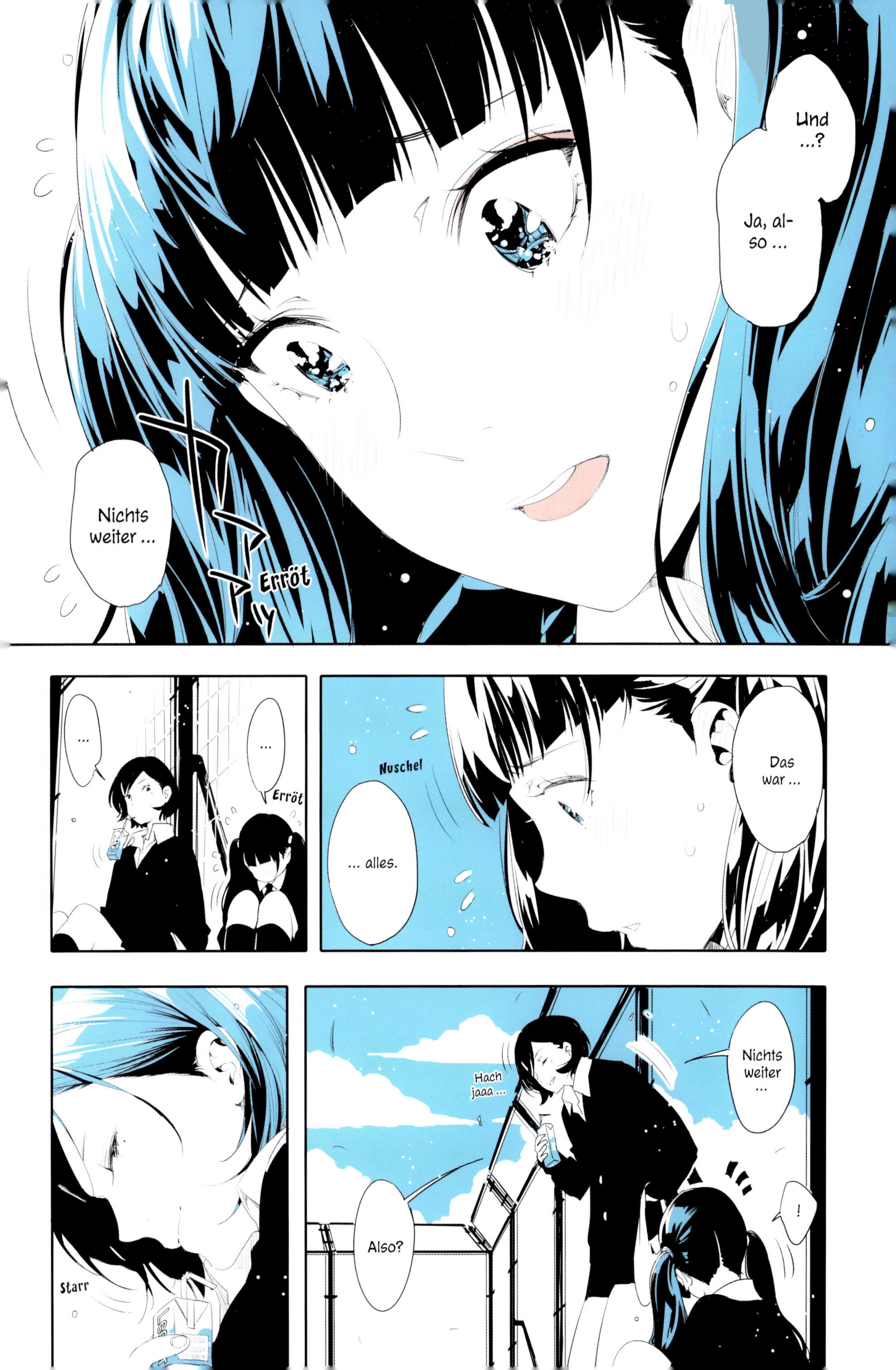

Und ...?
Ja, al-
so ...
Nichts weiter ...
Errööt

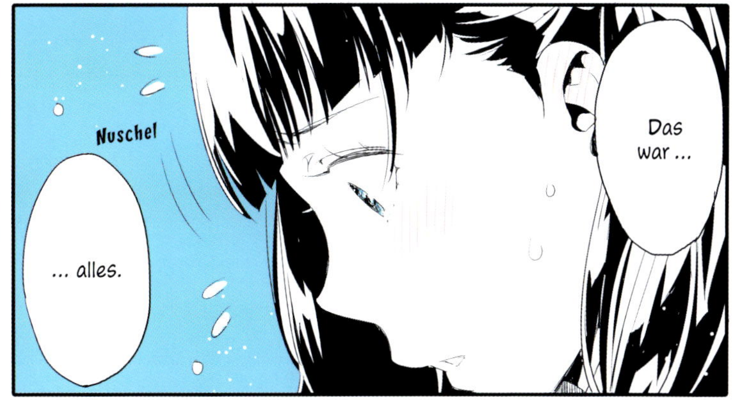

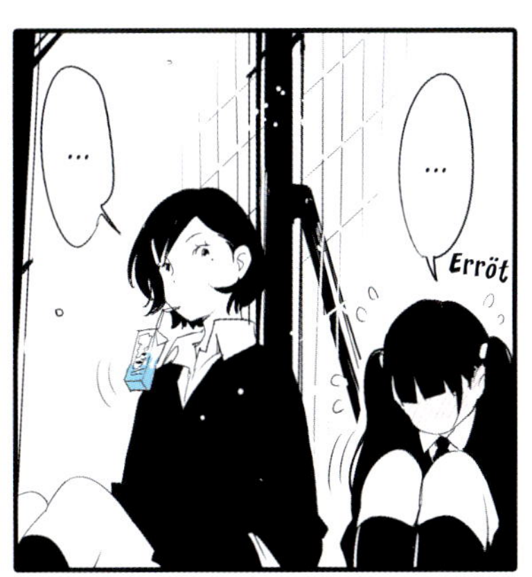

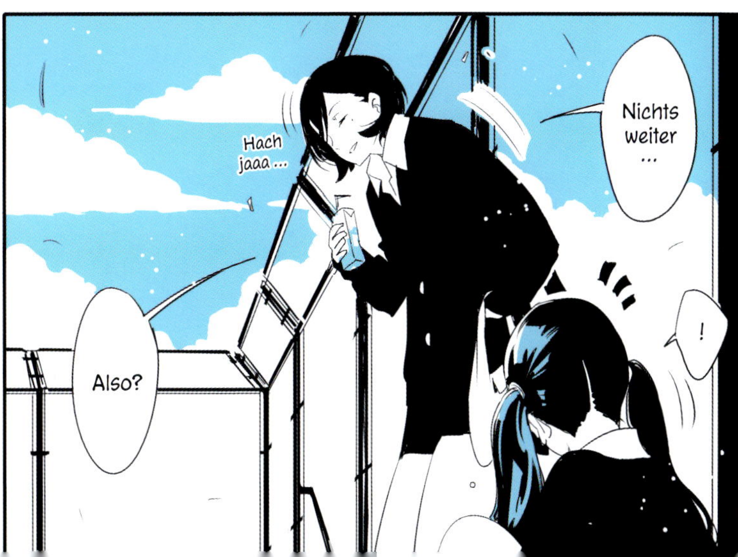

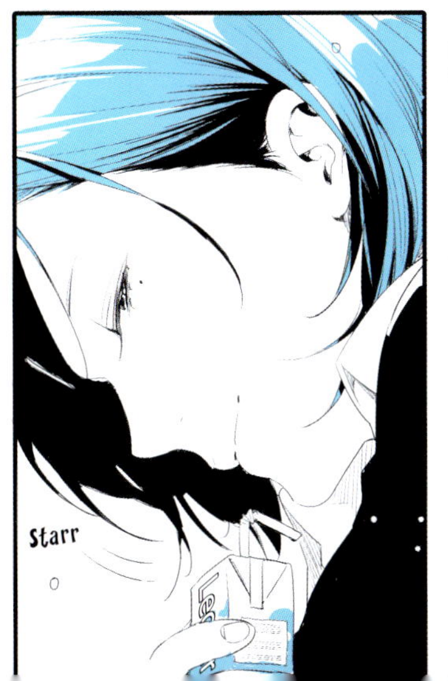

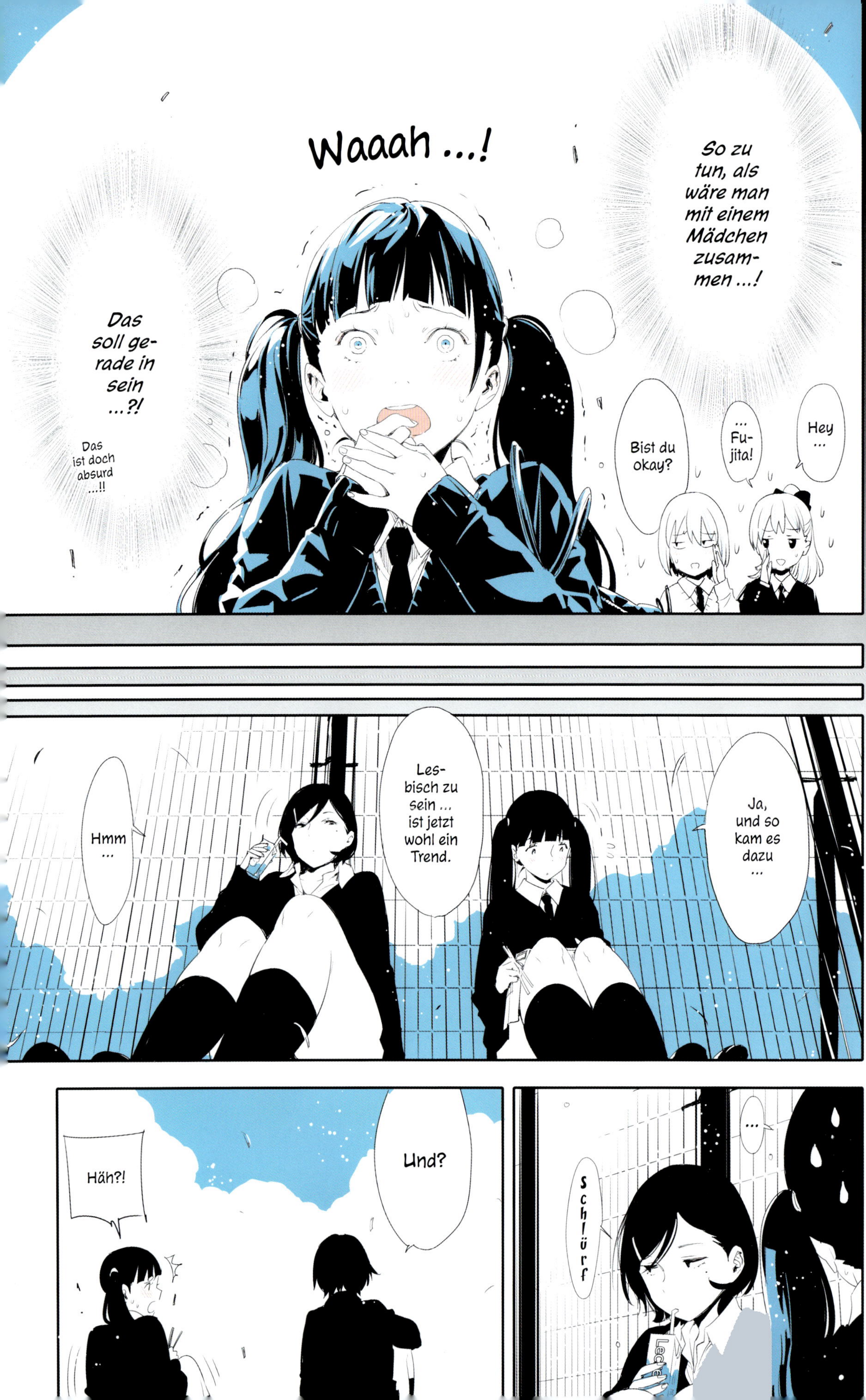

Waaah ...!

So zu tun, als wäre man mit einem Mädchen zusammen ...!

Das soll gerade in sein ...?!

Das ist doch absurd ...!!

Hey ...

... Fujita!

Bist du okay?

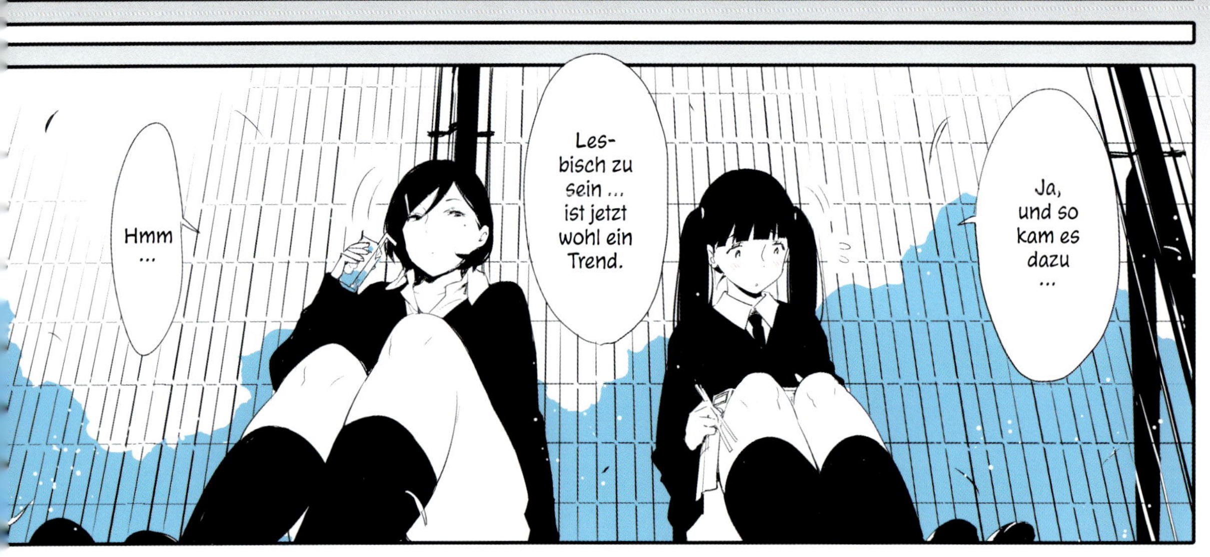

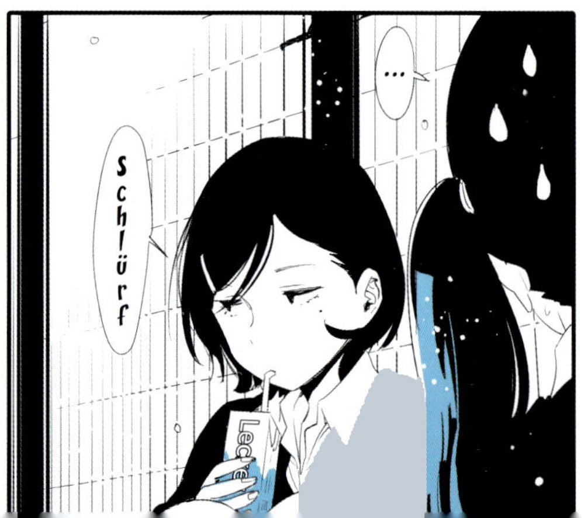

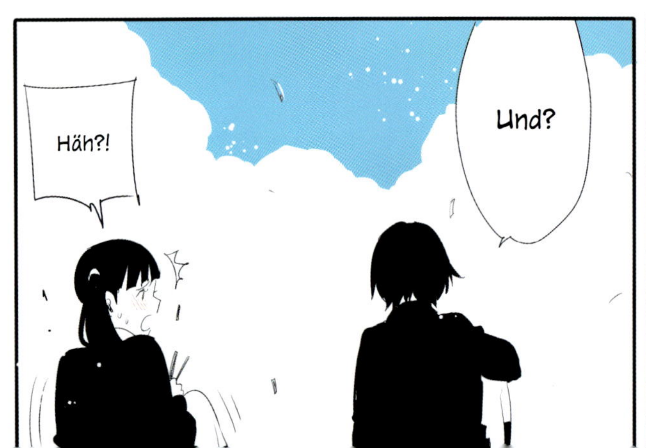

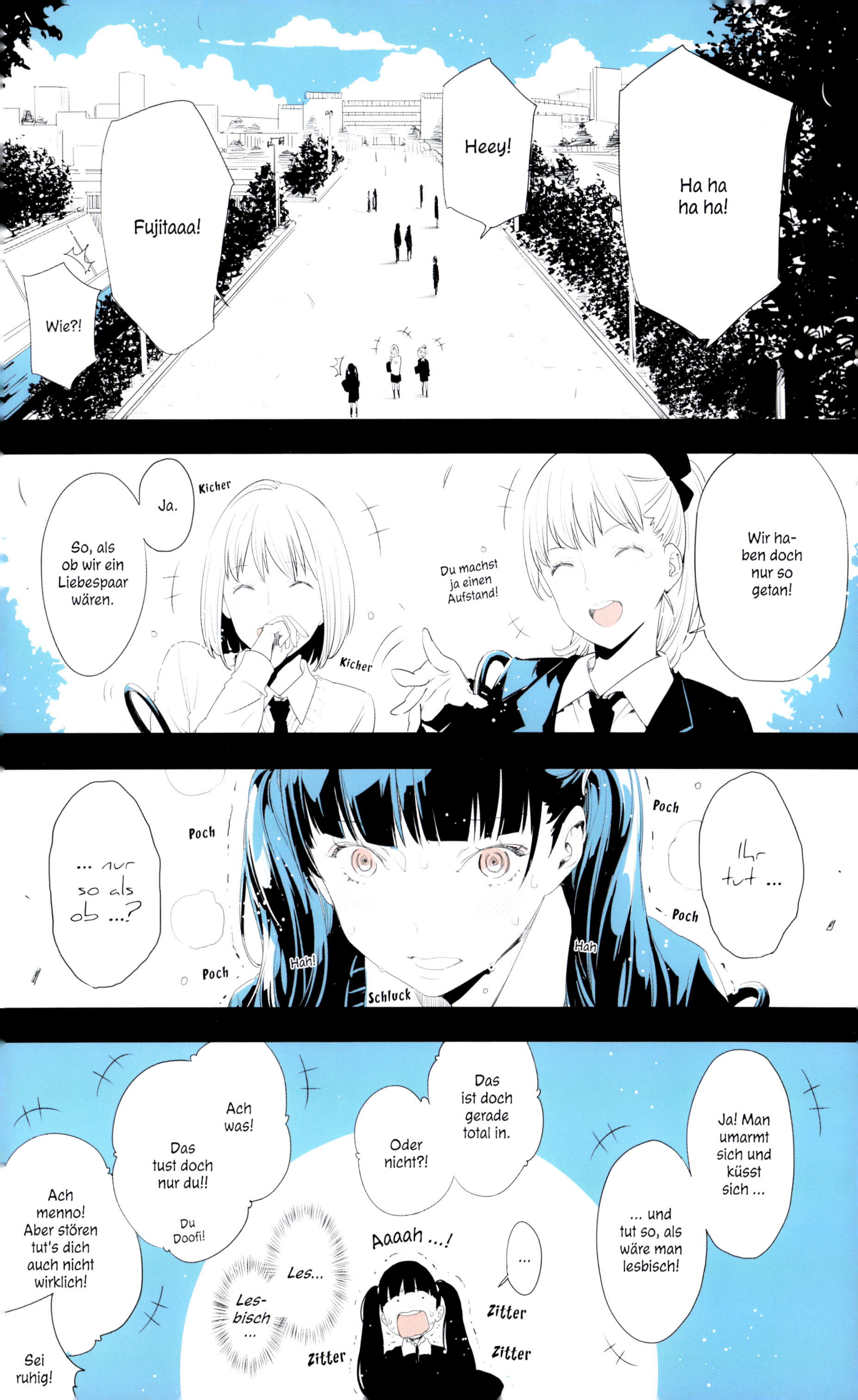
Ha ha ha ha!
Heey!
Fujitaaa!
Wie?!
Wir haben doch nur so getan!
Du machst ja einen Aufstand!
Kicher
Ja.
So, als ob wir ein Liebespaar wären.
Kicher
Ihr tut ...
Poch
Poch
Hah
Schluck
Hah!
Poch
... nur so als ob ...?
Poch
Ja! Man umarmt sich und küsst sich ...
... und tut so, als wäre man lesbisch!
Das ist doch gerade total in.
Oder nicht?!
...
Aaaah ...!
Zitter
Zitter
Ach was!
Das tust doch nur du!!
Du Doofi!
Les...
Lesbisch ...
Zitter
Ach menno! Aber stören tut's dich auch nicht wirklich!
Sei ruhig!

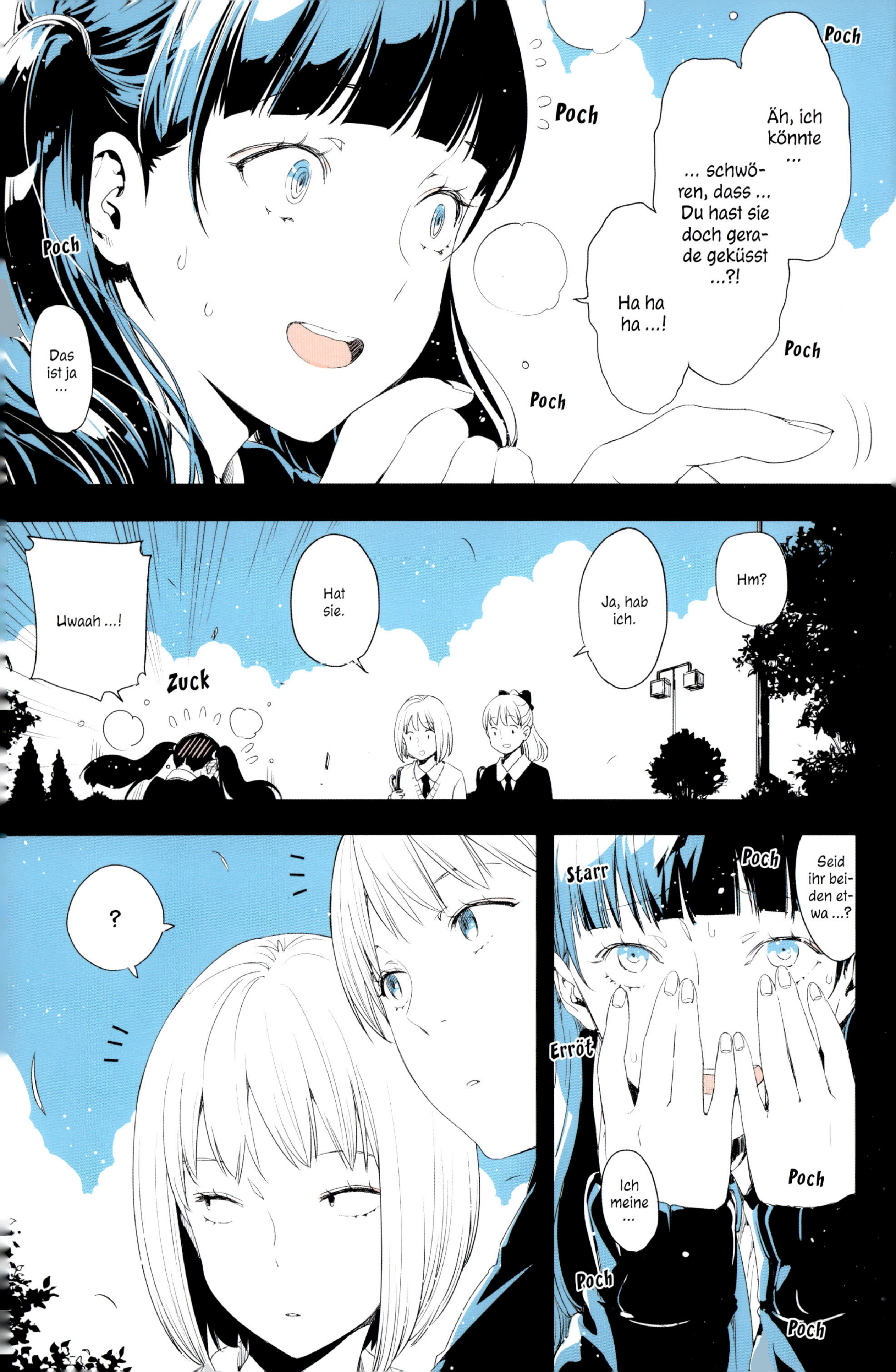

Poch
Äh, ich könnte …
… schwören, dass … Du hast sie doch gerade geküsst …?!
Ha ha ha …!
Poch
Poch
Poch
Das ist ja …
Poch
Hm?
Ja, hab ich.
Hat sie.
Zuck
Uwaah …!
Poch
Seid ihr beiden etwa …?
Starr
Erröt
Poch
Ich meine …
Poch
Poch
?

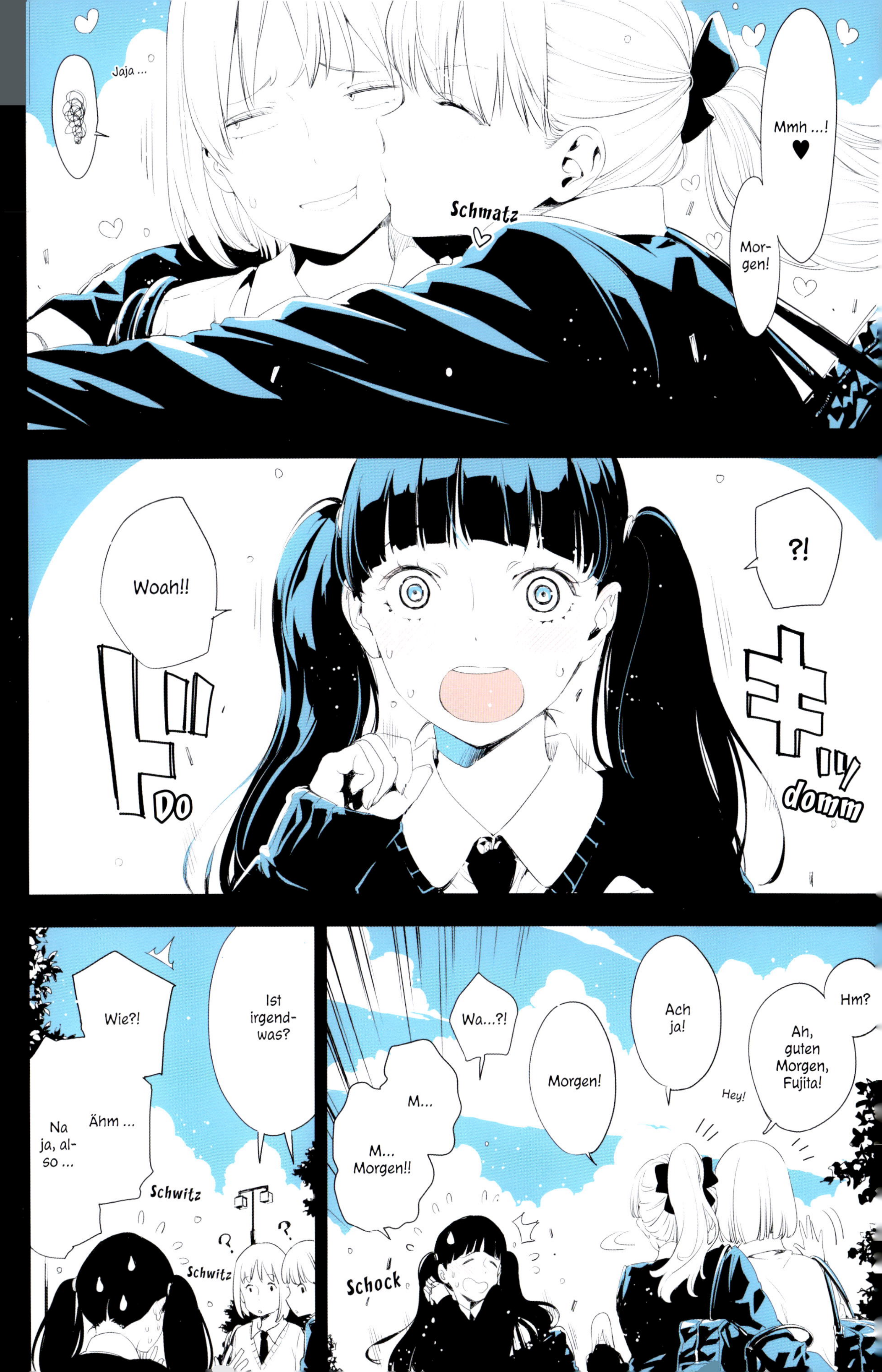
Mmh ...! ♥
Morgen!
Schmatz
Jaja ...
?!
Woah!!
domm
Do
Hm?
Ah, guten Morgen, Fujita!
Hey!
Ach ja!
Morgen!
Wa...?!
M...
M... Morgen!!
Schock
Ist irgendwas?
Wie?!
Ähm ...
Na ja, also ...
Schwitz
Schwitz

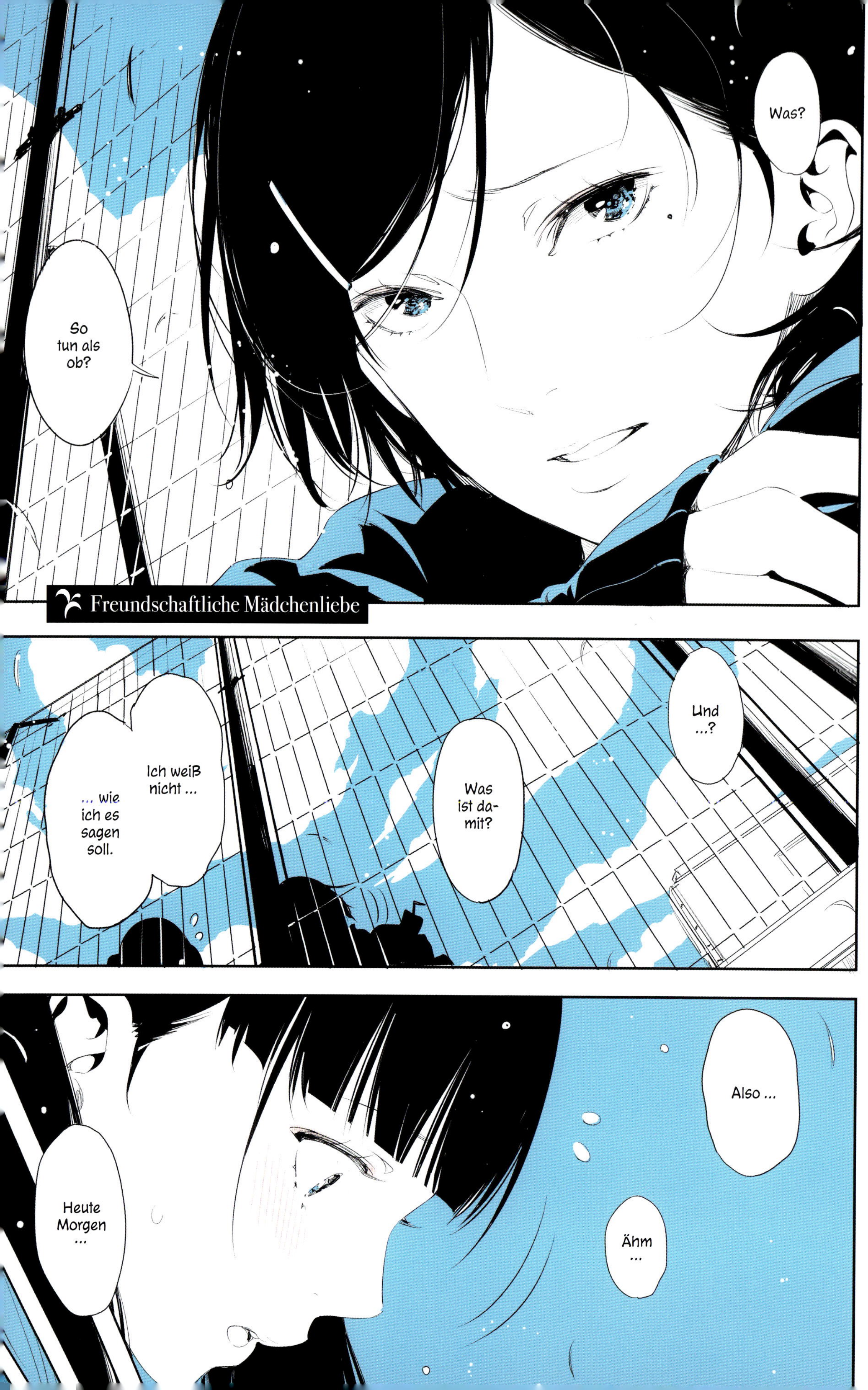

Was?
So tun als ob?

Freundschaftliche Mädchenliebe

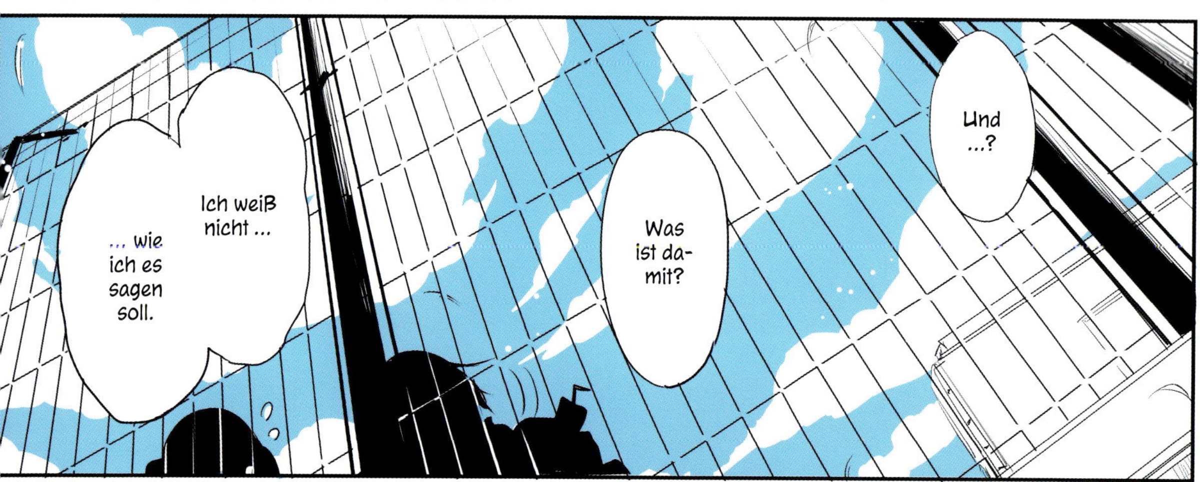

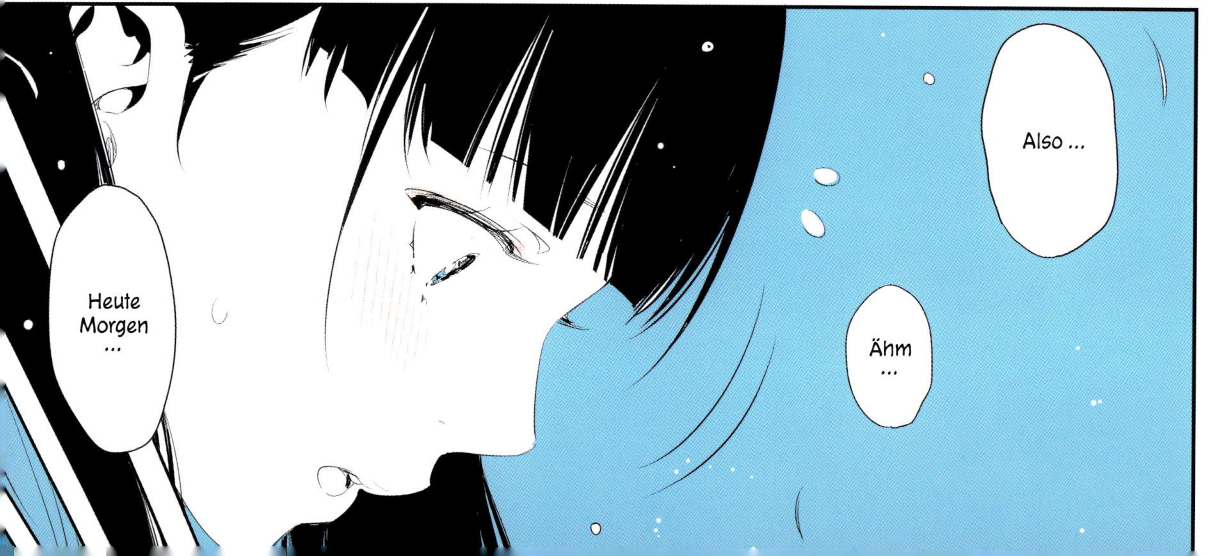

Lilium Terrarium 004

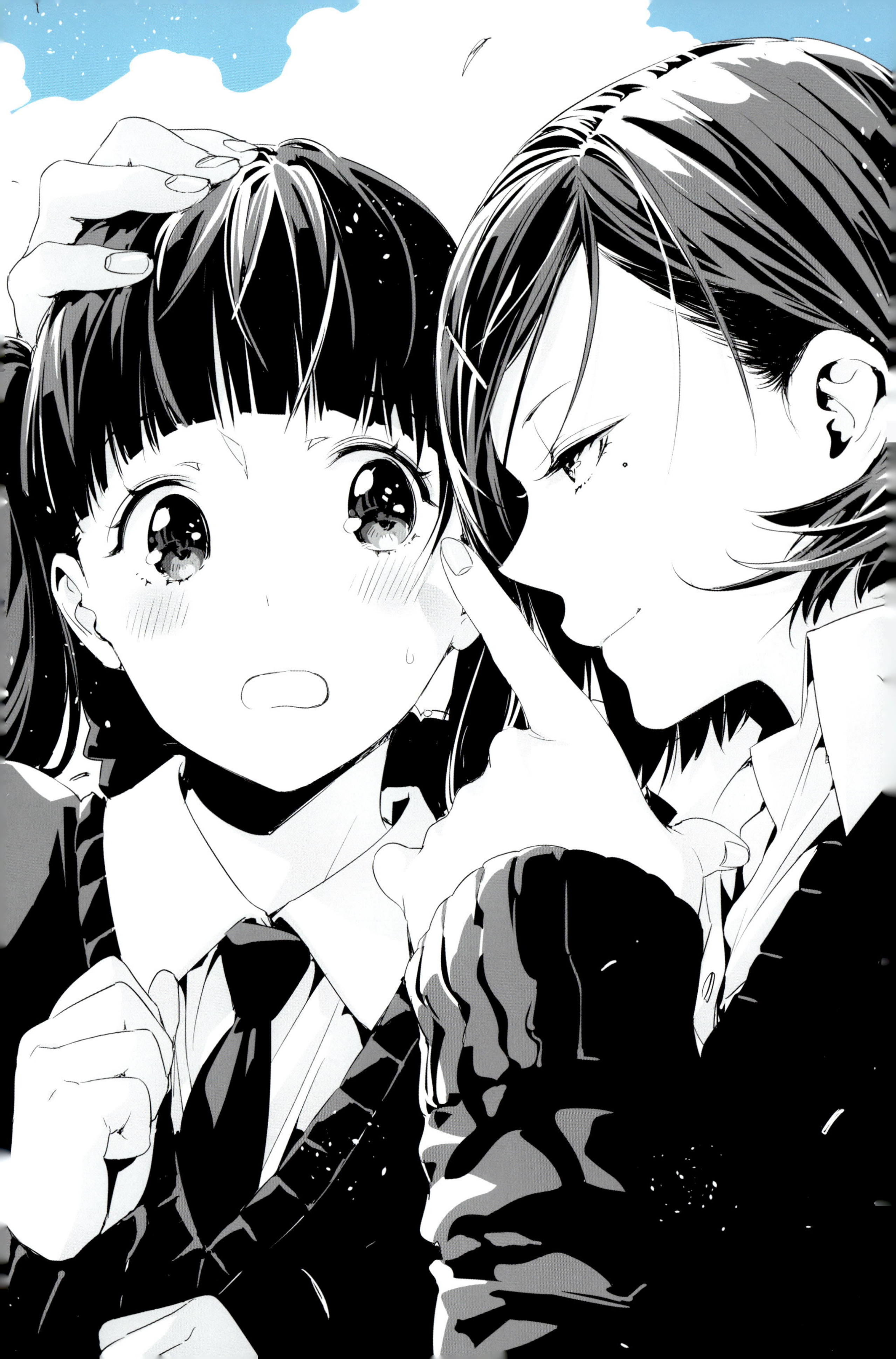

Lilium Terrarium

Lilium Terrarium

presented by ED

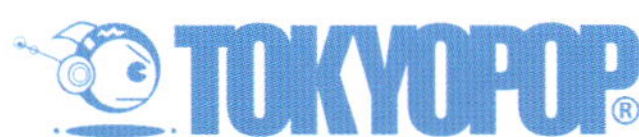